本书受到云南省科技厅基础研究专项青年项目（202201AU070008），云南省教育厅哲学社会科学基础研究创新行动计划（CY21624201），以及云南大学国家社科基金培育项目（C176240104）的资助。

汇率建模与汇率期限结构分析

EXCHANGE RATE MODELING
AND EXCHANGE RATE TERM STRUCTURE ANALYSIS

基于适应性算法的构建与运用

BASED ON
THE ADAPTIVE ALGORITHM
DEVELOPING
AND APPLICATION

李欣珏　著

社会科学文献出版社
SOCIAL SCIENCES ACADEMIC PRESS (CHINA)

摘 要

在人民币国际化不断推进、人民币汇率双向波动加强的背景下，构建具有优良预测能力的汇率预测模型愈发重要。我们发现参数模型对汇率预测的能力不仅取决于模型设定是否正确，还取决于模型一方面能否迅速探测模型参数的结构性变化以使用最佳信息估计模型参数，另一方面能否及时识别模型解释变量以使用最佳参变量对汇率进行预测。本书构建了乘数自适应可变窗算法与自适应变元算法以解决上述问题，同时检验了自适应体系建模在发现中国汇率体制变化的影响及汇率预测中具有的突出优势。

传统的局部适应性建模依赖于一组既定的临界检验值，其一，该算法本身对参数结构的判断取决于这组临界值能否准确检验参数的结构性变化；其二，局部适应性算法临界值的校准需要使用历史数据并经过一系列繁复的蒙特卡罗模拟进行调校，使用历史信息进行调校的临界值具有滞后效应，从而影响了局部适应性算法的预测能力。在人民币市场化不断加深的今天，人民币汇率波动明显，使用历史数据对局部适应性算法临界值进行校准时，该算法的实用性与预测能力均会降低。本书构建的乘数自适应可变窗算法不仅能显著降低临界值调校的复杂程度，还能脱离对历史信息过度依赖的弊端，并显著提高模型的样本外预测能力。

然而，在现阶段采用参数模型进行宏观经济变量预测，不仅会面临外生冲击导致的断点识别问题，同时还会因海量数据的可获得性而面临多元化的模型选择。当科技、政策等外生环境发生变化之时，固有经济模型的参数不仅会发生突变，其经济解释变量也会因时间而发生改变。在这种情形下，自适应建模不仅需要兼顾时间维度上的模型参数变化，还需要考虑横截面上解释变量的有效选择。为解决此问题，本书构建了自适应变元算法。该算法不仅能实时检测模型参数的结构性变化，探测参数的同质区间，同时还能对变量进行实时识别，选择最为合适的模型解释变量，以提高模型的预测能力。自适应变元算法不但可用于各类参数结构性变化的情形，也可同时用于含有参数结构性变化且具有高维稀疏变量的情形。与局部适应性算法、乘数自适应可变窗算法相比，自适应变元算法不仅可以识别参数的同质区间，同时还能识别有效变量。其在数值模拟与实际运用中均具有显著优势。在样本外向前 1 ~ 24 个月的汇率预测运用中，自适应变元算法能显著超越随机游走模型、局部适应性算法、乘数自适应可变窗算法、马尔科夫机制转换模型、误差修正模型、其他经济基本面模型（包括弹性货币模型、购买力平价模型、利率平价模型、泰勒规则模型、偏移型泰勒规则模型）、最新发展的汇率预测模型（包括门限向量误差修正模型、贝叶斯门限向量误差修正模型、非线性泰勒规则模型、两类混合数据模型、非参数最优窗选择模型、变系数模型平均）、神经网络模型、随机森林树模型等机器学习算法等传统与新兴汇率预测方法。在美元兑人民币汇率中长期（1 ~ 24 个月）预测中，相比于其他所列举的可比模型，自适应变元算法能显著降低 MAE 测度误差。

乘数自适应可变窗算法同质性区间的结果显示，“811” 汇改显著提升了经济基本面在汇率预期中的作用，且利差因素对汇率预期的影响最为显著。从同质性区间变化形式上看，市场在“811”汇改之前偏好关注汇率长期风险，而“811”汇改之后则普遍关注汇率短期风险。“811”汇改是人民币汇率改革历程中的一次质变，此汇改后，经济基本面因素在汇率预期形成中的作用显著提升，极大程度上推动了人民币汇率市场化。汇率对利差、收入差与货币供给差经济基本面的弹性系数占比之和约为65%。虽然我国的汇率市场化已显著提升，但是从短期汇率预测结果来看，相比于发达经济体，我国的经济基本面因素在人民币汇率短期预期作用中仍有所滞后，及时性弱于发达经济体。

从变量选择的结果中我们可以看到，“811”汇改以后，人民币汇率的决定机制以货币需求量、收入水平、利率水平和实际汇率水平为主，美元在人民币汇率走势中的绝对性作用被打破，欧元的重要性逐渐显现出来，经济基本面因素决定了人民币汇率走势。同时，中美经济基本面因素只占据了美元兑人民币汇率决定性因素的62.7%，而中国与其他发达经济体（包括欧元区、日本与英国）的经济基本面差异则同样能够决定美元兑人民币汇率的走向，且这种决定性因素占据了37.3%的重要性，说明我国更深入地参与了全球经济。另外，仅从货币层面来看，本书发现，2015年汇改之前，美元对人民币汇率影响力度为80%左右，相比于美元对人民币汇率的作用，欧元、英镑、日元的作用微弱，人民币还处于影子货币区域，国际化程度不高。自2015年“811”汇改之后，人民币国际化程度大幅度加强。美元在人民币汇率走势中的作用被显著削弱，其影响力降至30%～40%，而欧元、英镑、日元的作用得到显著提高，三类货币对人民币综合影响力提升至20%以上。从人民币的区域性发展来看，人民币的重要性演变具有阶段性。在亚洲区域，美元虽然依旧为主导货币，但是，人民币的重要性逐步凸显，其在亚洲的地位和影响力已经逐步接近并超越欧元、英镑以及日元之和，人民币“锚货币”性质形成；从全球范围来看，人民币等汇率政策能对全球形成周期性影响，人民币全球重要性已经显现。

从状态空间模型的建模结果来看，我们基于 NS 模型构建了一种汇率的期限结构模型，我们发现宏观经济基本面因素与汇率基本面因素能显著影响汇率的外生冲击，也是推动汇率走势迅速变动的原因。在美元兑人民币汇率的研究中，我们发现在“811”汇改之前，外生冲击对美元兑人民币汇率的影响主要体现在 2008 年全球金融危机与 2010 ~ 2012 年的欧债危机阶段，其他阶段主要受到周期性波动的影响；不过自“811”汇改后，外生冲击对美元兑人民币汇率的影响有显著的促进作用，周期性因素的影响减弱。“811”汇改明显增强了人民币汇率与宏观外生因素的关联。

从政策角度来看，经济基本面因素在人民币汇率预期形成中的占比也有所不同。从弹性系数上来看，其重要程度由强到弱排序依次为：两国利差、两国实际收入差、两国货币供给差异。所以，稳定人民币汇率预期，第一是稳定市场利率。加速利率市场化建设，加强市场供求对利率水平的决定作用，加强利率市场监管，实行有效的资本管制以防范风险。第二是稳定收入。稳定经济增长速度，提高经济增长质量，促进产业升级，增强经济核心竞争力以保障收入稳步增长。第三是稳定货币供给与物价水平。稳定国内货币供给与物价水平，预防高通货膨胀，也能有效稳定人民币汇率预期。另外，自“811”汇改之后，人民币汇率预期相比于“811”汇改之前更易受到外生冲击的影响，合理的人民币汇率预期监管依然需要依赖于实行有管理的浮动汇率制度，防止汇率风险。

从全球货币体系来看，特别是亚洲区域，由于人民币汇率政策已经能够对全球货币体系，特别是亚洲货币体系带来冲击，所以稳定人民币汇率，防止人民币汇率风险不仅有益于稳定中国经济，而且对防止全球性汇率风险，特别是亚洲区域的汇率风险都将具有深远意义。

最后，由于自适应建模均为数据驱动型建模，其本身具有较高的适用性，不仅可以运用于汇率预测，也能为其他经济变量预测与监控提供一种较为有效的预测方法。

目　录

绪　论

一　研究背景和问题的提出

自2005年人民币汇率形成机制改革以来，人民币汇率逐渐真实反映市场供求关系，成为影响经济行为的价格信号（白晓燕、唐晶星，2013）。在亚洲，美元的影响已经弱化，人民币已成为一些国家最主要的锚货币，并有逐步替代美元与日元成为主要参考货币的趋势，事实上的人民币货币区开始显现（Kawai and Pontines，2016；杨荣海、李亚波，2017）。近年来，IMF正式决定将人民币纳入特别提款权（SDR）货币篮子，人民币与美元、欧元、英镑、日元一起共同决定SDR的价值。由于人民币资产的收益率和稳定性明显高于篮子里的其他货币资产，人民币“入篮”提高了SDR作为一种金融资产的吸引力。因此，准确预测人民币汇率对微观主体的经贸活动、投资策略和宏观经济决策都变得日益重要。

为了得到更加准确的预测结果，宏观基本面模型成为汇率预测的主流建模手段，并显示其相比于随机游走模型的优势（Rossi，2013；Engel et al.，2015）。但是，宏观基本面模型样本外的预测能力很难大幅超越随机游走模型（Ince，Molodtsova and Papell，2016；邓贵川、李艳丽，2016）。

究其原因，其一，当汇率模型参数存在结构性变化时，模型的预测能力取决于其能否及时检验参数的结构性改变并采用最佳可观测信息估计模型参数。经济运行中的外生冲击或政策突变都可能带来模型参数的结构性变化，例如2008年以来的金融危机带来的外生冲击和一系列政策变化都对汇率决定产生了深刻影响。随着中国经济环境在汇改之后变得更加开放，货币政策逐渐从稳定汇率为首要目标过渡到稳定产出与物价为首要目标，经济基本面因素在决定汇率形成机制的过程中占据主导地位。

为了降低经济基本面的结构性变化对参数估计的影响力，研究者常常采用滚动时间窗口的信息对汇率进行样本外预测，但时间窗宽的选择大多基于经验分析（Rossi and Inoue，2012；Stock and Watson，2014），缺少理论支撑。同时，国内外也鲜有文献系统地研究在参数结构性变化的情形下如何提高经济基本面模型对人民币汇率预测的准确性。如何在参数具有结构性变化的情形中选择最佳实时窗宽以估计模型参数，不仅对提高汇率预测的准确性具有重要意义，而且时变最佳窗宽也能契合宏观经济的时变特征。

其二，决定人民币汇率走向的因素具有多样性与时变性。当科技、政策与外部经济环境发生变化时，不仅经济基本面模型的固有参数会发生突变，同时经济变量在人民币汇率形成机制中的重要性与决定性也会因此而发生变化。在这种情形下，之前起决定性作用的因素在当下可能不再具有重要意义，取而代之的会是其他的关键性变量。随着利率市场化改革、汇率改制以及资本账户开放改革进程的加快推进，各经济变量之间的影响相互传导，依存度提高，我国经济环境面临着前所未有的挑战。那么在多重因素均发生改变的情形下，能否准确预测人民币汇率的走向便取决于所使用的模型能否刻画参数的结构性变化，及时捕捉解释变量的更迭以识别具有决定性的关键因素。如何既能监测参数的时变特征又能捕捉变量更迭，要求我们依据参数结构性变化以适应性地构建高维变量选择模型，并依据实时经济波动选择实时最佳观测信息。

综合来看，在本书中，我们将针对以上两个问题提出并构建预测算法，一方面，解决实时识别参数结构性变化，探寻样本同质区间与参数同质空间，确定实时最佳估计窗宽的问题；另一方面，解决既能监测模型参数的时变特征，还能捕捉变量更迭并选择模型变量的问题。

二 研究的理论和现实意义

自2015年第三季度以来，受美联储加息、国内出口成本较高等因素影响，人民币汇率下降趋势明显，人民币实际有效汇率指数从2015年8月的130.4下降到2016年12月的122.8，下降了5.83%，而且波幅增大、震荡剧烈。由于人民币汇率市场更加开放、国际化程度提高、汇率弹性增强，人民币汇率波动也将会有所增强。其中，人民币汇率的波动加大不仅增加了我国出口贸易发展的汇率风险（2016年进出口总额较2015年下降8.1%，其中，出口下降了2.94%，进口下降了14.27%），而且日益复杂的国内外经济环境还进一步给人民币的市场化与国际化带来更大挑战，国内企业将应对更为激烈的人民币汇率波动风险；加之美国总统特朗普上台政策不明、欧洲各国政治不稳等，很大程度上影响着我国出口贸易的两大重要伙伴市场。传统理论指出，一国汇率上升虽然将减少出口、增加进口，但也能够使得出口贸易结构不断优化，而汇率的剧烈波动将不利于出口贸易的稳定发展。人民币汇率上升或下降的变动趋势将对我国的经济产业产生深远影响。随着人民币国际化不断推进，人民币汇率市场将更加开放，汇率形成机制将进一步由市场供给和需求两条路径来决定，经济基本面模型也将逐渐成为人民币汇率预测的主流手段，但同时也更容易受到国际经济、政治等因素的影响。在此背景下，研究如何提高经济基本面模型对人民币汇率预测的能力对我国经济发展具有重要的现实意义。具体说来，有以下四个方面。

其一，可以显著提高人民币汇率预测精度。从宏观经济角度讲，提高人民币汇率预测精度不仅有助于稳定经济贸易，稳定市场中的经济行为，还有助于在开放经济环境中稳定汇率。已有研究表明，汇率不稳定对中等收入国家的经济跨越影响不容忽视。名义汇率变动会对物价稳定产生冲击，中等收入国家的名义汇率变动还会直接影响该国跨越中等收入行列的速度。从微观角度讲，在浮动汇率制度下，外汇市场中盘整行情约占70%至80%，其余的20%至30%属多头或空头行情。在盘整行情中，投资人需分辨盘整区间才能获取利润。提高汇率预测精度，有助于帮助投资人降低汇率不确定性，提高投资人的理性执行能力，合理安排停损策略，或增加投资金额，获取更大的利润。

其二，对现有经济模型进行拓展，可以实现适应性监测模型参数的结构性变化及其模型变量的实时选择。本书构建了局部适应性算法、乘数自适应可变窗算法以及自适应变元算法，拓展了参数建模方法，即：本书的模型既能检测参数的时变特征，也能对模型变量进行实时识别与选择，从参数角度与变量选择角度同时显著提高模型的预测能力。其实际效果也表明局部适应性算法与乘数自适应可变窗算法在短、中、长期（1~24个月）的美元、欧元、日元以及英镑兑人民币的汇率预测中能显著提高人民币汇率预测精度。同时，本书方法不仅适用于平稳时间序列，而且于非平稳时间序列也依然适用，具有较为广泛的适用范围，既可以应用在汇率预测之中，也能将其运用到其他经济变量的预测中。

其三，有利于促进人民币汇率市场化以及货币政策目标的实现。利率市场化与汇率市场化的加深以及汇改后人民币汇率的决定机制依赖于经济基本面的运行，使得资本市场与外汇市场的关系愈加紧密，市场风险也很容易在两个市场间扩散。因此在汇率体制改革下合理准确的汇率走势预测将有助于汇率预期监管，对于制定有效的金融政策、防范金融风险、提高投资者市场应变能力等，均具有积极意义。

其四，自适应变元算法能捕捉模型变量的实时更迭，以识别具有决定性的关键因素。本书构建的自适应变元算法能实时识别经济变量的更迭，进行实时变量分析，监测宏观变量在人民币汇率决定机制中的时变特征，勾勒人民币汇率走势，有利于监测人民币汇率市场化进程。

三　研究框架与研究方法

（一）研究框架

本书整体结构分为三部分，具体安排如下：第一部分为绪论与第一章的文献综述，阐述人民币汇率预测的实际意义与现有经济模型所存在的缺陷；第二部分为本书的主体部分，即第二、三、四、五章的建模部分，通过构建局部适应性算法、乘数自适应可变窗算法、自适应变元算法以及汇率期限结构建模以补充现有建模方法，达到显著提高经济基本面模型对人民币汇率预测能力的目标；第三部分为结语，总结全书。全书流程图见图 0 - 1。

绪论。本部分从分析人民币汇率预测的重要性开始，剖析现有预测模型方式的主要特点、缺陷与不足，结合人民币汇率改革时点，提出“预测模型不仅需要解决实时监测与识别模型参数结构时变特征，判断样本同质性与参数同质性，还需要进一步同时完成对模型解释变量识别，选择最优解释变量”的问题。本部分还总结了本书研究的理论和现实意义，阐述了本书的研究总体框架和研究方法，提出了本书在文献上的贡献和创新点。

第一章是文献综述。本章总结了现有预测模型的特点、不足与缺陷，综述了有关人民币汇率预测研究的国内外文献，指出这些研究文

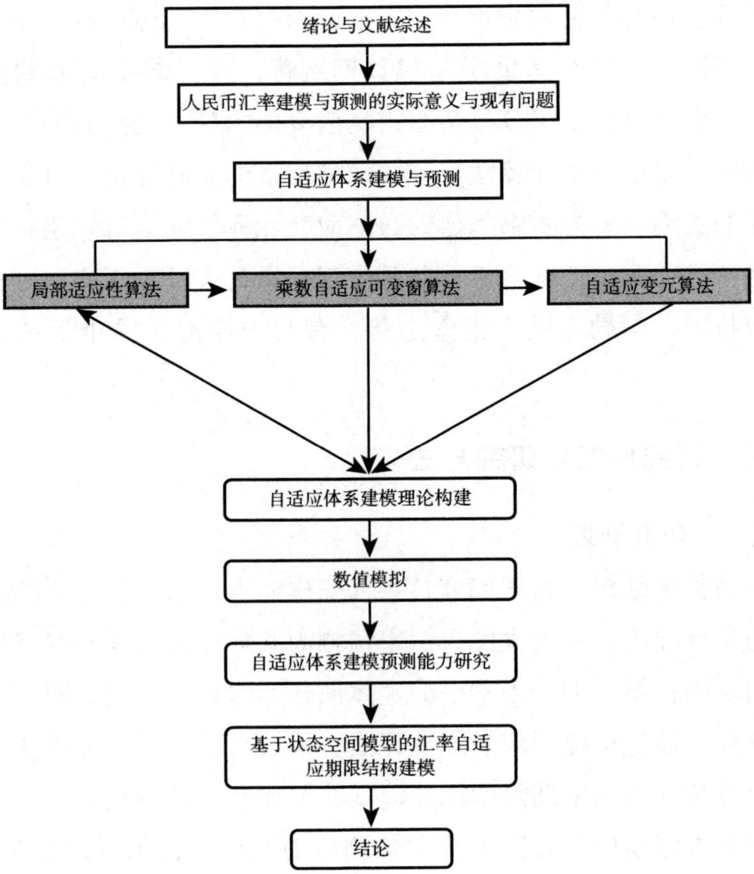

图 0 – 1

献的特点和不足，并引出本书研究的独特性。首先，国内外鲜有文献系统地研究在存在参数结构性变化的情形下如何提高宏观基本面模型对人民币汇率预测的准确度；其次，国内外鲜有文献系统地研究在参数结构时变的情形下如何及时识别参数的同质空间，加强模型对参数结构识别的及时性以提高模型对现有信息的利用效率；最后，国内外并无文献系统研究在能识别参数的结构性时变特征的同时，还能及时对模型解释变量的更迭进行勾勒并实时选择最佳解释变量。

第二章是局部适应性算法。本章将适应性算法（Chen et al.，

2010）推广至多元情形，提出了局部适应性多元货币模型，该算法能解决本书提出的第一个问题，即如何及时识别样本同质性区间以使用最佳信息估计模型参数的问题。

第三章是乘数自适应可变窗算法。本章针对局部适应性算法的缺陷，推导了临界值的表达式，重构了临界条件判别式，解决了局部适应性算法过度依赖于历史信息调校临界值的缺陷，回答了在参数结构时变的情形下如何及时识别参数的同质空间，提高模型对参数结构识别的及时性问题，扩大算法的适用范围。同时我们发现，“811”汇改促进了经济基本面在汇率预期作用中占比的显著提升，且利差因素对汇率预期的影响最为显著，稳定汇率首先需要稳定利差。市场在“811”汇改之前偏好关注汇率长期风险，“811”汇改之后，则普遍关注汇率短期风险。

第四章是自适应变元算法。本章回答了本书所提的第二个问题，即如何在识别参数的结构性时变特征的同时，还能及时对模型解释变量的更迭进行勾勒并实时选择最佳解释变量。自适应变元算法不仅能实时检测模型参数的结构性变化，探测参数的同质区间，同时还能对变量进行实时识别，选择最为合适的模型解释变量，以提高模型的预测能力。自适应变元算法不但可用于参数结构性变化的情形，也可用于含有参数结构性变化且具有高维稀疏变量的情形。与局部适应性算法、乘数自适应可变窗算法相比，由于自适应变元算法不仅可以识别参数的同质区间，还能识别有效变量，所以其在数值模拟与实际运用中均具有显著优势。自适应变元算法显示，自“811”汇改以来，经济基本面因素，特别是两国利差与货币供给差异在人民币汇率决定机制中最为显著，汇率市场化进程加深。

第五章为汇率期限结构建模。传统的汇率建模方式都依赖于宏观经济信息，对汇率市场本身所隐含的微观信息关注较少，从而削弱了相关模型对汇率的样本外预测能力。而正如 Evans（2010）指出，汇率预测模型不仅仅需要关注宏观经济基本面的信息变化，还需要对汇率市场的微观结构予以考虑。在第五章，我们可根据抵补利率平价理论，在某个观测时点上，基于利率期限结构的设置推导汇率期限结构模型。然后将适应性建模方法与即期汇率的期限结构模型相结合，构建汇率期限结构模型。从实证的结果来看，此方法能提高对汇率的短期预测精度。在第五章的最后，我们将汇率的状态空间期限结构模型与马尔科夫机制转换相结合，发现，自“811”汇改之后，外生冲击对美元兑人民币汇率有明显的影响。

结语，总结全文，在上述四章的基础上首先总结了局部适应性算法、乘数自适应可变窗算法与自适应变元算法的优势与预测能力，并阐述了上述几种算法的实用空间。其次总结经济基本面因素在人民币汇率决定机制中的演进历程，指明了“811”汇改为人民币汇率市场化分水岭。无论是乘数自适应可变窗建模还是自适应变元算法均指向自“811”汇改之后，人民币汇率走势由经济基本面因素决定，美元在人民币汇率决定机制中的作用已经弱化，汇率市场受外界冲击增强。

（二）研究方法

首先，针对经济变量预测的特点采用理论推导与分析，构建满足经济变量预测要求的几类算法。

其次，在构建局部适应性算法、乘数自适应可变窗算法、自适应变元算法时，采用时间序列数据的计量分析的方法，具体包括似然比检验、蒙特卡罗模拟、勒贝格测度分析、随机过程与高维变量选择方法。

再次，基于货币理论、利率市场化理论、货币供求理论推导经济基本面的汇率预测模型。

最后，在人民币汇率预测的实证研究中，采用模型预测能力 DM 检验，对各个模型的预测能力进行显著性比较。

四 研究的主要创新点

第一，本书构建了乘数自适应可变窗算法，推导了临界条件的实时显性表达式，以解决局部适应性算法临界值的滞后性问题，不仅能显著降低临界值调校的复杂程度，还能显著提高模型的预测能力与实用性。乘数自适应可变窗算法不仅可以实时捕捉模型参数的时变特征，探测参数的最大同质空间，而且具有更为广泛的实用空间与更为优良的预测能力。数值模拟结果表明，乘数自适应可变窗算法能优于局部适应性算法；实证结果显示，乘数自适应可变窗建模能显著优于局部适应性算法、马尔科夫机制转换模型、误差修正模型、非参数最优窗选择模型、随机游走模型、购买力平价模型、弹性货币模型、利率平价模型、泰勒规则模型与偏移型泰勒规则模型。从经济角度来看，乘数自适应可变窗算法显示出“811”汇改有效加强了经济基本面在汇率预期中的作用，且利差因素对汇率预期的影响最为显著。从同质性区间变化形式上看，市场在“811”汇改之前偏好关注汇率长期风险，而“811”汇改之后则普遍关注汇率短期风险。相比于发达经济体，虽然我国的经济基本面因素在中长期人民币汇率短期预期中的作用显著提升，但在短期内仍有所滞后，及时性弱于发达经济体。

第二，本书构建了自适应变元算法。该算法不仅能实时检测模型参数的结构性变化，探测参数的同质区间，还能对变量进行实时识别以选择最为合适的模型解释变量以提高模型的预测能力。自适应变元算法不但可用于各类参数结构性变化情形，也可同时用于含有参数结构性变化且具有高维稀疏变量的情形。与局部适应性算法、乘数自适应可变窗算法相比，由于自适应变元算法不仅可以识别参数的同质区间，同时还能识别有效变量，所以其在数值模拟与实际运用中均具有显著优势。在样本外向前 1 ~ 24 个月的人民币汇率预测的实证分析中，自适应变元算法能显著超越随机游走模型、局部适应性算法、乘数自适应可变窗算法、马尔科夫机制转换模型、误差修正模型、非参数最优窗选择模型、其他经济基本面模型（包括弹性货币模型、购买力平价模型、利率平价模型、泰勒规则模型与偏移型泰勒规则模型）。从经济角度来看，自适应变元算法显示出，自“811”汇改以后，人民币汇率的决定机制以货币需求量、收入水平、利率水平以及实际汇率水平为主，美元在人民币汇率走势中的绝对性作用被打破，欧元的重要性逐渐显现出来，经济基本面因素决定了人民币汇率走势。同时，中美经济基本面因素只占据了美元兑人民币汇率决定性因素的62.7%，而中国与其他发达经济体（包括欧元区、日本与英国）的经济基本面差异则同样能够决定美元兑人民币汇率的走向，且这占据决定性因素的37.3%，我国步入了深度参与全球经济的阶段。

第三，国内外系统地研究在参数结构性变化的情形中如何提高宏观基本面模型对人民币汇率预测准确度的文献不多，特别是研究在参数结构性时变情形以及解释变量更迭情形中如何及时识别模型参数同质区间，讨论参数同质区间所具有的经济意义方面还有不足。基于此，本书从同质区间探测角度为经济分析提供了一种新的途径。同质参数区间的实时构建与变量的实时选择不仅可以反映经济行为主体的风险偏好与经济所受干扰的实变特征，还能刻画经济变量的更迭与演变，为经济分析与政策制定提供相应的依据。同时自适应建模体系能够及时发现经济政策的结构性变化及其影响，从模型参数角度与模型解释变量角度对经济发展进行刻画与监测。

第一章　文献综述

第一节　汇率预测现有模型及其评述

在浮动汇率制下，对未来汇率的预测一直备受市场和学者关注。从国际文献来看，除了基于时间序列的简化预测模型（最简单的如随机游走模型）之外，中长期预测强调经济基本面的理论支撑。汇率的经济基本面模型可分为三类。

第一类，以货币基本面为基础，如，Meese 和 Rogoff（1983）将弹性价格货币模型、黏性价格货币模型在美元汇率的样本外预测中与随机游走模型进行比较，并指出随机游走模型优于这两种模型。Groen（2005）指出在全样本下使用面板误差修正的货币模型具有一定的预测优势，在向前 2～4 年欧元兑加元、英镑与日元汇率的样本外预测中，面板误差修正的货币模型优于随机游走模型与协整 VAR 模型。Engel 等（2007）强调了宏观经济基本面在对市场预期形成及汇率决策过程中的重要作用，发现在全样本中使用基于面板误差修正模型的货币理论可以为汇率的长期变化提供很好的预测。Bianco 等（2012）以欧元兑美元为样本，在货币理论中使用混频数据建模，有效利用了不同频率数据中的信息，结果显示货币理论在向前 1 周至 1

个月的预测能力能显著优于随机游走模型。

第二类，利率基本面模型，基于非平抛利率平价关系，非平抛利率平价是判断国际资本流动方向的重要标准，也是汇率间互动传导的理论基石。实证中，利率的决定常以泰勒规则为基础，如，Galimberti 和 Moura（2013）分析了 15 个实行浮动汇率制和通货膨胀盯住制的新兴国家汇率决策过程与泰勒规则之间的关联，发现泰勒规则对样本外汇率的预测精度显著强于随机游走模型。Molodtsova 和 Papell（2009）采用滚动窗比较了基于泰勒规则的汇率预测模型与传统宏观经济基本面模型以及随机游走模型之间的预测能力，发现在检验的 12 种货币中，基于泰勒规则的汇率预测模型能较好地预测其中 11 种货币在短期内的汇率。Ince 等（2016）采用偏移型泰勒规则模型研究了美元汇率的样本外预测，发现偏移型泰勒规则模型有助于提高美元汇率的预测精度。

第三类，以其他经济基本面模型（利率平价模型、购买力平价模型等）为基础，如，Cheung 等（2005）研究了购买力平价模型、利率平价模型、黏性价格货币模型、混合模型等对美元汇率预测的样本外表现，结果表明使用不同的比较标准，宏观基本面模型相对于随机游走模型的预测能力并不相同。Engel 等（2015）构建了基于宏观基本面的因子模型，并采用全样本的面板数据进行拟合，结果表明基于宏观基本面的因子模型能够在长期预测中超越随机游走模型。

国内学者应用宏观基本面模型对人民币汇率预测的研究也很活跃。陈平和李凯（2010）使用美元兑人民币汇率的月度数据比较了购买力平价模型、利率平价模型、弹性货币模型和泰勒规则模型的预测能力，发现泰勒规则模型具有最优的预测能力。邓贵川和李艳丽（2016）比较分析了 5 类汇率基本面模型（购买力平价模型、利率平价模型、弹性货币模型、泰勒规则模型与行为均衡汇率模型）在美元、欧元、日元和英镑兑人民币汇率方面的样本外预测中的效果，发现汇率基本面模型优于随机游走模型，但对于不同的货币，具有最优预测能力的基本面模型不同。在统计简化模型的应用方面，蔡宗武等（2012）使用了非参数函数系数模型与 GARCH 模型分析美元兑人民币汇率的收益率与波动率，检验发现半参数组合模型具有较好的拟合与预测效果。

以上文献在对参数进行估计时根据样本选择策略可以划分为两类，一类是采用全样本数据对模型参数进行估计，另一类是采用滚动窗口模型（窗宽固定）对参数进行估计。如果所使用的汇率与宏观基本面数据能够满足模型参数恒定不变的假设，那么使用全样本数据对参数进行估计最为有效。当模型具有结构性突变时，结构突变点发生之前的观测值并不能有助于提高模型的样本外预测能力（Molodtsova and Papell，2013；Baumeister and Peersman，2013），这时候采用全样本数据建模预测并非最优。Yin 和 Li（2014）采用无套利模型分析了汇率与宏观基本面因素之间的联动关系，发现宏观基本面的冲击能造成汇率的大幅波动。Park 等（2013）分析了汇率变动与货币模型参数变动之间的协整关系，指出汇率模型参数会随着市场交易的变化而变化。图 1 - 1 和表 1 - 1 描述了人民币汇率决策过程中的政策调整和外生冲击，而这些调整均能通过对模型参数的影响而影响模型的预测能力。因此，在对人民币汇率预测时，因为可能存在的结构性突变，不适合采用全样本数据来构建预测模型。

虽然在经济预测中采用局部化建模有助于提高模型预测的能力（Ang et al.，2011），但是在采用滚动窗口的宏观基本面模型对汇率进行预测时，如何确定窗宽则是一个难题（Rossi，2013）。在采用滚动窗对汇率进行预测的文献中，窗宽的选择策略呈现多样化：Molodtsova 和 Papell（2009）对美元汇率进行预测时采用窗宽为 120 个观测值的滚动窗模型；Ince 等（2016）也将滚动模型的窗宽设置为 120 个观测值；国内学者邓贵川和李艳丽（2016）采用汇率基本面模型对人民币汇率进行预测时使用滚动窗并将窗宽设置为 60 个观测值，同时

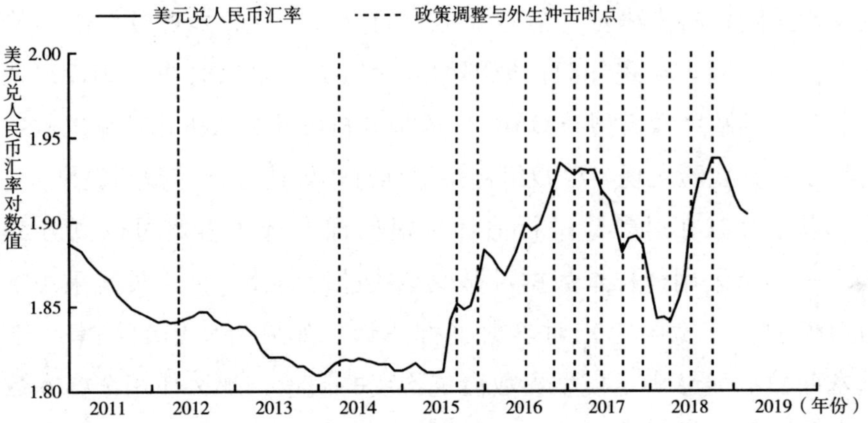

图 1－1　美元兑人民币汇率走势

资料来源：根据国际货币基金组织（IMF）显示数据整理。

表 1－1　政策调整和外生冲击

事件发生时间	事件
2011 年 1 月	央行"一号文件"允许获批境内企业采用人民币进行境外直接投资
2011 年 4 月	人民币对外汇期权交易正式推出，为企业和银行提供更多的汇率避险保值工具
2012 年 4 月	每日银行间外汇市场美元对人民币交易价可以在中国人民银行公布的中间价上下浮动 1%
2014 年 3 月	每日银行间外汇市场美元对人民币交易价可以在中国人民银行公布的中间价上下浮动 2%
2015 年 8 月	由做市商在每日银行间外汇市场开盘前，参考上一日银行间外汇市场收盘汇率，综合考虑外汇供求情况以及国际主要货币汇率变化向中国外汇交易中心提供中间价报价
2015 年 12 月	IMF 正式宣布人民币于 2016 年 10 月 1 日加入 SDR
2016 年 6 月	英国脱欧公投
2016 年 10 月	人民币正式加入 SDR
2017 年 1 月	中国央行加息
2017 年 3 月	美联储加息
2017 年 5 月	人民币汇率开启逆周期因子

续表

事件发生时间	事件
2017 年 9 月	外汇风险准备金下调至 0
2017 年 12 月	美联储加息
2018 年 1 月	暂停逆周期因子
2018 年 3 月	美联储加息
2018 年 6 月	美联储加息 + 美国公布对中国产品加征的关税清单
2018 年 8 月	外汇风险准备金从 0 调整至 20% + 人民币中间价调贬 + 重启逆周期因子

资料来源：中国货币网，http：//www. chinamoney. com. cn/chinese/index. html。

还研究了将窗宽设置为 50 个与 70 个观测值时模型在预测中的稳健性。宏观经济数据由于受到经济政策的影响，经常存在结构性的改变，当存在结构性变化时，窗宽设置的差异会让模型的预测能力产生较大区别（Rossi and Sekhposyan，2011）。图 1 – 2 描述了针对 2011 年 1 月至 2017 年 3 月采用利率平价模型向前 3 个月美元兑人民币汇率预测时的参数变化趋势，窗宽的设置会对参数估计产生较大影响：一方面，长窗宽模型（如窗宽为 70）容易忽略模型参数的时变特征；另一方面，短窗宽模型（如窗宽为 50）容易造成较高参数估计方差。由于窗宽的设置并无统一标准，Pesaran 和 Timmermann（2007）比较了四类如何选择窗宽的方案，并指出该四类方案在不同的情形中各自具有不同的优势。Inoue 等（2017）研究了在使用滚动窗进行预测时如何根据特定的标准对窗宽进行选择，结果显示在预测中依据其所提出的标准对窗宽进行选择能优于 Pesaran 和 Timmermann（2007）所提出的方法。Baumeister 和 Peersman（2013）指出对经济变量预测的准确度极大程度上由参数突变点的位置所决定，所以在对经济变量进行预测时，合理的窗宽选择与参数突变点的位置密切相关。

Chen 等（2010）提出了自适应自回归模型，该模型能够实时检

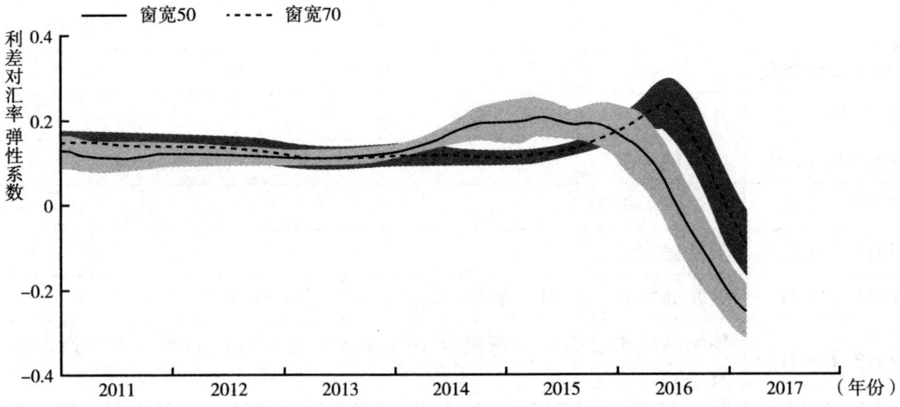

图 1-2　利率平价模型

注：$s_{t+3}=\beta_{0,t}+\beta_{1,t}(i_{t,3}-i_{t,3}^*)+u_{t+3}$（其中，$s_{t+3}$表示向前 3 个月的人民币汇率的预测；$i_{t,3}$表示国内期限为 3 个月的名义利率；$i_{t,3}^*$表示国外期限为 3 个月的名义利率）的参数$\beta_{1,t}$时变趋势。虚线代表了窗宽设置为 70 个月时的参数估计结果；实线代表了窗宽设置为 50 个月时的参数估计结果；深（浅）灰色区域表示对应参数估计 95% 置信区间。

验参数的平稳变化与结构性突变，确定最长的同质区间（Homogeneous interval），在该同质区间中，模型参数的变化可以忽略不计。将该区间作为窗宽，使用此窗宽内的观测值估计模型参数能有效提高信息利用效率，以显著提高模型的预测能力。Chen 和 Niu（2014）将自适应建模与收益率曲线的动态 Nelson-Siegel（NS）模型相结合，提出了自适应 NS 模型，实证结果表明，自适应 NS 模型在中长期国债收益率预测中能显著优于仿射模型、传统 NS 模型与随机游走模型。Niu 等（2018）将自适应自回归模型运用到对中国主要宏观经济变量（工业增加值、银行间同业拆借利率与通货膨胀）的预测中，也取得了良好的效果。上述研究结果均显示了自适应自回归模型相比于自回归模型具有显著优势。

不过，上述自适应模型均建立在自回归 AR（1）模型基础之上，本书将自适应算法拓展至多元回归并建立自适应多元回归模型对人民币汇率进行样本外预测，我们将通过5组不同情形下的数值模拟与稳健性检验，研究并说明自适应多元回归模型具有优良的预测能力。

第二节　宏观经济预测中的结构性变化难题与自适应预测

在宏观经济预测中，对经济变量预测的准确性在很大程度上会受到所选估计窗宽的影响（Inoue et al.，2017）。如果参数在任何时点都具有同质性，那么对参数模型的建模与估计均可采用全样本数据、长窗宽或是递归式的方法进行参数估计（Granger，1980；Hosking，1981）。这些参数估计的前提都需要对参数的稳定性进行限制以保证模型参数的不变性。然而，在宏观经济领域，模型参数往往会随着经济形势、科技与政策等的变化而产生突变。在这种情况下，历史观测值与现阶段参数估计可能并不相干，采用历史信息进行参数估计反而容易产生干扰（Stock and Watson，1996，2001，2007；Eicher and Schreiber，2010；Molodtsova and Papell，2013；Baumeister and Peersman，2013）。这种模型参数随时间变化的不稳定性不仅仅极大程度上影响参数的估计，同时还影响模型对经济变量的预测效果（Rossi，2013；Bauwens et al.，2015）。Paye 和 Timmermann（2006）指出，在对股票收益率预测时，模型参数的确具有结构性改变，并且进一步指明，参数结构性断点之前的信息无助于提高模型在断点之后的预测能力。Baumeister 和 Peersman（2013）指出在原油价格预测中，模型的预测能力极大程度上取决于参数断点的位置。当经济模型遇到数据结构不稳定时，经济模型的预测能力会受到因为样本不同而带来的极大干扰（Rossi and Sekhposyan，2011）。同时，用于参数估计的样本窗宽也常依靠经验来进行选择，并无明晰的理论指导（Rossi and Inoue，2012；Stock and Watson，2014）。

显然，由于模型参数可能具有的结构性变化，采用局部化建模更加符合实际需要。在收益率预测的文献中，采用局部化建模的方式也常常被使用，例如常用的局部区制转换 VAR 模型与局部二次非套利利率曲线结构建模（Guidolin and Timmermann，2009；Ang et al.，2011）。在波动率预测的文献中，Mercurio 和 Spokoiny（2004）采用可变均值过程构建适应性方法对平稳波动率进行建模。Chen 等（2010）提出了局部适应性算法对时变波动率进行建模，此局部适应性算法能够对时变参数进行刻画，并能抓取特定长期记忆波动率特征。在适应性算法中，参数结构的时变特征通过一组给定的对数自然比进行检测：在无结构性突变之时，适应性算法尽可能地选择具有稳定参数的最长区间以进行参数估计，但在具有结构突变之时则尽可能地剔除结构突变点之前的信息而选择较短区间进行参数估计。该算法可以针对各种参数结构变化进行检测，包括结构突变与平稳性变化，并且识别最长同质区间（在同质区间内，模型参数可认为无显著差异）。采用识别出来的最长同质区间进行变量预测则有助于增加信息利率效率，提高模型的预测能力。但是该算法是以一元回归为基础进行构建的，并未拓展至多元情形。Chen 和 Niu（2014）将该算法拓展至时间序列 AR（1）过程，并使用该方法构建适应性利率曲线。结果发现，适应性利率曲线在向前 6～12 个月的美国国债收益率样本外预测中有较强的预测能力，并且能显著超越其他可供选择的模型。该方法的成功即在于其能实时检测模型参数的结构性变化，识别最长同质区间并使用该区间内的信息进行参数估计。

但是，该方法也具有局限性。首先，局部自适应建模依赖于一组既定的由临界检验值构建的临界检验条件，一方面，该算法本身对参数结构的判断取决于这组临界值能否及时准确地检验参数的结构性变化；另一方面，局部适应性算法临界值的校准需要使用过去的历史观测数据构建一系列较为复杂的蒙特卡罗模拟以训练算法，调校临界条件。所以通过使用历史信息进行调校的临界值将具有滞后效应，从而有可能影响局部适应性算法的预测能力。

其次，将该方法同滚动窗模型进行比较时，局部适应性算法很难在事后超越最优滚动窗模型，尤其是当向前预测期限较短之时，局部适应性算法只能获得居中预测精度的预测结果（Chen and Niu, 2014）。

当我们尽可能地使用最新信息而剔除较远历史信息进行预测时能够降低模型参数的估计误差，但是降低样本容量容易增加参数估计的方差，从而又能导致降低模型的预测能力（Pesaran and Timmermann, 2007）。所以，究竟该使用多少观测信息以估计模型参数便是一个重要的问题。Pesaran 和 Timmermann（2007）提出了几种在样本外预测情形下如何寻找最优实时窗宽的方法，但是在这些方法中并未提及该如何探测参数的同质区间，所以这些方法的信息利用效率并非最优。Inoue 等（2017）推出了更加科学的最优实时窗宽选择算法，该算法本质上是一种时变局部最小二乘法。其在实际预测效果中均能超越 Pesaran 和 Timmermann（2007）所提出的几类滚窗选择途径，但是该方法依然无法探测参数的同质区间，在信息的利用效率上仍存在不足。所以，从人民币汇率预测的实证结果来看，这些方法均非最优良的预测方法。

针对这些问题，我们构建了乘数自适应可变窗算法，摒弃了依靠历史数据进行临界值校准的途径而直接推导临界值的实时表达式，以构建实时临界条件。乘数自适应可变窗算法以探测参数的同质空间为目标，能够实时监测参数时变特征，及时识别参数同质空间，极大程度上利用有效信息估计模型参数。

我们的贡献有如下两点。第一，我们提出的乘数自适应可变窗算法可以解决局部适应性算法临界值依赖于历史信息进行调校而带来的滞后效应问题。在乘数自适应可变窗货币模型中，我们推导了可供计算的实时临界值表达式，该表达式在大样本情形下服从特定的分布而与历史信息无关。同时，由于我们直接求取了临界值的表达式，无须构建蒙特卡罗模拟以校准临界值，所以从计算效率的角度上看，乘数自适应可变窗建模与局部适应性算法相比具有显著优势。

第二，从数值模拟结果来看，乘数自适应可变窗算法的预测能力能显著超越多数的滚窗模型与局部适应性算法以使得 MAE 显著降低。由于事先最优的滚窗模型未知，所以乘数自适应可变窗算法能够提供一种拟最优窗宽的选择途径。从 SDR 其他货币（美元、英镑、日元、欧元）兑人民币汇率的实际预测效果来看，在向前 1 期的短期预测中，乘数自适应可变窗算法与随机游走模型、泰勒规则模型、偏移型泰勒规则模型具有同等预测能力，但能显著超越局部适应性算法、Inoue 等（2017）非参数最优窗选择模型以及其他经济基本面模型（包括弹性货币模型、利率平价模型、购买力平价模型）。在向前 3～24 个月的汇率预测中，乘数自适应可变窗算法的预测能力均能超越所列举的基准模型。

第三节　高维变量选择模型及其应用

由前述分析可知，参数的不稳定性在经济变量的预测之中起到关键性作用，这种不稳定性不仅仅包含参数的时变效应，同时，每一个解释变量的重要性也随时间在发生改变，先前起到重要作用的变量在当下可能已经失效。由此可见，在真实经济模型具有稀疏性时识别实时有用参数将有助于进一步提高模型的预测能力。保证模型预测能力需要模型不仅可以监测参数的结构性变化，同时还能准确捕捉相关经济变量并且实时进行调整。为达到此建模要求，我们需要在局部样本而非全样本下实时进行建模，探测参数的同质区间并进行变量选择。

在样本外预测中，参数模型的估计通常采用递归估计或滚动窗估计。由于经济变量的时变特征，这些建模方式在宏观经济与金融预测中经常使用。但是，其中还未用一种模型回答如何对参数的同质区间进行实时识别的问题。Chen 等（2010）提出了在单变量回归中如何通过数据驱动对参数同质区间进行实时监测的适应性方法。Chen 和 Niu（2014）、Niu 等（2018）将适应性方法推广到时间序列，通过数据驱动对参数同质区间进行识别。使用该方法，我们可以通过一组辨别性条件对参数的最大化同质区间进行监测，识别参数的结构性变化。由于此算法为数据驱动型算法，其拥有较为实用的范围。

正如 Chen 和 Niu（2014）指出的，局部样本内建模在时变经济环境中更为适用，适应性算法可以更加清晰地刻画经济周期、政策调整和参数的结构性变化。不过，虽然该算法考虑了参数的时变效应，但是我们依然面临一个未解决的关键性问题：变量的实时识别。

变量选择方法如 AIC 和 BIC 由于在高维数据结构下需要的计算量过大而不再具有实用性（Zou and Li，2008）。Tibshirani（1996）提出了另一种变量选择方法——LASSO，并且 Chernozhukov 等（2018）将该算法应用于高维系统性回归方程之中。更进一步，Fan 和 Li（2001）指出，相比于 LASSO，在高维稀疏性情形中，其他的惩罚性方程例如 SCAD，将同时具备惩罚函数的连续性与估计值的无偏性等特点。在适当的正则化参数设定之下，SCAD 惩罚函数不仅可以保证能正确地选择变量，还能保证参数估计的一致性。Zou 和 Li（2008）提出了一步型 SCAD 算法以解决在特定的非凹似然惩罚条件下对变量进行选择并得到一致性估计的问题。

尽管适应性算法和惩罚性变量选择的方法相比于递归算法和滚动窗建模均能有助于提高模型的预测能力（Bai and Ng，2008），但是没有一种算法能在捕捉参数结构性变化的同时，对解释变量进行实时监测，以及时识别有助于预测的最佳解释变量。一方面，适应性算法本身无法进行模型变量的选择而导致我们所采用的模型过于庞大和复杂。另一方面，现有文献中所提的变量选择方法均无法实现对模型变量的实时监测与识别，无法达到时变的效果而有违于经济变量的时变特征。随着经济环境的改变，之前起到重要作用的变量于当前或许不再显著有效。所以，单纯地使用变量选择模型或是适应性算法对经济变量进行预测时并未能最大化地利用有效信息。

在本书中，我们提出了一种自适应变元算法，该算法能解决目前所面临的难题：不仅能及时捕捉参数的结构性变化，探测参数的最大化同质区间，还能同时对模型的解释变量进行实时识别，以选择最为有效的解释变量提高模型的样本外预测能力。同时，由于自适应变元算法在临界值校准的过程中无须依赖于历史信息，所以其实用性相比于局部适应性算法能得到极大提升。

在数值模拟部分，我们将自适应变元算法与 LASSO 和 SCAD 变量选择方法在识别变量准确率方面进行对比，结果发现在具有时变元的情形中，自适应变元算法相比于 LASSO 和 SCAD，其准确性可以提高 3 ~ 6 倍，在样本外预测结果中，自适应变元算法相比于最优滚窗模型与乘数自适应可变窗算法，其预测能力能够提高 30% 至 100%。在实证部分，我们将自适应变元算法应用到美元、欧元、英镑与日元兑人民币汇率预测之中，我们发现，自适应变元算法于短、中、长期（1 ~ 24 个月）的向前预测时能显著超越随机游走模型、局部适应性算法、乘数自适应可变窗算法、马尔科夫机制转换模型、误差修正模型、其他经济基本面模型（包括弹性货币模型、购买力平价模型、利率平价模型、泰勒规则模型、偏移型泰勒规则模型）、最新发展的汇率预测模型（包括门限向量误差修正模型、贝叶斯门限向量误差修正模型、非线性泰勒规则模型、两类混合数据模型、非参数最优窗选择模型、变系数模型平均）、神经网络模型、随机森林树模型等机器学习算法等传统与新兴汇率预测方法。在美元兑人民币汇率中长期

（1～24 个月）预测中，自适应变元算法相比于次优模型能显著降低 MAE 预测误差。

第四节 经济量化分析及其结论

2008 年全球金融危机之后，世界贸易组织（WTO）促进的多边贸易体系和诸边贸易协定以及区域贸易协定，掀起了全球范围内新一轮的贸易自由化浪潮，使得不同经济体之间的经济联系与依赖程度提高。2008 年至今，十多年来人民币汇率改革不断加速与完善，人民币已逐步脱离美元影子货币区域，国际地位得到逐步提高。

那么随着人民币汇率市场化进程的加深，人民币在世界货币体系中的地位发生了何种变迁？人民币与美元、欧元、日元、英镑的相互关系又如何？人民币在亚洲区域中的重要性究竟能有多大？美元是否依然主导亚洲区域性货币体系？亚洲区域是否已经形成真正意义上的人民币“锚货币”区域？2017 年以来，伴随着美联储多次加息，人民币汇率政策的多次调整，以及 2018 年 6 月开始的中美贸易摩擦，市场对人民币汇率的风险偏好是否发生了转变？同时，部分国家和区域的“逆全球化”趋势是否能改变人民币的国际地位？人民币在亚洲区域挤压美元的态势是否受到抑制？

李春顶等（2019）指出，贸易自由化是一个内生的优化选择，“逆全球化”倾向违背了经济增长规律和整体经济社会的发展，是不可持续的短期现象。从自适应变元算法的量化结果来看，人民币的重要性已经逐步接近或超越欧元、英镑与日元的共同作用，并且伴随着美联储多次加息以及 2018 年开始的中美贸易摩擦，人民币挤压美元的态势并未根本性转变，其“锚货币”性质依然显著。

周定根等（2019）指出，贸易政策不确定性下降有助于增加出口的持续时间，提升出口稳定性，但同时，贸易政策的不确定性也将逐步导致企业的出口产品组合逐渐向高质量、高价格等的核心产品集中，而低质量、低价格和同质化产品逐渐被淘汰。唐宜红等（2018）指出，全球价值链 GVC 的嵌入是促进经济周期联动的重要因素。随着欧洲、北美、中国及亚太其他区域的相互嵌入与竞争，从全球性的货币体系来看，中国的汇率政策以及贸易政策是否能够给全球性货币体系带来冲击？人民币汇率的稳定性是否有助于全球货币体系的稳定？从自适应变元的量化结果来看，人民币汇率政策以及中国贸易政策均能显著推高惩罚性平均系数 lambda 取值，给全球货币体系带来冲击与周期性影响，同时由于人民币在亚洲区域具有的“锚货币”属性，稳定的人民币汇率政策以及贸易政策对稳定全球性货币体系，维护多边贸易利益，特别是亚洲区域的货币体系与贸易体系具有深远意义。

伴随着利率市场化、汇率改制以及资本账户开放改革，中国金融市场面临巨大挑战。陈创练等（2017）发现，利率对汇率和国际资本流动的传导渠道相对有限；汇率对利率的传导受阻，但对国际资本流动的影响相对较小；国际资本流动对利率的传导相对较弱，而对汇率的影响十分显著。他们认为，利率市场化、汇率改制以及资本账户开放的顺序应为：利率市场化—汇率改制—资本账户开放。彭红枫等（2018）发现，开放资本账户下的完全浮动汇率制度所获得的经济福利水平显著高于有管理的或固定型汇率制下的经济福利水平，并且在有管理的浮动汇率制度下，过度降低汇率市场干预或者放松资本管制也会降低经济福利水平。他们认为，中国应当协同推进汇率市场化和资本账户开放两大金融改革，并且在汇率完全市场化之前，有必要保持一定程度的资本管制。从乘数自适应可变窗结果来看，经济基本面因素在汇率预期形成中的作用呈阶段性。自“811”汇改之后，经济基本面因素占比显著提升，极大程度推动了人民币汇率市场化。汇率对利差、收入差与货币供给差经济基本面的弹性系数占比之和约为

65%，其中，利差影响的提升幅度最大，对人民币汇率走势的影响也最为明显；在经济基本面因素中，占比居第二位的是收入差异，中美经济收入差异也能显著影响人民币汇率走势。另外，从乘数自适应可变窗同质性区间的变化形式上看，市场在“811”汇改之前偏好关注汇率的长期风险，而“811”汇改之后则普遍关注汇率短期风险，人民币汇率走势易受政策变迁以及外生因素冲击影响。从经济基本面上来看，规避汇率风险，首先需要稳定利差，其次需要稳定收入差异与流动性供给。从现阶段的经济基本面作用与人民币汇率走势特点来看，利率市场化、汇率市场化与资本账户开放三者关系应为：利率市场化先行，而汇率市场化与资本账户开放需要协同改革，有管理的浮动汇率制度有助于规避汇率风险，稳定人民币汇率走势。

结 论

现有文献在提高经济模型的预测能力层面进行了大量的研究，也得出了丰富的结论。综观前人的研究成果，可以得到如下一致的结论。第一，经济模型的预测能力与参数结构性改变息息相关，模型参数的结构性变化在很大程度上左右了所选择的预测能力。第二，汇率预测是经济预测中的一个难题，经济基本面模型在汇率预测中具有优越性，在人民币汇率预测中，经济基本面模型相比于其他模型同样具备显著优势。第三，在滚动窗模型的建模中，窗宽的选择会极大程度地影响模型的预测能力，同时鲜有文献提出最优窗宽的实时选择方法。第四，模型的预测能力也同所采用的经济解释变量直接关联，然而现有文献中并未提及应该如何对变量进行实时选择以提高模型的样本外预测能力。所以综合而言，显著提高模型的样本外预测能力需要填补三个方面的空白：其一，模型能够自动识别参数断点；其二，能够实时探测同质参数空间并选择最优窗宽；其三，能同时实时识别最优解释变量。自适应体系建模一方面可以识别模型的结构性断点与同质化区间，为经济基本面对人民币汇率走势形成的演变与重要性变迁提供了有力的分析工具；另一方面也能从及时性变量选择与同质性区间检测角度，从人民币在全球区域范围内的重要性变迁以及人民币政策变动对全球性影响角度提供有力的分析工具。

从量化结果来看，经济基本面因素已经成为决定人民币汇率走势的主导力量，其中利差的作用最为显著，利率市场化将对汇率市场起到关键作用。人民币的全球重要性凸显，特别是在亚太区域，人民币正在成为最为重要的区域性“锚货币”之一。人民币汇率政策的全球影响力已经显现，稳定人民币汇率，规避汇率风险对稳定全球，特别是亚太区域汇率具有重要意义。

第二章　局部适应性算法

第一节　局部适应性多元货币模型

一　汇率的多元回归货币模型

假设在时间 t 时，Q_t为实际汇率，P_t为国内一篮子物品价格，P_t^*为国外一篮子物品价格，S_t为国外货币兑国内货币的汇率。依据实际汇率定义我们有：

$$Q_t = S_t P_t^* / P_t \tag{2.1}$$

在（2.1）式两边取对数，我们得到：

$$s_t = p_t - p_t^* + q_t \tag{2.2}$$

其中，p_t、p_t^*、q_t分别为国内价格水平、国外价格水平与实际汇率的对数值。那么，往前 h 期的汇率对数值以当前信息为解释变量可以表示成：

$$s_{t+h} = p_t - p_t^* + q_t + v_{t+h} \tag{2.3}$$

其中，v_{t+h}为外生冲击。

将长期国内外货币需求写为（Frankel，1979；Molodtsova and Papell，2009）：

$$m_t = p_t + k y_t - l i_t \tag{2.4}$$

$$m_t^* = p_t^* + k^* y_t^* - l^* i_t^* \tag{2.5}$$

其中，m_t、p_t、y_t、i_t分别为货币需求对数值、价格水平对数值、收入水平对数值和利率水平，* 代表国外对应变量。联合（2.3、2.4、2.5）式，得到：

$$s_{t+h} = m_t - m_t^* + k^* y_t^* - k y_t + l^* i_t^* - l i_t + q_t + v_{t+h} \tag{2.6}$$

为检验中美经济基本面是否能有效作用于美元兑人民币汇率走势，为了避免伪回归，首先需要对序列的平稳性进行检验。检验结果如表 2 - 1 所示。

表 2 - 1 经济基本面平稳性检验

区域	中国				美国			
变量	水平值		一阶差分		水平值		一阶差分	
	趋势	ADF	趋势	ADF	趋势	ADF	趋势	ADF
s	有	0.561	无	4.722**	—	—	—	—
m	有	-1.007	无	4.894**	有	1.161	无	3.990**
y	有	-1.914	无	5.121**	有	1.200	无	4.774**
i	有	1.264	无	5.233**	有	-1.241	无	6.012**
q	有	0.942	无	5.310**	—	—	—	—

注：ADF 平稳性检验，显著性水平为 5%，“**”表示在此显著性水平上显著。

从表 2 - 1 的结果来看，在 5% 显著性水平上，经济基本面因素（汇率、货币供给、收入、利率以及实际汇率）均具有时间趋势。在进行回归分析之前，需进行一阶差分，将经济基本面转换为平稳型时间序列。从 ADF 检验结果可见，将汇率、货币供给、收入、利率以及实际汇率进行差分后，消除了时间趋势，转变为平稳型时间序列。

接下来，为了检验中美经济基本面是否能有效作用于美元兑人民币汇率走势，我们构建如下预测方程：$\Delta s_{t+1} = \alpha_0 + \alpha_1 \Delta s_t + \boldsymbol{\alpha_2 \Delta f_t} + \zeta_t$。其中，$\Delta f_t = (\Delta m_t, \Delta m_t^*, \Delta y_t, \Delta y_t^*, \Delta i_t, \Delta i_t^*, \Delta q_t)$，$\zeta_t \sim N(0, \sigma^2_{\Delta,t})$。

依据表 2-1 结果，各变量均为平稳型时间序列。现进行假设性检验，假设条件如下：

$$H_0: \boldsymbol{\alpha_2} = 0$$
$$H_0: \boldsymbol{\alpha_2} \neq 0$$

构造 F 统计量：

$$F = \frac{(SSR_r - SSR_u)/m}{SSR_u/(n-p)}$$

其中，SSR_u为非限制性回归残差平方和，SSR_r为限制性回归残差平方和，m 为限制性条件个数，p 为回归方程维度，n 为样本容量。检验结果如表 2-2 所示。

表 2-2　经济基本面因素联合统计检验结果

$\alpha_2 = 0$	F
统计量	4.121**

注：F 检验，显著性水平为 5%，“**”表示在此显著性水平上显著。

依据表 2-2 结果，我们可以清晰地看到，经济基本面因素能够作用并影响美元兑人民币汇率走势。所以在对美元兑人民币汇率进行样本外预测时，需要充分考虑经济基本面因素对汇率走势的影响，经济基本面因素应该被纳入解释变量。

在参数可能发生结构性变化的情况下，为了刻画线性模型（2.6）

式的时变特征，假设$x_{1,t}=m_t$，$x_{2,t}=m_t^*$，$x_{3,t}=y_t$，$x_{4,t}=y_t^*$，$x_{5,t}=i_t$，$x_{6,t}=i_t^*$，$x_{7,t}=q_t$，则（2.6）式变为：

$$s_{t+h}=\beta_{1,t}x_{1,t}+\beta_{2,t}x_{2,t}+\cdots+\beta_{7,t}x_{7,t}+\xi_{2,t+h},\xi_{2,t+h}\sim(0,\sigma_t^2) \quad (2.7)$$

其中，$\beta_t=(\beta_{1,t},\ \beta_{2,t},\ \cdots,\ \beta_{7,t},\ \sigma_t)$，$x_t=(x_{1,t},\ x_{2,t},\ \cdots,\ x_{7,t})$，$I=(s_{t+h},\ x_t)$ 为样本空间。

假设在时间点 t 我们定义局部同质区间$I_t=(t-m_t,\ t-1]$，在该局部同质区间内β_t恒定不变，假设$\xi_{2,t+h}$服从均值为零的正态分布且相互独立，那么β_t可通过如下的局部极大似然函数进行估计（Chen and Niu，2014）：

$$\begin{aligned}\tilde{\beta}_t &= \underset{\beta_t\in\Theta}{\operatorname{argmax}} L(s;I_t,\beta_t,x_t)\\ &= \underset{\beta_t\in\Theta}{\operatorname{argmax}}\left\{-m_t\log\sigma_t-\frac{1}{2\sigma_t^2}\sum_{\tau=t-m_t+1}^{t}(s_{\tau+h}-\beta_{1,t}x_{1,\tau}-\beta_{2,t}x_{2,\tau}-\cdots-\beta_{7,t}x_{7,\tau})^2\right\}\end{aligned} \quad (2.8)$$

其中，Θ 为参数空间，$L(s;\ I_t,\ \beta_t,\ x_t)$ 为局部似然函数。在实际估计中，可以获得稳定参数估计值的观测区间I_t是未知的，也可能同时具有数个这样的区间。我们的目标是在事先设定的有限个观测区间集合中寻找最优的观测区间，并使用此最优区间的信息来估计参数以提高模型的预测能力。为了简化问题，我们将可能的样本划分成一组嵌套的 K（$K>1$）个子区间，每对相邻区间中较长区间比较短区间多包含了 M（$M>1$）个观测点：

$$I_t^{(1)}\subset I_t^{(2)},\cdots,I_t^{(K)} \quad (2.9)$$

定义$m^{(k)}$代表了区间$I_t^{(k)}$中所包含的观测点个数，并以$m^{(k)}$来表示区间$I_t^{(k)}$的长度。

二 对自适应（适应性）模型参数最大同质区间的检测

假设最短区间$I_t^{(1)}$为同质区间，令$\widehat{\beta}_t^{(k)}$为区间$I_t^{(k)}$上的自适应参数估

计，根据$I_t^{(1)}$为同质区间的假设，$I_t^{(1)}$上的自适应参数估计应为：$\tilde{\beta}_t^{(1)}=\hat{\beta}_t^{(1)}$。接下来，我们将逐一检测区间$I_t^{(2)}$，…，$I_t^{(K)}$的同质性。首先，定义一个对数似然比：

$$T_t^{(k)}=|L(I_t^{(k)},\tilde{\beta}_t^{(k)})-L(I_t^{(k)},\hat{\beta}_t^{(k-1)})|^{1/2},k=2,\cdots,K \quad (2.10)$$

其中，$L(I_t^{(k)},\tilde{\beta}_t^{(k)})=\max_{\beta_t\in\Theta}L(s;I_t,\beta_t,x_t)$；$L(I_t^{(k)},\hat{\beta}_t^{(k-1)})=L(s;I_t,\hat{\beta}_t^{(k-1)},x_t)$。（2.10）式衡量了局部似然估计值与自适应估计值之间的距离，在给定的一组临界条件下就可以判断该局部似然估计值是否为自适应估计值。假设我们有一组临界值ζ_1，…，ζ_K，并使用这一组临界值根据下面的条件来判断区间的同质性。如果$T_t^{(k)}>\zeta_k$，说明模型参数的变化显著，区间同质性的假设未被满足。在这种情况下，自适应算法终止并认为在时间点t的最大同质区间为$I_t^{(k-1)}$，即：$\hat{\beta}_t^{(k)}=\hat{\beta}_t^{(k-1)}=\tilde{\beta}_t^{(k-1)}$，$\hat{\beta}_t^{(l)}=\tilde{\beta}_t^{(k-1)}$（$l\geqslant k$）。如果$T_t^{(k)}\leqslant\zeta_k$，说明模型参数变化不显著，认为当前区间$I_t^{(k)}$为同质区间，在此区间上的自适应估计值更新成：$\hat{\beta}_t^{(k)}=\tilde{\beta}_t^{(k)}$（见图2－1）。

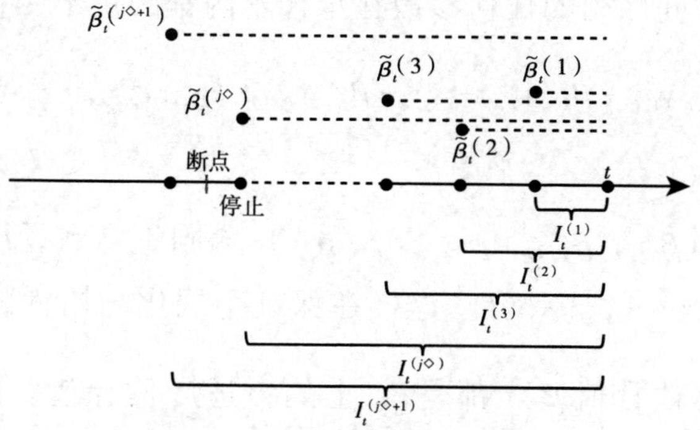

图2－1　自适应算法流程

注：其中，在区间（$t-m^{(j^\diamond+1)}$，$t-m^{(j^\diamond)}$］内存在断点，算法在$j^\diamond+1$步停止，自适应参数估计$\hat{\beta}_t^{(j^\diamond+1)}=\tilde{\beta}_t^{(j^\diamond)}$。

我们将这一过程在图 2－1 中进行了展示。最短区间$I_t^{(1)}$默认为同质区间，所以$T_t^{(1)} \leqslant \zeta_1$，自适应估计$\widehat{\beta}_t^{(1)} = \tilde{\beta}_t^{(1)}$。从图 2－1 看，区间$I_t^{(2)}$至$I_t^{(j^\diamond)}$内均无断点，则$I_t^{(2)}$至$I_t^{(j^\diamond)}$为同质区间。但是，由于在区间（$t-m^{(j^\diamond+1)}$，$t-m^{(j^\diamond)}$］内存在断点，$\tilde{\beta}_t^{(j^\diamond+1)}$与$\tilde{\beta}_t^{(j^\diamond)}$，…，$\tilde{\beta}_t^{(1)}$显著不同：

$$T_t^{(k)} \leqslant \zeta_k, k = 1,2,\cdots,j^\diamond$$
$$T_t^{(j^\diamond+1)} > \zeta_{j^\diamond+1}$$

算法持续至第$j^\diamond+1$步将停止，且自适应参数估计可以表达为：

$$\widehat{\beta}_t^{(k)} = \tilde{\beta}_t^{(k)}, k = 1,2,\cdots,j^\diamond$$
$$\widehat{\beta}_t^{(k)} = \tilde{\beta}_t^{(j^\diamond)}, k = j^\diamond+1, j^\diamond+2,\cdots,K$$

三　对同质区间检测中临界值的校准

在自适应算法流程中，临界条件起到了关键作用，但是由于参数分布情况未知，我们无法直接求取临界值，需要借用蒙特卡罗模拟来进行调校。在模拟过程中，我们在全样本范围内生成一组同质性的时间序列，该时间序列的任何参数在全样本内都固定不变：

$$s_{t+h} = \beta_{1,t}^{\cdot} x_{1,t} + \beta_{2,t}^{\cdot} x_{2,t} + \cdots + \beta_{7,t}^{\cdot} x_{7,t} + \xi_{2,t+h}, \xi_{2,t+h} \sim N(0,\sigma^{\cdot 2}) \tag{2.11}$$

其中，$\beta^{\cdot} = (\beta_{1,t}^{\cdot}, \beta_{2,t}^{\cdot}, \cdots, \beta_{7,t}^{\cdot}, \sigma^{\cdot})$为固定常数；$I = (s_{t+h}, x)$为样本空间，$t=1$，…，$T$。这样在保证全局化同质性的前提下，每一个局部似然估计值$\tilde{\beta}_t^{(k)}$都是$I_t^{(k)}$上的自适应估计值。因为$\beta^{\cdot}$已知，便能估计$\tilde{\beta}_t^{(k)}$与$\beta^{\cdot}$在似然函数上的差距R_k：

$$R_k = E_{\beta^*} \mid L(I_t^{(k)}, \tilde{\beta}_t^{(k)}) - L(I_t^{(k)}, \beta^{\cdot}) \mid^{1/2} \tag{2.12}$$

假设已知一组临界值，使用这组临界值可以得到一组对应的自适应参数估计$\widehat{\beta}_t^{(k)}$。此时$\widehat{\beta}_t^{(k)}$与$\tilde{\beta}_t^{(k)}$在似然函数上的差距$D_t^{(k)}$也可以通过似然比体现：

$$D_t^{(k)} = | L(I_t^{(k)}, \tilde{\beta}_t^{(k)}) - L(I_t^{(k)}, \widehat{\beta}_t^{(k)}) |^{1/2} \tag{2.13}$$

给定这组临界值并比较$T_t^{(k)}$与ζ_k，自适应参数的估计过程与同质性判别条件可以总结如下：

如果 $T_t^{(k)} \leqslant \zeta_k$,那么$I_t^{(k)}$为同质区间,同时$\widehat{\beta}_t^{(k)} = \tilde{\beta}_t^{(k)}$ (2.14)

如果$T_t^{(k)} > \zeta_k$,那么$I_t^{(k)}$异质,$\widehat{\beta}_t^{(k)} = \widehat{\beta}_t^{(k-1)} = \tilde{\beta}_t^{(k-1)}$;$\widehat{\beta}_t^{(l)} = \tilde{\beta}_t^{(k-1)} (l \geqslant k)$ (2.15)

临界值应该是能够让我们刚好接受$I_t^{(k)}$，$k=2$，…，K为同质化区间的一组最小数值，即这组临界值是刚好能满足（2.16）式的最小数值。

$$E_{\beta^{\cdot}}(D_t^{(k)}) = E_{\beta^{\cdot}} | L(I_t^{(k)}, \tilde{\beta}_t^{(k)}) - L(I_t^{(k)}, \widehat{\beta}_t^{(k)}) |^{1/2} \leqslant R_k \tag{2.16}$$

当临界值过高时，则有过高的概率使得$E_{\beta^{\cdot}}$（$D_t^{(k)}$）相比于临界值足够小以接受较长的同质区间。相反，当临界值过低时，则有过高的概率使得$E_{\beta^{\cdot}}$（$D_t^{(k)}$）相比于临界值过大而拒绝更长的同质区间。那么最佳临界值应该是能够刚好满足（2.16）式的最小ζ_k，$k=1$，2，…，K。临界值的确定主要受三个超变量（$\beta^{\cdot}$，K，M）的影响。$\beta^{\cdot}$应该尽量接近t时刻参数的真实值$\beta_t^{\cdot}$，所以在实际汇率预测中，我们采用2005年8月至2010年12月的真实数据通过MLE估计求得$\beta^{\cdot}$，并采用此估计值$\beta^{\cdot}$生成N（N＝100万）组长度为120的同质数据进行临界值的校准。

第二节　数值模拟与预测能力检验

一　数值模拟

在这一部分，我们设计一系列数值模拟，并通过与滚动窗回归模型和递归滚窗模型的预测结果进行对比来检验局部适应性算法的预测能力。我们采用多元线性回归模型（2.7）式进行模拟：

$$y_{t+1}=\beta_{1,t}x_{1,t}+\beta_{2,t}x_{2,t}+\cdots+\beta_{7,t}x_{7,t}+\xi_{t+1},\xi_{t+1}\sim N(0,\sigma_t^2)$$

其中，参数$\bar{\beta}_t$ = （$\beta_{1,t}$，$\beta_{2,t}$，…，$\beta_{7,t}$，σ_t）为依托于预测美元汇率的参数取值。在进行数值模拟之前，不妨将默认的参数取值$\bar{\beta}_t$设为全局不变情形：$\bar{\beta}_t=\bar{\beta}$，并令：

$$\bar{\beta}=(0.337,0.197,0.213,0,0.111,0.296,0.103)$$

HOM 用以表示全局不变参数情形；RS 用以表示参数结构性改变情形。其中，我们定义了三种结构性变化，具体参数设置可见表 2－3。

表 2－3　局部适应性算法模拟参数设定

模型设置	$y_{t+1}=\beta_{1,t}x_{1,t}+\beta_{2,t}x_{2,t}+\beta_{3,t}x_{3,t}+\cdots+\beta_{7,t}x_{7,t}+\xi_{t+1},\xi_{t+1}\sim N(0,\sigma_t^2)$			
	$\bar{\beta}=(0.337,0.197,0.213,0,0.111,0.296,0.103)$			
	方案Ⅰ～Ⅲ：$(x_{1,t},x_{2,t},\cdots,x_{7,t})\sim N(0,\Sigma)$，$\{\sigma_{i,j}\}_{i,j=1}^{7}$为 Σ 中对应元素，$\sigma_{i,j}=\varphi^{\mid i-j\mid}$，三种情形下，$\varphi$ 分别取值$\{0,0.2,0.5\}$			
	方案Ⅳ：$(x_{2,t},\cdots,x_{7,t})\sim N(0,\Sigma)$，$\{\sigma_{i,j}\}_{i,j=1}^{6}=\{0.2^{\mid i-j\mid}\}_{i,j=1}^{6}$为 Σ 中对应元素，$x_{1,t}\sim b(3,0.5)+U(0,1)$			
	方案Ⅴ：$(x_{2,t},\cdots,x_{7,t})\sim N(0,\Sigma)$，$\{\sigma_{i,j}\}_{i,j=1}^{6}=\{0.5^{\mid i-j\mid}\}_{i,j=1}^{6}$为 Σ 中对应元素，$x_{1,t}\sim b(3,0.5)+U(0,1)$			
HOM	恒定参数	$(\beta_{1,t},\beta_{2,t},\beta_{3,t},\beta_{4,t},\beta_{5,t},\beta_{6,t},\beta_{7,t},\sigma_t)=\bar{\beta}$		
RS	时变参数	阶段Ⅰ $t=1\cdots350$	阶段Ⅱ $t=351\cdots500$	阶段Ⅲ $t=501\cdots650$
RS－X	$(\beta_{1,t},\beta_{3,t})$	(0.337,0.213)	(0.296,0)	(0.337,0.213)
RS－V	σ_{t+1}	0.021	0.011	0.008
RS－XV	$(\beta_{1,t},\beta_{3,t},\sigma_{t+1})$	(0.337,0.213,0.021)	(0.296,0,0.011)	(0.337,0.213,0.008)

续表

注：HOM 表示多元线性模型中参数全局恒定不变情形；而在 RS 情形中，只有一个或是两个被标记过的变量发生改变，其余变量取值均与默认的$\bar{\beta}$中对应取值一致。

RS－X，X 表示解释变量$x_{1,t}$具有结构性改变；

RS－V，V 表示外生冲击ξ_{t+1}的标准方差σ_{t+1}具有结构性改变；

RS－XV，XV 表示解释变量$x_{1,t}$与外生冲击ξ_{t+1}同时具有结构性改变。

方案Ⅰ～Ⅲ中解释变量服从给定的多元正态分布：$(x_{1,t}, \cdots, x_{7,t}) \sim N(0, \Sigma)$，Σ 为协方差矩阵，其中，$\{\sigma_{i,j}\}_{i,j=1}^{7}$为 Σ 中对应元素，$\sigma_{i,j} = \varphi^{|i-j|}$；方案Ⅳ、Ⅴ中，解释变量$(x_{2,t}, \cdots, x_{7,t})$服从正态分布，而$x_{1,t}$满足$x_{1,t} \sim b(3, 0.5) + U(0, 1)$。在每一种参数协方差方案下，既有一个参数全局恒定不变的 HOM 情形，又有结构性变化的 RS 情形。在 RS 情形中，我们设计了三个不同阶段，第一个阶段包含有 350 个观测值，后两个阶段各包含了 150 个观测值。

在自适应模型的估计中，依据（2.9）式，我们设置了一组嵌套的 K（$K>1$）个子区间，并且满足如下规律：

$$m_t^{(k)} = \begin{cases} 12, & k=1 \\ 16+(k-2)M, & k \geqslant 2 \end{cases}, 其中, k=1, \cdots, K; K=19; M=6 \quad (2.17)$$

针对表 2－3 中的每一方案和情形，我们依照表中给定的参数设置各进行 1000 次的样本量为 650 个观测值的蒙特卡罗模拟。每一次模拟中，我们采用局部适应性算法从 $t=250$ 到 $t=649$ 逐一探求同质参数空间，并计算向前 1 步预测值，同时，我们使用 $t=1$ 到 $t=249$ 的观测值与默认的参数$\bar{\beta}$构建蒙特卡罗模拟调校判别条件（2.14）式、（2.15）式的临界值。

对于各模型之间预测能力的比较，我们使用平均绝对误差 MAE 作为衡量预测能力的指标，其中，y_{t+1}为 $t+1$ 时刻真实值，$\widehat{y}_{t+1}$为预测值，比较区间为 $t=250$ 至 $t=649$。表 2－4 描述了各模型在数值模拟预测中的 MAE，针对滚动窗模型，窗宽 L 设为和自适应模型嵌套子区间一致的一组窗宽集合，如（2.17）式所示。由于在使用滚窗模型进行预测时，最优窗宽未知，我们报告事后最优（MAE 最小）滚动窗模型和最差（MAE 最高）滚动窗模型的预测结果。优胜指数则代表了其所对应的模型在数值模拟预测中超越了多少可供选择的滚动窗回归模型。结果表明，窗宽的选择对模型预测结果能产生显著影响，能否及时探测模型参数的结构性变化对提高模型的预测能力起着关键性作用。

表 2-4　局部适应性算法与各模型预测能力比较（MAE）

	滚动窗		递归滚窗	优胜指数	局部适应性算法	优胜指数
	最优	最差				
情形Ⅰ	$\sigma_{i,j}=0(i\neq j);\sigma_{i,i}=1,i\leqslant 7,j\leqslant 7$					
HOM	0.016	0.026	0.016	19/19	0.018	13/19
RS-X	0.040	0.103	0.102	0/19	0.059	11/19
RS-V	0.016	0.030	0.018	18/19	0.024	8/19
RS-XV	0.043	0.102	0.103	0/19	0.063	10/19
情形Ⅱ	$\sigma_{i,j}=0.2^{\lvert i-j\rvert},i\leqslant 7,j\leqslant 7$					
HOM	0.016	0.028	0.016	19/19	0.020	12/19
RS-X	0.040	0.104	0.107	0/19	0.061	10/19
RS-V	0.018	0.032	0.019	19/19	0.027	9/19
RS-XV	0.045	0.106	0.110	0/19	0.069	10/19
情形Ⅲ	$\sigma_{i,j}=0.5^{\lvert i-j\rvert},i\leqslant 7,j\leqslant 7$					
HOM	0.017	0.028	0.016	19/19	0.021	12/19
RS-X	0.042	0.106	0.113	0/19	0.063	10/19
RS-V	0.020	0.032	0.021	18/19	0.029	8/19
RS-XV	0.046	0.108	0.110	0/19	0.071	10/19

续表

	滚动窗		递归滚窗	优胜指数	局部适应性算法	优胜指数
	最优	最差				
情形Ⅳ	$(x_{2,t},\cdots,x_{7,t})\sim N(0,\Sigma),\{\sigma_{i,j}\}_{i,j=1}^{6}=\{0.2^{\lvert i-j\rvert}\}_{i,j=1}^{6}$, $x_{1,t}\sim b(3,0.5)+U(0,1)$					
HOM	0.017	0.029	0.017	19/19	0.022	10/19
RS-X	0.041	0.112	0.115	0/19	0.065	9/19
RS-V	0.022	0.031	0.020	19/19	0.025	11/19
RS-XV	0.048	0.109	0.112	0/19	0.070	11/19
情形Ⅴ	$(x_{2,t},\cdots,x_{7,t})\sim N(0,\Sigma),\{\sigma_{i,j}\}_{i,j=1}^{6}=\{0.5^{\lvert i-j\rvert}\}_{i,j=1}^{6}$, $x_{1,t}\sim b(3,0.5)+U(0,1)$					
HOM	0.018	0.030	0.019	18/19	0.024	10/19
RS-X	0.044	0.117	0.119	0/19	0.062	13/19
RS-V	0.023	0.032	0.022	19/19	0.028	9/19
RS-XV	0.049	0.114	0.117	0/19	0.080	11/19

注：在使用滚动窗进行预测时，最优窗宽与最差窗宽皆为未知，最优窗宽与最差窗宽可以在预测后进行确认，并在表中汇报了事后的最优预测结果和最差预测结果。同时表中还给出了各模型相对于滚动窗回归模型预测的优胜指数，可供选择的滚窗模型共有19种类型，优胜指数的分子部分则表示对应模型在数值模拟预测中能超越多少可供选择的滚动窗回归模型。

图2－2刻画了当模型具有参数结构性变化时，局部适应性算法所选最大化同质区间长度的变化。第一阶段为结构性突变之前，这一阶段的参数还未发生结构性变化，局部适应性算法包含了其所能观测到的所有信息并进行参数的估计。第二阶段为结构性突变发生时的10～20个观测点，在这一阶段，局部适应性算法能迅速判别参数的结构性改变并对其同质性做出判断，表现为所选观测区间长度突然缩短以便能剔除观测值中的无用信息，以提高模型的预测能力。第三阶段为本次结构性突变发生较长时间后至下一个结构突变点之前，由于

这一阶段并无参数的结构性变化，所以局部适应性算法将这一区间纳入同质区间，在图中我们能看到模型所选的最大化同质区间长度逐渐增长至最大值。

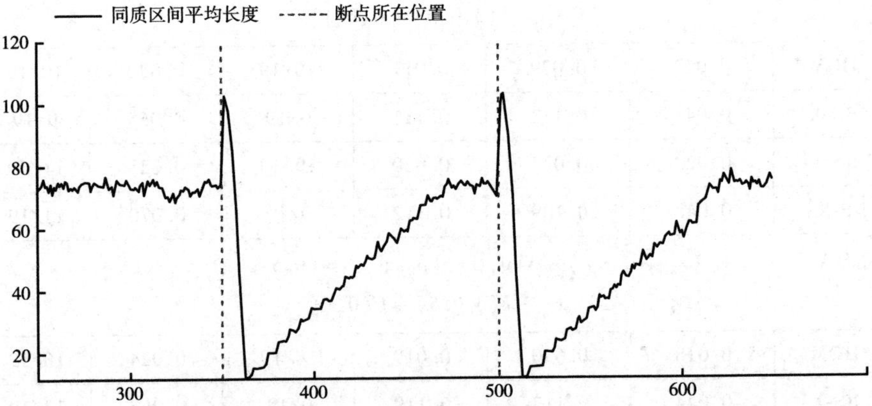

图 2-2 局部适应性算法所选区间 $I_t^{(k)}$ （$k=1$，…，19）的平均长度

注：图中曲线描述了情形Ⅳ中，RS-XV 设置下自适应多元回归模型所选区间 $I_t^{(k)}$ （$k=1$，…，19）的平均长度，纵轴为区间长度，横轴为预测时间。

总体来看，局部适应性算法拥有较强的预测能力，并且能准确捕捉参数的实时变化，探测最大化同质区间，利用有效观测信息估计模型参数，以提高模型的预测能力。

二 对超变量的稳健性检验

局部适应性算法中临界值的调校依赖于超变量（β^*，K，M）。不同的超变量参数能产生不同的临界值，从而可影响局部适应性算法在预测中的实际效果。实际上，在一定的范围内，局部适应性算法的预测能力并不会因超变量参数的改变而发生改变。表 2-5 的结果反映局部适应性算法在样本外预测中的稳定性。

表 2－5　局部适应性多元货币模型稳健性检验（MAE）

方案	滚动窗模型		局部适应性算法	优胜指数
	最优	最差		
参数设定	$\sigma_{i,j}=0.2^{\lvert i-j\rvert}, i\leqslant 7, j\leqslant 7$			
$0.8\bar{\beta}$	0.038	0.084	0.045	12/19
$1.2\bar{\beta}$	0.044	0.119	0.071	9/19
$K=10$	0.043	0.089	0.067	5/10
$K=30$	0.043	0.112	0.062	16/30
$M=4$	0.042	0.093	0.064	9/19
$M=8$	0.044	0.108	0.066	11/19
参数设定	$(x_{2,t},\cdots,x_{7,t})\sim N(0,\Sigma),\{\sigma_{i,j}\}_{i,j=1}^{6}=\{0.2^{\lvert i-j\rvert}\}_{i,j=1}^{6}, x_{1,t}\sim b(3,0.5)+U(0,1)$			
$0.8\bar{\beta}$	0.039	0.085	0.049	9/19
$1.2\bar{\beta}$	0.045	0.121	0.070	10/19
$K=10$	0.048	0.091	0.076	5/10
$K=30$	0.048	0.116	0.072	15/30
$M=4$	0.046	0.101	0.068	10/19
$M=8$	0.050	0.112	0.073	10/19

注：在使用滚动窗进行预测时，最优窗宽与最差窗宽皆为未知，最优窗宽与最差窗宽可以在预测后进行确认。表中报告了事后的最优预测结果和最差预测结果，同时表中还给出了各模型相对于滚动窗回归模型预测的优胜指数，优胜指数的分子部分则表示对应模型在数值模拟预测中能超越多少可供选择的滚动窗回归模型。

数值模拟的稳定性检验基于表 2－3 中情形Ⅱ与Ⅳ的 RS－XV 设置。在分析局部适应性算法对$\bar{\beta}$的稳定性时，将$\bar{\beta}$分别缩小和扩大 20%，调整为 $0.8\bar{\beta}$和 $1.2\bar{\beta}$。在分析局部适应性算法对 K 与 M 的稳定性时，固定$m_t^{(1)}=12$，分别用 $K=10$，$K=30$ 取代 $K=19$，用 $M=4$，$M=8$ 取代 $M=6$。其中，嵌套区间为$\{I^k\}_{k=1}^{K}$，$m_t^{(1)}=12$，$m_t^{(k)}=16+(k-2)M$，滚动窗模型为基准模型，可供选择的窗宽为对应的 $m_t^{(k)}$，$k=1$，…，K。

从表 2－5 的结果看，局部适应性算法通过获得较高的优胜指数显示了其在超变量发生变更的情况下依然具有不错的预测能力，表明了局部适应性算法对超变量参数具有一定的稳健性。

第三节　人民币汇率预测

在资本自由流动和浮动汇率制度假设下，利率、汇率与国际资本流动三者间存在自动平衡，并保证“一价定律”成立，这种平衡在决定一国利率的同时也决定了该国的汇率水平。所以，从短期来看，汇率水平由短期内的货币政策决定；但长期而言，一国的汇率水平由其经济实力决定。近年来，在我国利率市场化、汇率改制和资本账户开放三大金融改革不断深化的背景下，汇率变化与经济基本面之间的联系也变得更加紧密（陈平、李凯，2010），经济基本面模型对人民币汇率拥有较高的拟合能力（邓贵川、李艳丽，2016）。依照Molodtsova和Papell（2009）的分类方式，本书将经济基本面模型分为两类，一类为货币基本面模型，另一类为利率基本面模型。

在前文中，我们构建了局部适应性算法，在接下来的这一部分里，我们将构建局部适应性多元货币模型，将其与随机游走模型和五个经济基本面模型的预测能力进行对比，其中包括货币基本面模型（购买力平价模型、弹性货币模型）与利率基本面模型（利率平价模型、泰勒规则模型和偏移型泰勒规则模型）。

一　预测对比模型

（1）局部适应性多元货币模型

局部适应性多元货币模型如（2.7）式所示：

$$s_{t+h} = \beta_{1,t}x_{1,t} + \beta_{2,t}x_{2,t} + \cdots + \beta_{7,t}x_{7,t} + \xi_{2,t+h}, \xi_{2,t+h} \sim (0, \sigma_t^2)$$

其中，$x_{1,t} = m_t$，$x_{2,t} = m_t^*$，$x_{3,t} = y_t$，$x_{4,t} = y_t^*$，$x_{5,t} = i_t$，$x_{6,t} = i_t^*$，$x_{7,t} = q_t$，

且$\xi_{2,t+h}$相互独立，进行人民币汇率预测时，嵌套区间$\{I^k\}_{k=1}^{K}$所包含的观测点个数按照如下进行设置，且满足在任意时刻 t 有：

$$m_t^{(k)}=\begin{cases}12, & k=1\\ 16+(k-1)M, & k\geqslant 2\end{cases},\text{其中 } k=1,\cdots,K;K=19;M=6$$

（2）随机游走模型

我们采用无漂移项的随机游走模型，

$$s_{t+h}=s_t+\xi_{3,t+h},\xi_{3,t+h}\sim(0,\sigma_{3,t}^2) \tag{2.18}$$

（3）购买力平价模型

购买力平价模型认为两国之间的汇率由两国之间的购买力差异决定，汇率在长期中会自动回归到由购买力平价所决定的水平值上。所以 PPP 模型可以表达为：

$$s_{t+h}=\alpha_{0,t}+\alpha_{1,t}(p_t-p_t^*)+\xi_{4,t+h},\xi_{4,t+h}\sim(0,\sigma_{4,t}^2) \tag{2.19}$$

其中，s_{t+h}表示向前 h 个月的人民币汇率预测值；p_t表示国内价格水平；p_t^*表示国外价格水平。

（4）弹性货币模型

弹性货币模型（Frankel，1979）的本质在于将两国汇率看成两国货币的相对价格，在货币市场均衡假设下，汇率的变化由两国货币的相对需求与相对供给所决定。$m_t=p_t+k\,y_t-l\,i_t$，而国外货币的需求表示为$m_t^*=p_t^*+k\,y_t^*-l\,i_t^*$，其中，$m_t$、$p_t$、$y_t$、$i_t$分别为货币需求对数值、价格水平对数值、收入对数值和利率水平，＊代表国外相同对应变量。

假设购买力平价模型（2.19）式成立，那么弹性货币模型可以表达成：

$$\begin{aligned}s_{t+h}=&\alpha_{2,t}+\alpha_{3,t}(m_t-m_t^*)+\alpha_{4,t}(y_t-y_t^*)\\&+\alpha_{5,t}(i_t-i_t^*)+\xi_{5,t+h},\xi_{5,t+h}\sim(0,\sigma_{5,t}^2)\end{aligned} \tag{2.20}$$

(5) 利率平价模型

利率平价模型（IRP）认为两国利率差，尤其是短期利率差能直接影响两国货币即期汇率与远期汇率之间的差异，两国汇率（对数）变动的期望值等于两国名义利率之间的差值。在中国市场，利率平价模型依然适用（金中夏、陈浩，2012；邓贵川、李艳丽，2016），其一般计量模型为：

$$\Delta s_{t+h} = \alpha_{6,t} + \alpha_{7,t}(i_{t,h} - i^{*}_{t,h}) + \xi_{6,t+h}, \xi_{6,t+h} \sim (0, \sigma^{2}_{6,t}) \quad (2.21)$$

其中，$i_{t,h}$表示国内期限为 h 的名义利率，$i^{*}_{t,h}$表示国外期限为 h 的名义利率。

(6) 泰勒规则模型

Engel 和 West（2005）在假定货币政策具有内生性的前提下研究利率作为货币政策目标时汇率与宏观基本面的关系。当央行遵循泰勒规则设定利率目标时（Taylor，1993），央行所遵循的货币政策为：

$$i_t = \theta_{1,t} y_{gt} + \theta_{2,t} \pi_t + \theta_{3,t} i_{t-1} + v_t \quad (2.22)$$

$$i^{*}_t = \theta_{1,t} y^{*}_{gt} + \theta_{2,t} \pi^{*}_t + \theta_{3,t} i^{*}_{t-1} + v^{*}_t \quad (2.23)$$

将（2.22）式和（2.23）式代入利率平价模型（2.21）式整理得到泰勒规则模型，其中π_t代表通货膨胀率：

$$\Delta s_{t+h} = \alpha_{8,t} + \alpha_{9,t}(\pi_t - \pi^{*}_t) + \alpha_{10,t}(i_{t-1} - i^{*}_{t-1}) + \alpha_{11,t}(y_{gt} - y^{*}_{gt}) + \xi_{7,t+h} \quad (2.24)$$

其中，$\xi_{7,t+h} \sim (0, \sigma^{2}_{7,t})$。

(7) 偏移型泰勒规则模型

随着发达国家将利率作为货币政策目标，货币政策的内生性变强。Engle 等（2015）以泰勒规则为基础提出偏移型泰勒规则模型，认为国内外利率差遵循：

$$i_t - i_t^* = \alpha_t + 1.5(\pi_t - \pi_t^*) + 0.5(y_{gt} - y_{gt}^*) \tag{2.25}$$

其中，i_t表示国内名义利率；i_t^*表示国外名义利率；π_t表示国内通货膨胀率；π_t^*表示国外通货膨胀率；y_{gt}表示国内产出缺口；y_{gt}^*表示国外产出缺口。Ince 等（2016）提出两国利率差应遵循：

$$i_t - i_t^* = \theta_{5,t} + 1.5(\pi_t - \pi_t^*) + y_{gt} - 0.5y_{gt}^* \tag{2.26}$$

由利率平价关系，依据（2.26）式，偏移型泰勒规则模型则可以表示为：

$$\Delta s_{t+h} = \alpha_{12,t} + \alpha_{13,t}(1.5(\pi_t - \pi_t^*) + y_{gt} - 0.5y_{gt}^*) + \xi_{8,t+h} \tag{2.27}$$

其中，$\xi_{8,t+h} \sim (0, \sigma_{8,t}^2)$。

（8）门限向量误差修正模型（Hansen and Seo，2002）

假设$\{y_t\}_{t=1}^T$代表了所研究汇率序列$\left\{\left(\frac{USD}{RMB}\right)_t, \left(\frac{EUR}{RMB}\right)_t, \left(\frac{JPY}{RMB}\right)_t, \left(\frac{GBP}{RMB}\right)_t\right\}_{t=1}^T$，并且假设存在$4 \times c$矩阵$\beta$，满足：

$$\beta^T y_t \sim I(0)$$

假设w_t（β）$= \beta^T y_t$，其中，第j个元素为w_{jt}。

由政策变迁以及外部因素冲击带来的经济变量时间序列含有结构性突变点，为了及时刻画经济结构的转变与变迁，令市场所关注变量为j，我们可以设置门限变量$z_t = w_{jt}$（Kaufmann，2015；Kastner and Huber，2017）。

令R_r（$r=1, 2, \cdots, R$）为变量j所对应的不同机制状态，并且定义：

$$R_r = \{z_{t-1} : \gamma_{t-1} \leqslant z_{t-1} < \gamma_t\}$$

其中，$\gamma_0 = -\infty$，$\gamma_R = +\infty$；如果$z_{t-1} \in R_r$，那么门限向量误差修正模型为：

$$\Delta y_t = \alpha_r \beta^T y_{t-1} + B_{r1} \Delta y_{t-1} + \cdots + B_{rp} \Delta y_{t-p} + \eta_t \qquad (2.28)$$

在每一机制状态R_r中，α_r为$4 \times c$短期调整系数，B_{rj}（$j=1$，…，p）为不同机制状态中的4×4自回归系数。η_t为服从正态分布的白噪声残差，其方差Σ_r依不同状态进行调整，$\eta_t \sim N$（0，Σ_r）。

（9）贝叶斯门限向量误差修正模型（Huber and Zörner，2019）

依据（2.28）式，Huber 和 Zörner 提出了一类以贝叶斯方法对（2.28）式进行估计的步骤，并将其运用于美元汇率预测中，他们发现贝叶斯门限向量误差修正模型在汇率预测中相比于随机游走模型具有显著优势。其计算步骤可以归纳如下：

令$B_r = (B_{r1}, \cdots, B_{rp})^T$，$b_r = vec(B_r)$，$a_r = vec(\alpha_r)$，

①$\begin{pmatrix} a_r \\ b_r \end{pmatrix} \mid r, \beta, \Sigma_r, \tau_r, \zeta_r, D \sim N(\mu_r, V_r)$，依据分布$N(\mu_r, V_r)$，绘制$(a_r^T, b_r^T)^T$；

②依分布$W(v_r, \Gamma_r)$绘制Σ_r^{-1}；

③对每一个$j=1, 2, \cdots, K$；依分布$GIG\left(\varphi_{br} - \frac{1}{2}, b_{rj}^2, \varphi_{br}\lambda_{br}\right)$抽样$\tau_{rj}^2$；

④对每一个$k=1, 2, \cdots, CM$；依分布$GIG\left(\varphi_{ar} - \frac{1}{2}, a_{rk}^2, \varphi_{ar}\lambda_{ar}\right)$绘制$\zeta_{rk}^2$；

⑤从伽马分布$G\left(d_b + \varphi_{br}K, e_b + \frac{\varphi_{br}}{2}\Sigma_{i=1}^K \tau_{ir}^2\right)$中模拟抽样$\lambda_{br}$；

⑥从伽马分布$G\left(d_a + \varphi_{ar}K, e_a + \frac{\varphi_{ar}}{2}\Sigma_{i=1}^K \zeta_{ir}^2\right)$中模拟抽样$\lambda_{ar}$；

⑦采用 RWMH 算法绘制φ_{ir}，$i=a, b$；

⑧从分布$W\left(v_1 + R v_0, \Sigma_0 + \sum_{r=1}^{R} \Sigma_r^{-1}\right)$中模拟绘制 S；

⑨采用 RWMH 算法绘制φ_{ξ}；

⑩从分布N（δ，Λ）中绘制ξ；

⑪采用 Giddy Gibbs sampler 绘制γ_j；

⑫对每一个$j=1$，2，…，c（$M-c$），从分布GIG（$\varphi_{\xi}-\frac{1}{2}$，$\xi_j^2$，$\varphi_{\xi}\lambda_{\xi}$）中绘制$\Phi_j^2$，其中，具体参数$\mu_r$，$V_r$，$v_r$，$\Gamma_r$，$\varphi_{ar}$，$\varphi_{br}$，$\varphi_{\xi}$，$a_{rj}^2$，$b_{rj}^2$，$\lambda_{ar}$，$\lambda_{br}$，$\lambda_{\xi}$，$d_a$，$d_b$，$e_a$，$e_b$，$\tau_r^2$，$\zeta_r^2$，$\xi$，$\gamma_j$的设定可参见 Huber 和 Zörner（2019）。

（10）非线性泰勒规则模型（Wang et al.，2019）

随着国际资本流动性加大，国际贸易的多边复杂性加强，对汇率走势的解释与预测成为货币政策研究的重要方面。Qin 和 Enders（2008）发现，采用非线性建模的汇率政策分析更有助于对汇率变动与预测进行预判。Wang 等（2019）指出，利差因素是引发非线性趋势的重要方面，并提出了非线性泰勒规则模型，发现非线性泰勒规则模型在汇率预测中能显著优于随机游走模型以及线性泰勒规则模型。

若令＊代表国外的应对变量，w_t为资产平均价格（由平均股价以及房产价格组成），有如下表达式（Molodtsova and Papell，2009）：

$$\begin{aligned}i_t-i_t^* &= \alpha_0+(\beta_{c\pi}\pi_t-\beta_{f\pi}\pi_t^*)+(\beta_{cy}y_t-\beta_{fy}y_t^*)\\&\quad+(\beta_{cw}w_t-\beta_{fw}w_t^*)+\beta_q q_t^*+\rho_c i_{t-1}-\rho_f i_{t-1}^*+\eta_{1t}\end{aligned}$$

其中，角标符号c，f分别代表中国及其他贸易国家。

如果$\Delta s_{t+1}=i_t-i_t^*$成立，

那么我们有：

$$\begin{aligned}\Delta s_{t+1} &= \alpha_0+(\beta_{u\pi}\pi_t-\beta_{f\pi}\pi_t^*)+(\beta_{uy}y_t-\beta_{fy}y_t^*)\\&\quad+(\beta_{uw}w_t-\beta_{fw}w_t^*)+\beta_q q_t^*+\rho_u i_{t-1}-\rho_f i_{t-1}^*+\eta_{2t}\end{aligned}$$

将上述泰勒规则模型转换为非线性形式：

$$\Delta s_{t+1} = \varphi_0 + \varphi_0^T z_t + (\theta_0 + \theta_1^T z_t) G(h_t;\gamma,c) + \varepsilon_{t+1} \tag{2.29}$$

其中，

$$z_t = (\pi_t - \pi_t^*, y_t - y_t^*, w_t - w_t^*, q_t^*, i_{t-1} - i_{t-1}^*);$$
$$\varphi_1 = (\varphi_\pi, \varphi_y, \varphi_w, \varphi_q, \varphi_i);$$
$$\theta_1 = (\theta_\pi, \theta_y, \theta_w, \theta_q, \theta_i);$$
$$\varepsilon_{t+1} \sim N(0, \sigma_{t+1}^2),$$

非线性成分为：

①Logistic 函数（NTR-Logistics），

$$G(h_t; \gamma, c) = \frac{1}{1 + \exp(\varphi)[-\gamma(h_t - c)]}$$

②指数函数（NTR－Exponential），

$$G(h_t; \gamma, c) = 1 - \exp(\varphi)[-\gamma(h_t - c)^2]$$

（11）混合数据模型 a 与 b（MIDAS-GAS）建模（Gorgi et al.，2019）

y_t^L为所要研究汇率变量，其频率为月度数据。由于汇率与市场指标，例如日度 SDR 数据、两国经济收益数据、S&P500 指数、日经指数、SHSZ300 指数、英国富时 100 指数、法兰克福指数，以及法国 CAC－40 指数，我们可令高频解释变量$x_t^H = (x_{1t}^H, \cdots, x_{n_x t}^H)^T$，并且在美元兑人民币汇率预测中，使用高频解释变量为：

x_t^H =（SDR 美元，SDR 人民币，SHSZ300 指数，S&P500 指数）。

依 Gorgi 等（2019）所言，预测模型为：

$$\begin{pmatrix} y_t^L \\ x_t^H \end{pmatrix} = \begin{pmatrix} 1 \\ \lambda_u I_{n_x} \end{pmatrix} \mu_t + \sigma_t \begin{pmatrix} \epsilon_t^y \\ \epsilon_t^x \end{pmatrix}$$

其中，I_{n_x}为$n_x \times 1$ 元素为 1 向量，n_x为x_t^H维度，$t = 1, 2, \cdots, T$。

$$\mu_{t+1} = \delta_\mu + \beta_\mu \mu_t + \alpha_\mu^y s_t^y + \alpha_\mu^x \sum_{i=1}^{n_x} w_i(\varphi) s_{it}^x$$

$$\sigma_{t+1} = \delta_\sigma + \beta_\sigma \sigma_t + \alpha_\sigma^y v_t^y + \alpha_\sigma^x \sum_{i=1}^{n_x} w_i(\varphi) v_{it}^x$$

Gorgi 等（2019）对ϵ_t^y给出了两种不同的分布，在不同的分布设定下有：

①（混合数据模型 a）$\epsilon_t^y \sim N(0,1)$，MIDAS-GAS-a 模型，在这种设定下：

$$s_t^y = y_t^L - \mu$$
$$s_{it}^x = x_{it}^H - \lambda_\mu \mu_t$$
$$v_t^y = (y_t^L - \mu_t)^2 - \sigma_t^2$$
$$v_{it}^x = (x_{it}^H - \lambda_\mu \mu_t)^2 - \lambda_\sigma \sigma_t^2$$

②（混合数据模型 b）$\epsilon_t^y \sim t_v(0,1)$，MIDAS-GAS-b 模型，在这种设定下：

$$s_t^v = \frac{(v+1)(y_t^L - \mu_t)}{(v-2) + (y_t^L - \mu_t)^2 \sigma_t^{-2}}$$
$$s_{it}^x = x_{it}^H - \lambda_\mu \mu_t$$
$$v_t^y = \frac{(v+1)(y_t^L - \mu_t)}{(v-2) + (y_t^L - \mu_t)^2 \sigma_t^{-2}} - \sigma_t^2$$
$$v_{it}^x = (x_{it}^H - \lambda_\mu \mu_t)^2 - \lambda_\sigma \sigma_t^2$$

预测方程为：

$$y_{t+1}^L = \mu_{t+1} + \sigma_{t+1} \epsilon_{t+1}^y \tag{2.30}$$

（12）非参数最优窗选择模型（Inoue et al.，2017）

Inoue 等（2017）将不可观测参数 $\beta(1)$ 采用 $\tilde{\beta}(1)$ 进行替换，并且通过如下最优化目标函数求取最优窗宽$\widehat{L}_T$：

$$\widehat{L}_T = \arg\min_{L_T \in \Theta_L} (\widehat{\beta}_{L_T}(1) - \widetilde{\beta}(1))^{\mathrm{T}} x_T x_T^{\mathrm{T}} (\widehat{\beta}_{L_T}(1) - \widetilde{\beta}(1))$$

$$\widehat{\beta}_{L_T} = (\sum_{t=T-h+1}^{T-h} x_t x_t^{\mathrm{T}})^{-1} (\sum_{t=T-L_T+1}^{T-h} x_t y_{t+h}^{\mathrm{T}})$$

其中，$\tilde{\beta}$（1）为在给定窗宽L_0下采用均匀核函数（Uniform Kernal）估计得到。

（13）变系数模型平均（Gorgi et al.，2019）

Gorgi 等（2019）将时变系数与模型平均技术建模运用至虚拟货币预测研究中，发现时变系数建模在虚拟货币预测中的能力要显著优于AR（p）等基准模型。

令：

$$F_t = (1, y_{t-1}, y_{t-2}, y_{t-3}, f_{t-1})$$
$$f_{t-1} = (\pi_t - \pi_t^*, y_t - y_t^*, w_t - w_t^*, q_t^*, i_t - i_t^*)$$

时变模型构建如下：

$$y_t = F_t^a \beta_t + \varepsilon_t, \varepsilon_t \sim N(0, V_t)$$
$$\beta_t = \beta_{t-1} + \eta_t, \eta_t \sim N(0, Q_t)$$

其中，F_t^a为F_t =（1，y_{t-1}，y_{t-2}，y_{t-3}，f_t^a）；f_t^a为f_{t-1}中的可能组合。针对每一个模型，采用贝叶斯模型平均方法（Wright，2008）与动态模型平均方法（Dangl and Halling，2012）对预测结果进行平均。

（14）神经网络模型（Galeshchuk，2016）

Önder 等（2013）、Galeshchuk（2016）比较研究了神经网络模型与传统时间序列模型在宏观经济变量预测中的优势，发现神经网络模型相比于传统时间序列模型有特殊优势，表现为：首先，神经网络模型对残差变量以及因变量不做任何假设；其次，在样本内拟合与样本外预测中具有较高精度；最后，在短期预测中，相比于一系列非线性模型，神经网络建模具有更为优良的预测能力。

假设向量 p（$p=1,2,\cdots,P$）的最终估计值为y^p，$w_{j,OP}$代表由隐藏神经 j 到输出神经触突上的权重，h_j^p为神经 j 的输出值，T 代表阀值，w_{ij}为输入层神经 i 到中间层神经 j 的权重，T_j代表阀值，x_i为输入值，代表经济基本面参数。

$$y^p = F(\sum_{j=1}^{N} w_{j,OP} h_j^p - T)$$

$$h_j^p = F(\sum_{i=1}^{M} w_{ij} x_i - T_j)$$

其中，

$$F(x) = \frac{1}{1+e^{-x}}$$

定义权重与阀值的梯度为：

$$\Delta w_{ij}(p) = -\alpha \frac{\partial E^p}{\partial w_{ij}(p)}$$

$$\Delta T_j(p) = -\alpha \frac{\partial E^p}{\partial T_j(p)}$$

输入层 i 到中间层 j 预判误差定义为：

$$er_i(p) = \sum_{j=1}^{N} er(p) w_{i,op} h_j^p (1-h_j^p)$$
$$er(p) = y^p - d^p$$

针对每一个神经元 k，其输出估计值与实际值误差为：

$$E^p(t) = \frac{1}{2}(y^p(t) - d^p(t))$$

其中，y^p（t）为第 t 次神经网络的输出值，d^p（t）为目标值。那么所训练的平均误差为：E（t）$=\frac{1}{P}\sum_{p=1}^{P} E^p$（$t$），其计算图例如图 2－3 所示。

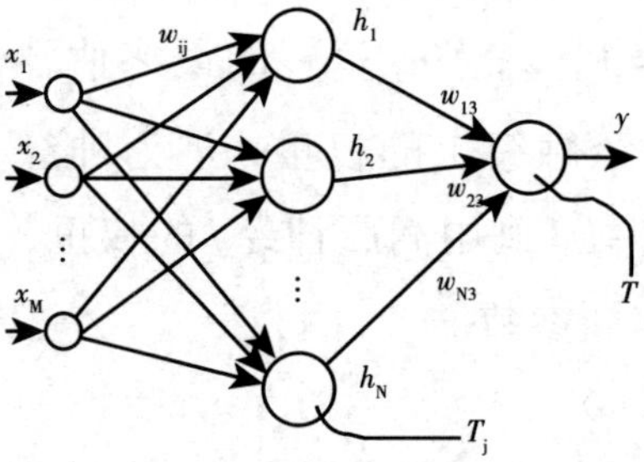

图 2-3　多重 BP 神经网络构架

资料来源：Galeshchuk，S.，2016，"Neural Networks Performance in Exchange Rate Prediction"，*Neurocomputing*，172：446-452。

（15）马尔科夫机制转换模型（Rzhevskyy and Prodan，2012）

提高模型对汇率的预测能力必然要考虑外生冲击导致的结构性变化。显然，除了自适应体系建模之外，马尔科夫机制转移模型也建立在考虑了外生冲击可能产生的状态转移的基础之上。因此在可比较的基准模型中，本书也考虑了马尔科夫机制转移模型。依据 Rzhevskyy 和 Prodan（2012）所言，本书构建 MS-RW 预测模型预测美元、欧元、日元、英镑兑人民币汇率。假设S_t为能观测到的汇率数值，本书定义 $ds_t = \ln S_{t+1} - \ln S_t$。同时，令非可观测状态变量$z_t=1$ 表示汇率提升，$z_t=2$ 表示汇率下降。

假设 $ds_t = \mu_{st} + \zeta_{st}$，进一步假设非可观测状态变量$z_t$有如下的转移概率，其中：

$$\Pr[z_t = 1 | z_{t-1} = 1] = P_{11}$$
$$\Pr[z_t = 1 | z_{t-1} = 1] = P_{22}$$

当$z_t=1$，$ds_t \sim N(\mu_{1t}, \sigma_{1t}^2)$；当$z_t=2$，$ds_t \sim N(\mu_{2t}, \sigma_{2t}^2)$。若$P_{ii}$（$i=1$，2）较高时，保证稳定状态情形具有较高概率；若$P_{ii}$（$i=1$，2）较低时，发生状态转移的可能性较高。在此模型中，待估参数为$\Theta_t=$

$\{\mu_{1t}, \mu_{2t}, \sigma_{1t}, \sigma_{2t}, P_{11}, P_{22}\}$。

（16）机器学习型算法（Amat et al.，2018）

EWA（The exponentially weighted average strategy with discount factors）法为一类机器学习型算法，由 Amat 等（2018）提出，其计算步骤为：

$$\widehat{s}_{t+1} - s_t = \sum_{j=1}^{p} \beta_{j,t} f_{j,t}$$

$$\beta_{j,t} = \frac{1}{Z_t} \exp\left(-\eta_t \sum_{\tau=1}^{t} \left(1 + \frac{\gamma}{(t+1-\tau)^{\kappa}}\right)(s_\tau - s_{\tau-1} - f_{j,\tau-1})^2\right)$$

$$Z_t = 2\exp\left(-\eta_t \sum_{\tau=1}^{t} \left(1 + \frac{\gamma}{(t+1-\tau)^{\kappa}}\right)(s_\tau - s_{\tau-1})^2\right) + \sum_{j=1}^{p} \exp\left(-\eta_t \sum_{\tau=1}^{t} \left(1 + \frac{\gamma}{(t+1-\tau)^{\kappa}}\right)(s_\tau - s_{\tau-1} - f_{j,\tau-1})^2\right)$$

其中，f_t为解释变量，$\{\eta_t\}$为一给定的非零非增序列，γ 为给定的非负折现因子，κ 为一给定正数。

（17）机器学习型算法（Amat et al.，2018）

机器学习型算法，例如 SRidge（Sequential ridge regression with discount factors），该方法也为一类机器学习型算法，由 Amat 等（2018）提出，其计算步骤为：

①$\widehat{s}_{t+1} - s_t = \sum_{j=1}^{p} \beta_{j,t} f_{j,t}$

②$(\beta_{1,t}, \cdots, \beta_{p,t}) = \underset{\beta_1, \cdots, \beta_p}{\operatorname{argmin}} \left\{\lambda \sum_{j=1}^{p} \beta_j^2 + \sum_{\tau=1}^{t} \left(1 + \frac{\gamma}{(t+1-\tau)^{\kappa}}\right)(s_\tau - s_{\tau-1} - f_{j,\tau-1})^2\right\}$

其中 γ 为给定的非负折现因子，κ 为一给定正数，f_t为解释变量。

（18）随机森林树算法（Li et al.，2018）

随着海量数据可获得性的提升，深度机器学习方法的优势显现。本书将自适应建模预测方法与随机森林树在汇率预测中进行比较，研究自适应建模的样本外预测能力。

随机森林树预测步骤为：

①从样本集中采用 Bootstrap 随机选取 N 个子样本；

②从所有属性中随机选取最佳拟合属性作为节点建立决策树；

③计算决策树；

④将 N 棵决策树终节点结果进行平均即为最终预测结果（见图 2－4）。

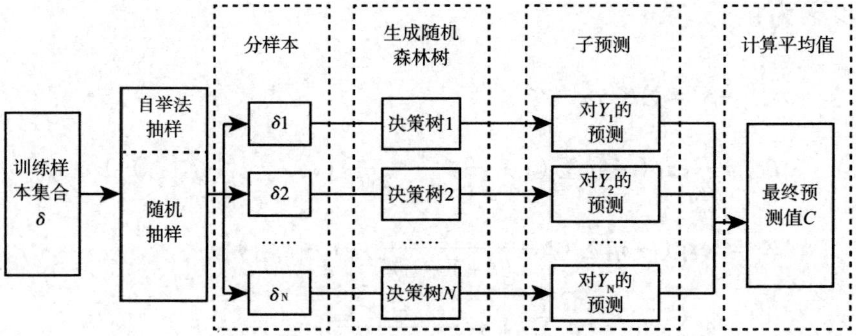

图 2－4　随机森林树预测步骤

资料来源：Li, C., Tao, Y., Ao, W., Yang, S., Bai, Y., 2018, "Improving forecasting accuracy of daily enterprise electricity consumption using a random forest based on ensemble empirical mode decomposition", *Energy*, 165: 1220－1227。

二　数据来源与处理

本书数据以月度为频率，使用 2005 年 8 月至 2010 年 12 月的观测点构建训练样本，进行蒙特卡罗模拟以调校同质性判别条件的临界值，以 2011 年 1 月至 2019 年 3 月为样本外预测区间。

文中数据来源于国际货币基金组织数据库、美国联邦储备银行数据库与 CEIC 中国经济数据库。各国名义汇率数据为对数月度平均值，物价水平使用各国对数月度 CPI 数据（按 2000 年＝100 对物价指数进行调整），通货膨胀率使用 CPI 当期与前 1 期的比值并取对数，美国、欧元区、日本、英国短期名义利率为伦敦同业拆借利率月度平均数据，中国名义利率选择上海同业拆借利率日度数据并按月求均值，各国货币供应量以 M2 对数月度数据为准。由于 GDP 数据最高以季度为频率，本书采用 Molodtsova 和 Papell（2009）、邓贵川和李艳丽（2016）的处理方式，将 GDP 季度数据通过三次样条插值补充为月度数据；产出缺口可建立在 GDP 月度数据之上，使用 HP 滤波获得。

本书采用文献中常用的 DM 检验（Diebold and Mariano，1995）比较研究两两模型在人民币汇率预测中的能力。其中以s_t代表 t 时刻人民币的真实值，$\widehat{s_t}$为预测值，预测误差$e_t = s_t - \widehat{s_t}$。已知两两模型在进行向前 h 步的预测中产生了两列预测误差序列$e_1 = \{e_{1,t}\}_{t=1}^{T}$，$e_2 = \{e_{2,t}\}_{t=1}^{T}$，同时，若对模型预测能力的判断可依赖于某个给定的判别方程$g(e)$，那么模型间具有相同预测能力的原假设为：

$$E[g(e_{1,t}) - g(e_{2,t})] = 0$$

令$d_t = g(e_{1,t}) - g(e_{2,t})$，$t = 1, \cdots, T$，$\bar{d} = \frac{1}{T}\sum_{i=1}^{T} d_t$。假设$\{d\}_{t=1}^{T}$中 h 阶及其以上阶数自相关性为零，那么$\bar{d}$的方差估计可以表示成：$\widehat{V}(\bar{d}) = \frac{1}{T}(\gamma_0 + 2\sum_{k=1}^{h-1}\gamma_k)$。其中，$\widehat{\gamma_k} = \frac{1}{T}\sum_{t=k+1}^{T}(d_t - \bar{d})(d_{t-k} - \bar{d})$，则 DM 检验表示成：

$$DM = \widehat{V}(\bar{d})^{-1/2}\bar{d} \tag{2.31}$$

采用宏观基本面模型进行预测时，需要结合滚动时间窗口方法以提高宏观基本面模型的预测能力。但关于时间窗口的选择，并没有统一定论。Molodtsova 和 Papell（2009）将窗宽设置为 120 个月；Ince 等（2016）将窗宽设置为 120 个月；邓贵川和李艳丽（2016）使用窗宽为 60 个月，并指出在将窗宽分别设置为 50 个和 70 个月时宏观基本面模型在人民币汇率预测中具有较强的稳定性。针对已有文献对滚动窗宽的设定方法，结合样本容量，本书将滚动时间窗口长度分别设置为 50 个、60 个和 70 个月，用 $L = 50$；60；70 进行标记。

实证中，我们以 SDR 货币篮子中美元、欧元、英镑和日元兑人民币的汇率进行样本外预测，预测值以$\hat{s}_{t+h}$表示，$h=$（1，3，6，9，12，18，24）为预测期限，分别表示向前 1 期、3 期、6 期、9 期、12 期、18 期与 24 期预测值。

三 实证结果

本书分别以随机游走模型、购买力平价模型、弹性货币模型、利率平价模型、泰勒规则模型与偏移型泰勒规则模型为基准比较研究自适应多元货币模型对人民币汇率的预测能力。根据数值模拟的结论，局部适应性多元货币模型能及时捕捉参数的时变特征，并使用最大化同质区间内的观测信息来估计模型参数。该算法的优势在于其能充分利用有效信息进行参数估计以提高模型的样本外预测能力。

为了准确评价模型的预测能力，我们采用 DM 检验来衡量局部适应性多元货币模型相对于基准模型的预测优势。如果 DM 检验值为负，则说明局部适应性多元货币模型优于基准模型；反之，如果 DM 检验值为正，则说明基准模型具有更强的预测能力。

表 2－6 中报告了局部适应性多元货币模型在向前 1～24 个月预测中相对于基准模型的 DM 检验值。在向前 1 个月的短期美元兑人民币汇率预测中，局部适应性多元货币模型的预测能力弱于随机游走模型、泰勒规则模型和偏移型泰勒规则模型，但强于购买力平价模型、利率平价模型与弹性货币模型；在向前 3～24 个月的中长期汇率预测中，局部适应性多元货币模型则能显著优于随机游走模型、购买力平价模型、弹性货币模型、利率平价模型、泰勒规则模型与偏移型泰勒规则模型。

随着预测期限的增加，随机游走模型的预测误差逐渐增大，但局部适应性多元货币模型的预测误差增长较慢，且随着预测期限的增加，局部适应性多元货币模型在人民币汇率预测中的优势显著提升。

表 2-6　局部适应性多元货币模型预测能力比较（美元兑人民币）

预测模型	$h=1$	$h=3$	$h=6$	$h=9$	$h=12$	$h=18$	$h=24$
随机游走	3.567***	-2.259**	-4.737***	-5.159***	-6.018***	-5.197***	-5.748***
门限向量误差修正	-1.267	-2.309**	-2.710***	-2.567**	-2.018**	-1.997**	-1.675*
贝叶斯门限向量误差修正	-0.267	-1.290	-1.411	-1.500	-1.311	-1.421	-1.552
非线性泰勒规则	3.512***	-1.311	-1.210	-1.267	-1.418	-1.417	-1.444
混合数据模型 a	-0.267	-1.621	-1.616	-2.124**	-1.610	-1.484	-1.341
混合数据模型 b	-0.331	-1.420	-1.721*	-2.034**	-1.888*	-1.642*	-1.299
非参数最优窗选择	-1.442	-1.312	-1.254	-2.508**	-3.331***	-2.954***	-2.111**
变系数模型平均	2.442**	-0.912	-1.300	-1.301	-1.412	-1.404	-1.411
神经网络模型	-2.727***	-2.844***	-2.987***	-2.944***	-2.943***	-2.113**	-2.127**
EWA 机器学习	-0.227	-0.320	-1.298	-1.321	-1.439	-1.494	-1.505
SRdige 机器学习	-0.137	-0.429	-1.332	-1.351	-1.489	-1.499	-1.529
随机森林树	1.218	-1.332	-1.432	-1.294	-1.291	-1.871*	-2.499**
马尔科夫机制转换	-1.380	-1.307	-2.305**	-3.131***	-3.025***	-3.009***	-3.213***
$L=50$							
购买力平价	-6.549***	-6.014***	-5.013***	-5.685***	-5.977***	-5.974***	-5.758***
弹性货币	-4.128***	-1.581	-2.435**	-3.222***	-3.913***	-5.236***	-6.167***

续表

预测模型	$h=1$	$h=3$	$h=6$	$h=9$	$h=12$	$h=18$	$h=24$
利率平价	-6.236***	-2.094**	-2.699***	-3.247***	-3.811***	-4.833***	-6.569***
泰勒规则	3.543***	-3.123***	-2.598***	-3.357***	-4.054***	-5.165***	-6.837***
偏移型泰勒规则	3.643***	-1.594	-2.554**	-3.250***	-3.871***	-5.502***	-6.231***
$L=60$							
购买力平价	-8.833***	-6.631***	-5.012***	-5.771***	-5.909***	-2.902***	-5.555***
弹性货币	-5.214***	-1.607	-2.515**	-3.245***	-3.933***	-4.938***	-6.041***
利率平价	-6.112***	-1.948*	-2.573**	-3.135***	-3.758***	-4.795***	-5.979***
泰勒规则	3.542***	-3.329***	-2.656***	-3.397***	-4.075***	-5.142***	-6.339***
偏移型泰勒规则	3.502***	-1.477	-2.570**	-3.290***	-3.943***	-5.045***	-6.204***
$L=70$							
购买力平价	-8.640***	-8.637***	-5.061***	-5.117***	-5.912***	-2.894***	-5.118***
弹性货币	-5.674***	-4.668***	-3.991***	-3.297***	-3.983***	-5.033***	-6.167***
利率平价	-5.624***	-1.630	-2.484**	-3.235***	-3.885***	-4.895***	-6.090***
泰勒规则	3.413***	-3.621***	-2.636***	-3.104***	-4.010***	-5.184***	-6.346***
偏移型泰勒规则	3.463***	-1.607	-2.610***	-3.338***	-4.000***	-5.095***	-6.246***

注：表中结果为DM检验值，其中“*”、“**”和“***”分别表示在10%、5%和1%的显著性水平上显著。负值代表局部适应性多元货币模型优于基准模型，正值代表基准模型优于局部适应性多元货币模型。

图2-5描述了局部适应性多元货币模型以及最优基准模型（随机游走模型）在向前3个月美元兑人民币汇率的预测与真实汇率对比结果。从图2-5来看，局部适应性多元货币模型相对于其他基准模型能更加及时地反映美元兑人民币未来汇率走势，并且具有更加精确的预测能力。

图2－5中，在2015年8月之前，由于每日银行间外汇市场美元对人民币交易价在中国人民银行公布的中间价上下小幅波动，所以在这一阶段的人民币汇率样本外预测中，局部适应性多元货币模型与最优基准模型均能较好地预测美元兑人民币汇率，但局部适应性多元货币模型具有显著优势。灰色区域起点为2015年8月汇改，人民币具有明显贬值趋势，在这一区域内，局部适应性多元货币模型相比于其他基准模型更能反映美元兑人民币汇率走向。

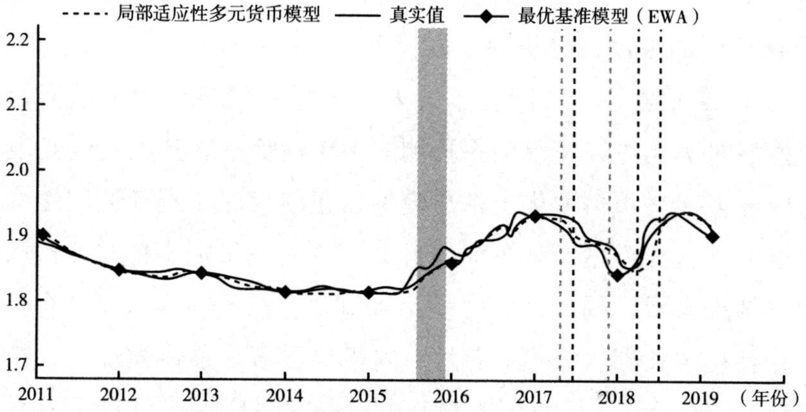

图2－5　美元兑人民币汇率向前3个月样本外预测走势

注：预测区间为2011年1月至2019年3月。横轴代表时间，纵轴代表美元兑人民币汇率对数值。其中，灰色区域代表2015年8月至12月时间段，竖直虚线所在位置代表了美联储加息政策时点。

竖直虚线所在位置对应2015年12月向前3个月的预测，即对2016年2月的预测。实际上，IMF于2015年12月宣布人民币于次年（2016年）10月正式加入SDR，将有助于世界各国央行增加人民币储备，导致市场对人民币汇率具有升值预期，并且在图2－5预测走势上表现为局部适应性多元货币模型与最优基准模型均预测人民币具有升值走势。随着信息的更新，局部适应性多元货币模型预测结果迅速向汇率真实水平回复。从方向性预测结果来看，局部适应性多元货币模型相比于最优基准模型更能准确地预测美联储加息政策对人民币汇率走势的影响。

四　分样本稳健性检验

为了检验模型在不同样本条件下是否具有稳定的预测能力，本书将样本按照1∶1的比例进行划分，检验局部适应性多元货币模型在2011年1月至2015年7月和2015年8月至2019年3月两个时间段内美元兑人民币汇率的预测能力。对比模型为随机游走模型与窗宽为70个观测值的滚动窗经济基本面模型。

表2－7报告了在不同样本段内局部适应性多元货币模型相对于基准模型对美元兑人民币汇率预测的DM检验值。其中负值代表了局部适应性多元货币模型优于基准模型，正值代表了局部适应性多元货币模型弱于基准模型。从各模型对美元兑人民币汇率样本外预测的能力比较结果来看，局部适应性多元货币模型在不同样本中具有稳定优势，并且在中长期（3～24个月）内优势显著。具体表现为，在向前3～24个月美元兑人民币汇率预测中，局部适应性多元货币模型能够显著优于随机游走模型与宏观基本面模型；在向前1个月的短期美元兑人民币汇率预测中，局部适应性多元货币模型显著优于购买力平价模型、弹性货币模型与利率平价模型，但弱于随机游走模型、泰勒规则模型与偏移型泰勒规则模型。

表2－7　局部适应性多元货币模型预测能力稳健性检验（美元兑人民币）

预测模型	$h=1$	$h=3$	$h=6$	$h=9$	$h=12$	$h=18$	$h=24$
2011年1月至2015年7月							
随机游走	3.483***	－4.892***	－5.754***	－5.455***	－6.701***	－6.264***	－7.413***
门限向量误差修正	－1.967**	－2.593***	－3.310***	－3.597***	－3.018***	－4.527***	－2.776***

续表

预测模型	$h=1$	$h=3$	$h=6$	$h=9$	$h=12$	$h=18$	$h=24$
贝叶斯门限向量误差修正	-0.188	-1.590	-1.499	-1.701*	-1.815*	-1.891*	-1.997**
非线性泰勒规则	1.585	-1.911*	-1.412	-1.687*	-1.819*	-1.811*	-1.889*
混合数据模型 a	-1.267	-1.829*	-1.974**	-2.891***	-1.986**	-1.789*	-1.964**
混合数据模型 b	-1.331	-1.975**	-2.021**	-2.634***	-2.881***	-2.742***	-2.499**
非参数最优窗选择	-1.542	-1.973**	-1.632	-2.718***	-3.741***	-3.123***	-3.771***
变系数模型平均	1.402	-1.412	-1.431	-1.401	-1.585	-1.631	-1.672*
神经网络模型	-3.717***	-2.921***	-3.217***	-3.314***	-3.412***	-3.212***	-3.712***
EWA 机器学习	-0.927	-0.921	-1.391	-1.625	-1.821*	-1.841*	-1.815*
SRdige 机器学习	-0.937	-0.919	-1.731*	-1.852*	-1.919*	-1.991**	-1.921*
随机森林树	1.000	-1.931*	-1.872*	-1.994**	-1.983**	-2.171**	-2.791***
马尔科夫机制转换	-2.380**	-2.317**	-2.605***	-3.639***	-3.525***	-3.579***	-3.993***
购买力平价	-9.223***	-9.171***	-4.414***	-4.194***	-6.929***	-4.498***	-4.647***
弹性货币	-5.927***	-5.733***	-4.474***	-3.127***	-3.866***	-5.213***	-6.716***
利率平价	-7.262***	-1.704*	-2.486**	-3.141***	-4.092***	-5.134***	-6.107***
泰勒规则	0.849	-5.523***	-2.489**	-3.312***	-4.110***	-5.613***	-7.306***
偏移型泰勒规则	3.866***	-3.160***	-3.437***	-3.462***	-4.834***	-5.199***	-6.722***

续表

预测模型	h = 1	h = 3	h = 6	h = 9	h = 12	h = 18	h = 24
2015 年 8 月至 2019 年 3 月							
随机游走	4.133***	-0.830	-2.615***	-3.896***	-4.908***	-4.940***	-5.273***
门限向量误差修正	-1.251	-2.129**	-2.111**	-2.131**	-1.941*	-1.531	-1.521
贝叶斯门限向量误差修正	-0.111	-1.090	-1.298	-1.320	-1.291	-1.324	-1.298
非线性泰勒规则	5.512***	-1.210	-1.010	-1.217	-1.310	-1.307	-1.356
混合数据模型 a	-0.124	-1.323	-1.454	-1.993**	-1.576	-1.312	-1.461
混合数据模型 b	-0.211	-1.329	-1.423	-1.634	-1.548	-1.352	-1.279
非参数最优窗选择	-1.333	-1.282	-1.214	-2.101**	-3.001***	-1.924*	-1.881*
变系数模型平均	2.893***	-0.412	-1.280	-1.299	-1.311	-1.298	-1.312
神经网络模型	-2.221**	-1.998**	-2.012**	-2.107**	-2.341**	-1.871*	-1.931*
EWA 机器学习	-0.001	-0.012	-1.001	-1.011	-1.298	-1.301	-1.361
SRdige 机器学习	-0.031	-0.042	-1.291	-1.293	-1.311	-1.281	-1.319
随机森林树	1.718*	-1.032	-1.331	-1.224	-1.211	-1.670*	-1.671*
马尔科夫机制转换	-1.289	-1.297	-2.101**	-2.933***	-2.315**	-2.319**	-2.972***
购买力平价	-6.311***	-6.185***	-6.201***	-7.231***	-8.231***	-9.333***	-6.412***
弹性货币	-2.556**	-1.589	-2.552**	-3.567***	-4.164***	-4.004***	-3.864***
利率平价	-4.472***	-1.569	-2.498**	-3.409***	-3.177***	-4.144***	-6.074***

续表

预测模型	$h=1$	$h=3$	$h=6$	$h=9$	$h=12$	$h=18$	$h=24$
泰勒规则	3.684***	-1.275	-3.599***	-3.045***	-3.250***	-4.519***	-6.027***
偏移型泰勒规则	2.843***	-1.430	-2.387**	-3.102***	-3.237***	-4.235***	-6.174***

注：表中结果为 DM 检验值，其中“*”、“**”和“***”分别表示在 10%、5% 和 1% 的显著性水平上显著。负值代表局部适应性多元货币模型优于基准模型，正值代表基准模型优于局部适应性多元货币模型。经济基本面模型采用窗宽为 70 个观测值的滚动窗估计。

附表 1～3 给出了局部适应性多元货币模型相比于基准模型（经济基本面模型、非线性泰勒规则模型与机器学习算法）在欧元、英镑与日元兑人民币汇率样本外预测时的 DM 检验统计值。我们发现，对于其他主要的双边汇率，局部适应性多元货币模型仍能够在中长期预测中显著超越随机游走模型、经济基本面模型、EWA 机器学习算法、SRdige 机器学习算法，以及随机森林树模型。向前短期 1 个月的样本外预测中，局部适应性多元货币模型能显著优于购买力平价模型、弹性货币模型与利率平价模型，但弱于随机游走模型、泰勒规则模型与偏移型泰勒规则模型。向前 3 个月的样本外预测中，局部适应性多元货币模型能显著优于购买力平价模型、弹性货币模型、利率平价模型、偏移型泰勒规则模型、非线性泰勒规则模型；在与随机游走模型、泰勒规则模型与机器学习算法进行比较时，其 DM 统计量能始终保持负值，说明在向前 3 个月的样本外预测中，局部适应性多元货币模型能优于随机游走模型、泰勒规则模型与机器学习算法。在向前 6 个月及以上的汇率预测中，局部适应性多元货币模型能显著优于基准模型。总之，随着预测期限的增加，局部适应性多元货币模型的预测能力显著增强，并在中长期预测中具有显著优势。

结 论

汇率预测一直是宏观经济领域中的一个重点和难题，人民币汇率预测在汇率改革和人民币国际化背景下亦是如此。自中国于 2005 年开始由固定汇率制转型为有管理的浮动汇率制以来，人民币汇率国际化与市场化进程不断深入，国内汇率政策变化频繁，所以，在进行人民币汇率预测时，势必需要及时监测模型参数的结构性变化，以提高信息利用效率。然而，一方面，国内外现有文献在研究模型参数具有结构性变化时如何提高模型对汇率预测的能力时还有不足；另一方面，采用传统的滚动窗模型预测人民币汇率时，如何选择窗宽是一个盲点，并无有效理论支撑。本书构建了局部适应性多元货币模型以实时捕捉参数的时变特征，检测最大化参数同质区间，并使用该同质区间内的观测值作为窗宽，估计模型参数，给出了一种如何选择最佳观测信息（窗宽）的方法，提高了参数模型对人民币汇率的预测能力。

相比于所列举的传统与新兴类汇率预测算法，局部适应性算法在中长期汇率预测中具有显著优势，为人民币汇率预测提供了一种行之有效的新方法。

附录：欧元、英镑、日元兑人民币汇率样本外预测比较

表 1　局部适应性多元货币模型预测能力比较（欧元兑人民币）

预测模型	$h=1$	$h=3$	$h=6$	$h=9$	$h=12$	$h=18$	$h=24$
随机游走	3.446***	-0.473	-3.526***	-3.372***	-4.067***	-6.320***	-7.615***
非线性泰勒规则	1.400	-1.678*	-1.312	-1.781*	-1.923*	-1.888*	-1.679*

续表

预测模型	$h=1$	$h=3$	$h=6$	$h=9$	$h=12$	$h=18$	$h=24$
EWA 机器学习	-0.611	-0.678	-1.299	-1.421	-1.622	-1.631	-1.877*
SRdige 机器学习	-0.531	-0.731	-1.432	-1.652*	-1.939*	-1.901*	-1.901*
随机森林树	0.001	-0.930	-1.502	-1.671*	-1.781*	-2.003**	-2.213**
				$L=50$			
购买力平价	-3.275***	-2.189**	-3.141***	-2.100**	-3.989***	-3.098***	-3.919***
弹性货币	-4.130***	-2.144**	-2.858***	-3.432**	-3.913***	-4.899***	-6.167***
利率平价	-5.283***	-2.087**	-2.872***	-3.477***	-3.911***	-4.733***	-5.902***
泰勒规则	4.105***	-0.118	-3.515***	-4.318***	-4.004***	-5.105***	-6.062***
偏移型泰勒规则	4.072***	-1.727*	-2.996***	-3.867***	-3.801***	-4.032***	-6.002***
				$L=60$			
购买力平价	-3.944***	-3.207***	-3.604***	-2.771***	-2.909***	-3.902***	-3.555***
弹性货币	-6.091***	-2.297**	-2.908***	-3.245***	-3.913***	-4.938***	-6.041***
利率平价	-5.340***	-2.063**	-2.766***	-3.135***	-3.728***	-4.795***	-5.979***
泰勒规则	3.899***	-0.796	-4.465***	-3.397***	-4.035***	-5.142***	-6.339***
偏移型泰勒规则	3.984***	-1.758*	-3.024***	-3.290***	-3.243***	-5.145***	-6.244***
				$L=70$			
购买力平价	-4.363***	-3.886***	-4.164***	-2.017**	-2.912***	-3.894***	-3.918***
弹性货币	-4.297***	-2.110**	-2.908***	-3.297***	-3.983***	-5.033***	-6.167***
利率平价	-4.484***	-2.047**	-2.848***	-3.235***	-3.885***	-4.895***	-6.876***
泰勒规则	4.152***	-0.658	-4.207***	-3.404***	-4.980***	-6.104***	-6.386***

续表

预测模型	$h=1$	$h=3$	$h=6$	$h=9$	$h=12$	$h=18$	$h=24$
偏移型泰勒规则	4.042***	-1.755*	-3.004***	-3.338***	-4.100***	-5.995***	-6.296***

注：表中结果为 DM 检验值，其中“*”、“**”和“***”分别表示在 10%、5% 和 1% 的显著性水平上显著。负值代表局部适应性多元货币模型优于基准模型，正值代表基准模型优于局部适应性多元货币模型。

表 2　局部适应性多元货币模型预测能力比较（英镑兑人民币）

预测模型	$h=1$	$h=3$	$h=6$	$h=9$	$h=12$	$h=18$	$h=24$
随机游走	4.842***	-1.185	-3.203***	-4.711***	-4.585***	-4.441***	-4.704***
非线性泰勒规则	1.342	-1.562	-1.361	-1.892*	-1.998*	-1.681*	-2.079**
EWA 机器学习	-0.410	-0.578	-1.099	-1.221	-1.812*	-1.811*	-2.017**
SRdige 机器学习	-0.501	-0.791	-1.331	-1.352	-1.421	-1.991**	-1.941*
随机森林树	-1.020	-1.000	-1.492	-1.506	-1.701*	-2.803***	-2.013**
$L=50$							
购买力平价	-3.828***	-4.884***	-4.048***	-4.490***	-2.674***	-3.463***	-3.919***
弹性货币	-3.786***	-2.193**	-2.722***	-3.336***	-3.959***	-5.228***	-6.648***
利率平价	-3.859***	-1.945*	-2.529**	-3.186***	-3.870***	-5.071***	-6.466***
泰勒规则	4.399***	-1.675*	-4.372***	-5.546***	-4.161***	-2.742***	-4.498***
偏移型泰勒规则	1.389	-1.377	-2.416**	-3.092***	-3.691***	-4.825***	-6.294***
$L=60$							
购买力平价	-5.678***	-6.513***	-5.294***	-4.766***	-3.744***	-4.203***	-3.223***
弹性货币	-4.905***	-2.353**	-2.716***	-3.329***	-3.930***	-4.441***	-6.622***

续表

预测模型	$h=1$	$h=3$	$h=6$	$h=9$	$h=12$	$h=18$	$h=24$
利率平价	-4.055***	-1.960**	-2.567**	-3.186***	-3.843***	-5.079***	-6.495***
泰勒规则	4.740***	-2.014**	-4.276***	-5.407***	-4.274***	-3.533***	-5.459***
偏移型泰勒规则	1.391	-1.305	-2.341**	-3.054***	-3.692***	-4.875***	-6.291***
$L=70$							
购买力平价	-5.727***	-7.842***	-6.904***	-6.044***	-4.608***	-6.103***	-5.337***
弹性货币	-4.927***	-2.220**	-2.698***	-3.329***	-3.932***	-5.394***	-6.695***
利率平价	-4.128***	-2.003**	-2.644***	-3.312***	-3.822***	-5.179***	-6.580***
泰勒规则	4.818***	-1.732*	-4.432***	-5.264***	-5.057***	-5.071***	-5.489***
偏移型泰勒规则	1.380	-1.381	-2.385**	-3.101***	-3.725***	-4.859***	-6.273***

注：表中结果为 DM 检验值，其中“*”、“**”和“***”分别表示在 10%、5%和 1%的显著性水平上显著。负值代表局部适应性多元货币模型优于基准模型，正值代表基准模型优于局部适应性多元货币模型。

表 3　局部适应性多元货币模型预测能力比较（日元兑人民币）

预测模型	$h=1$	$h=3$	$h=6$	$h=9$	$h=12$	$h=18$	$h=24$
随机游走	2.451**	-0.377	-3.768***	-4.408***	-4.742***	-8.965***	-9.281***
非线性泰勒规则	-0.33	-1.521	-1.614	-2.004**	-1.710*	-1.561	-1.448
EWA 机器学习	-0.491	-1.341	-1.678*	-2.451**	-1.983**	-1.747*	-1.776*
SRdige 机器学习	-0.124	-1.212	-1.314	-2.673***	-3.998***	-2.998***	-2.872***
随机森林树	-1.320	-1.312	-1.541	-1.544	-1.731*	-2.643***	-2.431**

续表

预测模型	$h=1$	$h=3$	$h=6$	$h=9$	$h=12$	$h=18$	$h=24$
$L=50$							
购买力平价	-6.308***	-5.781***	-8.030***	-6.584***	-2.838***	-4.549***	-4.233***
弹性货币	-3.064***	-2.080**	-3.211***	-3.661***	-4.346***	-5.876***	-7.157***
利率平价	-5.206***	-3.110***	-4.174***	-4.598***	-5.141***	-6.195***	-7.211***
泰勒规则	2.594***	-0.078	-4.356***	-4.412***	-4.535***	-7.097***	-9.216***
偏移型泰勒规则	1.345	-1.646	-3.267***	-4.153***	-4.806***	-6.267***	-7.353***
$L=60$							
购买力平价	-6.911***	-6.724***	-8.641***	-7.242***	-4.108***	-6.418***	-7.089***
弹性货币	-2.614***	-2.135**	-3.248***	-3.685***	-4.418***	-5.941***	-7.338***
利率平价	-5.206***	-3.809***	-4.699***	-4.943***	-5.229***	-5.892***	-7.077***
泰勒规则	2.594***	-0.190	-4.348***	-4.271***	-4.023***	-6.875***	-9.173***
偏移型泰勒规则	1.351	-1.736*	-3.343***	-4.192***	-4.854***	-6.207***	-7.316***
$L=70$							
购买力平价	-7.825***	-7.972***	-9.963***	-8.012**	-5.027***	-8.176***	-8.973***
弹性货币	-2.775***	-2.207**	-3.297***	-3.767***	-4.484***	-5.985***	-7.422***
利率平价	-8.521***	-4.652***	-5.026***	-4.811***	-4.763***	-5.763***	-6.977***
泰勒规则	2.651***	0.174	-4.766***	-4.271***	-4.076***	-6.521***	-8.847***
偏移型泰勒规则	1.357	-1.781*	-3.412***	-4.202***	-4.817***	-5.987***	-7.172***

注：表中结果为 DM 检验值，其中“*”、“**”和“***”分别表示在 10%、5% 和 1% 的显著性水平上显著。负值代表局部适应性多元货币模型优于基准模型，正值代表基准模型优于局部适应性多元货币模型。

第三章　乘数自适应可变窗算法

第一节　乘数自适应可变窗建模步骤

采用局部适应性算法对宏观经济变量进行预测时需要根据约束条件采用历史信息对临界值进行蒙特卡罗模拟，校准能满足约束条件的临界值，计算过程繁复并且临界值过多依赖于历史信息而大幅度降低了该方法的实用性。为了降低临界值的滞后性，我们提出了一种新的适应性算法：乘数自适应可变窗算法。将该方法进行数值模拟，结果表明，乘数自适应可变窗算法同样具有优良的预测能力。

假设模型为：

$$s_{t+h} = \beta_{1,t} x_{1,t} + \beta_{2,t} x_{2,t} + \cdots + \beta_{p,t} x_{p,t} + \xi_{t+h};\xi_{t+h} \sim (0,\sigma_t^2)$$

其中，β_t = （$\beta_{1,t}$，$\beta_{2,t}$，…，$\beta_{p,t}$，σ_t），x_t = （$x_{1,t}$，$x_{2,t}$，…，$x_{p,t}$），I = （s_{t+h}，x_t）为样本空间，p 为模型维度。

当可获得的观测值确定之后，β_t便可以通过极大似然估计来获取。假设在时间点 t，我们定义局部同质区间I_t = ［$t - m_{t+1}$，t］，该局部同质区间能满足在该区间内β_t恒定不变，同时β_t可通过局部极大似然函数进行估计：

$$\tilde{\beta}_t = \underset{\beta_t \in \Theta}{\operatorname{argmax}} L(s; I_t, \beta_t, x_t) \tag{3.1}$$

其中 Θ 为参数空间，L（s；I_t，β_t，x_t）为局部似然函数。在实际估计中，可以获得稳定参数估计值的观测区间I_t不仅是未知的，也可能同时具有数个这样的区间。我们的目标只是在已有的有限个观测区间中寻找最优的观测区间，并使用此最优区间的信息来估计参数以提高模型的预测能力。为了简化问题，我们将可能的样本划分成一组嵌套的 K（$K>1$）个子区间，每个相邻区间中较长区间比较短区间多包含了 M（$M>1$）个观测值：

$$I_t^{(1)} \subset I_t^{(2)}, \cdots, I_t^{(K)} \tag{3.2}$$

其中，$m^{(k)}$代表了区间$I_t^{(k)}$的长度。

假设最短区间$I_t^{(1)}$为同质区间，令$\widehat{\beta}_t^{(k)}$为区间$I_t^{(k)}$上的自适应参数估计，根据$I_t^{(1)}$为同质区间的假设，其上的自适应参数估计应为：$\tilde{\beta}_t^{(1)} = \widehat{\beta}_t^{(1)}$。接下来，我们将逐一检测区间$I_t^{(2)}$，…，$I_t^{(K)}$的同质性。首先，定义一个似然对数比：

$$T_t^{(k)} = | L(I_t^{(k)}, \tilde{\beta}_t^{(k)}) - L(I_t^{(k)}, \widehat{\beta}_t^{(k-1)}) |^{1/2}, k = 2, \cdots, K \tag{3.3}$$

其中，L（$I_t^{(k)}$，$\tilde{\beta}_t^{(k)}$）$= \max_{\beta_t \in \Theta} L$（$s$；$I_t$，$\beta_t$，$x_t$）；$L$（$I_t^{(k)}$，$\widehat{\beta}_t^{(k-1)}$）$= L$（$s$；$I_t$，$\widehat{\beta}_t^{(k-1)}$，$x_t$）。（3.3）式衡量了局部似然估计值与乘数自适应可变窗估计值之间的距离。

在给定的一组临界条件下就可以判断该局部似然估计值是否为乘数自适应可变窗估计值。在乘数自适应可变窗算法中，该组临界值依照临界值表达式直接求取，无须过度依照历史信息进行蒙特卡罗模拟。假设临界值为ζ_1，…，ζ_K，使用这一组临界值根据下面的条件来判断区间的同质性。如果$T_t^{(k)} > \zeta_k$，说明模型参数的变化显著，区间同质性的假设未被满足。在这种情况下，乘数自适应可变窗算法终止并认为在时间点 t 的最大同质区间为 $I_t^{(k-1)}$，即：$\widehat{\beta}_t^{(k)}=\widehat{\beta}_t^{(k-1)}=\tilde{\beta}_t^{(k-1)}$，$\widehat{\beta}_t^{(l)}=\tilde{\beta}_t^{(k-1)}$ $(l\geqslant k)$。如果$T_t^{(k)}\leqslant\zeta_k$，说明模型参数变化不显著，当前区间$I_t^{(k)}$为同质区间，在此区间上的自适应估计值更迭成$\widehat{\beta}_t^{(k)}=\widehat{\beta}_t^{(k)}$。持续这一过程直到自适应可变窗算法达到终止条件。

同局部适应性算法一致，自适应参数的估计过程与同质性判别条件可以总结如下，不同之处在于乘数自适应可变窗算法判别条件临界值的估计步骤并不完全依赖于历史信息进行调校。其步骤为：如果 $T_t^{(k)}\leqslant\zeta_k$，那么$I_t^{(k)}$为同质区间，同时$\widehat{\beta}_t^{(k)}=\tilde{\beta}_t^{(k)}$；如果$T_t^{(k)}>\zeta_k$，那么 $I_t^{(k)}$异质，此时，$\widehat{\beta}_t^{(k)}=\widehat{\beta}_t^{(k-1)}=\tilde{\beta}_t^{(k-1)}$，$\widehat{\beta}_t^{(l)}=\tilde{\beta}_t^{(k-1)}$ $(l\geqslant k)$。

实际上，临界值依然是一组能够让我们刚好接受$I_t^{(k)}$，$k=2$，…，K 为同质化区间的一组最小数值，即这组临界值刚好是能让我们满足

$$E_{\beta^*}(D_t^{(k)})=E_{\beta^*}\left|L(I_t^{(k)},\tilde{\beta}_t^{(k)})-L(I_t^{(k)},\widehat{\beta}_t^{(k)})\right|^{1/2}\leqslant MR_k \quad (3.4)$$

的最小数值（Chen et al.，2010）。其中，MR_k为$E_{\beta^*}(D_t^{(k)})$的风险上界。当临界值过高时，有过高的概率使得$E_{\beta^*}(D_t^{(k)})$足够小以满足（3.4）式的要求和接受更长的同质化区间。相反，当临界值过低时，有过高的概率拒绝更长的同质化区间，同时也有过高的概率使得$E_{\beta^*}(D_t^{(k)})$过大而不能满足（3.4）式的要求。那么最佳的临界值应该是能让我们刚好满足（3.4）式的最小数值。

乘数自适应可变窗算法与局部适应性算法的区别在于临界值计算方法上的不同。乘数自适应可变窗算法的临界值依据临界值的特定表达式进行计算，并不依赖历史信息。同时，由于乘数自适应可变窗算法直接给出了临界值的表达式从而省略了大部分采用蒙特卡罗模拟对临界值进行调校的步骤，极大程度上提高了算法的效率。接下来，我们将逐步推导乘数自适应可变窗算法临界值的表达式。

第二节　乘数自适应可变窗算法理论

定义 1：假设β，$\beta^a \in \Theta$，Θ 为参数空间，那么定义：

$$D(\beta,\beta^a,I) = |L(I,\beta) - L(I,\beta^a)|^r, r \geqslant 0 \tag{3.5}$$

为β和β^a在样本空间 I 上的距离。

定义 2：假设α，β，$\beta^* \in \Theta$，Θ 为参数空间，β^*为参数真实值；C，$C>0$ 为常数；那么定义集合$B_{\alpha,I}$为：

$$B_{\alpha,I} = \{\beta \in \Theta \mid D(\beta,\alpha,I) \leqslant C \cdot E_{\beta^*}(D(\beta^*,\alpha,I))\} \tag{3.6}$$

即样本空间 I 上以 α 为中心，容忍度乘数为 C，$C>0$ 的同质参数空间。若$\beta_1 \in B_{\alpha,I}$、$\beta_2 \in B_{\alpha,I}$，则β_1、β_2具有同质性。

定义 3：假设$\beta \in B_{\alpha,I}$，$\beta^a \in B_{\alpha,I}$，定义：

$$F(\beta) = D(\beta,\alpha) = D(\beta,\alpha,I) \tag{3.7}$$

$$F(\beta^a) = D(\beta^a,\alpha) = D(\beta^a,\alpha,I) \tag{3.8}$$

定义 4：假设 π 为$B_{\alpha,I}$上的勒贝格测度，定义 $k \geqslant 0$：

$$\mathrm{B}_k(\nu) = \{\nu' \in B_{\alpha,I}: D(\nu,\nu') \leqslant 2^{-k} E_{\beta^*}(D(\beta^*,\alpha))\} \tag{3.9}$$

定义：

$$\pi_k(\nu) = \int_{B_k(\nu)} \pi(d\nu') = \int_{B_{\alpha,I}} I(D(\nu,\nu') \leqslant 2^{-k} E_{\beta^*}(D(\beta^*,\alpha))\pi(d\nu') \tag{3.10}$$

令，$M_k = \max_{\nu \in B_{\alpha,I}} \dfrac{\pi\ (B_{\alpha,I})}{\pi_k\ (\nu)}$。

依据集合$B_{\alpha,I}$的定义，我们可以得到如下定理：

定理 1：假设参数空间 Θ 上的极大似然函数为连续函数，那么集合$B_{\alpha,I}$为有界闭集。

定理1保证了如果$\forall K>0$，$\{\tilde{\beta}^{(k)}\}_{k=2}^{K}\subset B_{\alpha,I}$，那么$\{\tilde{\beta}^{(k)}\}_{k=2}^{\infty}\subset B_{\alpha,I}$。$\{\tilde{\beta}^{(k)}\}_{k=2}^{K}$的同质性（属于某一参数空间）并不要求无偏性与一致性，于实际运用中可根据预测目标灵活选择参数的估计值。进一步，我们可以证明同质参数空间包含局部自适应估计。

定理2：假设β_t^*为时点t上模型的真实参数，$I_t^{(1)}$，$I_t^{(2)}\cdots$，$I_t^{(K)}$为同质区间，$\widehat{\beta_t}^{(k)}$是$I_t^{(k)}$上对β_t^*的局部自适应估计，$k=2$，…，K，那么存在样本空间$I^{\cdot}$，$I_t^{(K)}\subset I^{\cdot}$和$\alpha^{\cdot}\in\Theta$，使得：$\widehat{\beta_t}^{(k)}\in B_{\alpha^{\cdot},I^{\cdot}}$，$k=2$，…，$K$。

假设$I_t^{(k)}$（$k=2$，…，K）为同质区间，那么对于不同长度的$I_t^{(k)}$，其所包含的信息量对参数估计产生的影响应该有所差别。当$I_t^{(k)}$较短时，由于其包含的信息量较小，使用$I_t^{(k)}$中的信息对参数形成的局部MLE估计与使用较长区间相比有更高的概率偏离参数的真实值。所以，针对不同长度的区间，在检验是否为同质参数空间时，应该考虑到该区间长度对容忍度C值的影响。对于较短的区间，在参数估计的过程中应该赋予较大的容忍度。

假设1：存在$\lambda\geqslant 0$，$\beta\in B_{\alpha,I}$，$\beta^{\nabla}\in B_{\alpha,I}$，

$$\exp\left\{\frac{F(\beta)-F(\beta^{\nabla})}{D(\beta,\beta^{\nabla})}\right\}\leqslant\frac{\lambda}{2}\tag{3.11}$$

定理3：若函数D连续可微，且假设1成立，$\tilde{\beta}_t^{(k)}$为区间$I_t^{(k)}$上的参数然估计，且满足同质条件，即对于$k=1$，2，…，K，有$\tilde{\beta}_t^{(k)}\in B_{\alpha,I}$，$\tilde{\beta}_t^{(k-1)}\in B_{\alpha,I}$，那么：

$$E_{\beta^*}(D(\tilde{\beta}_t^{(k)},\tilde{\beta}_t^{(k-1)},I_t^{(k)}))\leqslant(1+\lambda\log 2)\,E_{\beta^*}(D(\beta_t^*,\tilde{\beta}_t^{(k)},I_t^{(k)}))\tag{3.12}$$

$$D(\beta^*,\tilde{\beta}_t^{(k)},I_t^{(k)})\xrightarrow{L}(\chi_q^2)^r$$

其中，$C=1+\lambda\log2$ 为对应容忍度乘数。

假设 2：在区间$I_t^{(k)}$上的 MLE 估计值$\tilde{\beta}_t^{(k)}$具有容忍度乘数$C_t^{(k)}$，且 $C_t^{(k)}=\left(\frac{m_t^{(K)}}{m_t^{(k)}}\right)^{\varphi}$，其中 $\varphi\geqslant0$。

依据假设 2，我们给出乘数自适应可变察窗算法的估计步骤与同质性判别条件，即当$I_t^{(1)}$，$I_t^{(2)}$，…，$I_t^{(K)}$的信息已知，区间$I_t^{(k)}$上的乘数自适应估计$\hat{\beta}_t^{(k)}$与同质参数空间的判别条件为：

（1）如果$T_t^{(k)}\leqslant\varepsilon_k$，那么$I_t^{(k)}$为同质参数空间，同时$\hat{\beta}_t^{(k)}=\tilde{\beta}_t^{(k)}$。

（2）如果 $T_t^{(k)}>\varepsilon_k$，那么 $I_t^{(k)}$ 为异质参数空间，此时 $\hat{\beta}_t^{(k)}=\hat{\beta}_t^{(k-1)}=\tilde{\beta}_t^{(k-1)}$，$\hat{\beta}_t^{(l)}=\tilde{\beta}_t^{(k-1)}$ $(l\geqslant k)$。

其中，$\tilde{\beta}_t^{(k)}$为$I_t^{(k)}$的局部 MLE 估计，ε_k为区间$I_t^{(k)}$上所对应的临界值，其表达式为：

$$\varepsilon_k = C_t^{(k)} \times E_{\beta^*}(D(\beta^*,\tilde{\beta}_t^{(k)},I_t^{(k)})) \tag{3.13}$$

同时：

$$D(\beta^*,\tilde{\beta}_t^{(k)},I_t^{(k)}) \xrightarrow{L} (\chi_q^2)^r$$

其中，q 为解释变量维数。

定理 4：在满足假设 2 的条件下，存在样本空间$I^{\times}$，$I_t^{(K)}\subset I^{\times}$和$\alpha^{\times}\in\Theta$，使得区间$I_t^{(k)}$，$k=2$，…，$K$ 上的乘数自适应估计$\hat{\beta}_t^{(k)}$满足：

$$\hat{\beta}_t^{(k)} \in B_{\alpha^{\times},I^{\times}}, k=2,\cdots,K$$

定理 4 从理论上证明了同质参数空间判别条件的充分性，当$I_t^{(k)}$满足以上判别条件时，即可判定$I_t^{(k)}$为同质参数空间。不过在实际计算中，虽然β^*未知，但由于：

$$D(\beta^*, \tilde{\beta}_t^{(k)}, I_t^{(k)}) \xrightarrow{L} (\chi_q^2)^r$$

我们可令：
$$\varepsilon_k = \left(\frac{m_t^{(K)}}{m_t^{(k)}}\right)^{\Phi} (E(\chi_q^2))^r \tag{3.14}$$

定理 5：令$\{I^{(i)}\}_{i=1}^{\hat{k}}$为满足乘数自适应可变窗同质性辨别条件窗宽集合，$I^{(*)}$为预测最优窗，若假设 2 成立且$C^{(k)}>4$；残差项$\xi_t \overset{i.i.d}{\sim} N(0, \sigma^2)$，则$I^{(*)} \in \{I^{(i)}\}_{i=1}^{\hat{k}}$。

定理 5 从理论上证明了在同质参数空间判别条件满足一定假设的情况下，最优窗口属于乘数自适应可变窗宽集合。也就是说，乘数自适应可变窗参数估计值与实际采用最佳信息（最佳估计窗口）进行的参数估计值具有同质性。

在这一部分，我们完成了对乘数自适应可变窗算法估计步骤的理论构建，构建了完整的乘数自适应可变窗算法。由于乘数自适应可变窗算法给出了可直接计算的临界值表达式，该算法不仅克服了局部适应性算法临界值的缺陷，还显著提高了算法的计算效率。接下来，我们将通过数值模拟与实际人民币汇率预测结果说明乘数自适应可变窗算法的优势。

第三节　数值模拟与预测能力检验

一　数值模拟

这一部分，我们通过一系列数值模拟比较研究乘数自适应可变窗算法的预测能力。比较研究的对象包含局部适应性算法、递归算法与滚动窗技术。由于乘数自适应可变窗算法依赖于事先设置的超变量$\boldsymbol{\Phi}$，我们也需要研究乘数自适应可变窗算法对超变量$\boldsymbol{\Phi}$不同选择情况下的稳定性。

采用乘数自适应可变窗算法探求时刻 t 的同质区间与同质参数空间时，无论参数是否具有结构性改变，乘数自适应可变窗算法均需要在不同情形下准确探测同质参数空间。为此，在数值模拟中，我们设置了全局化不变参数（Homogenous）与时变参数，特别是在具有结构性改变的情形中比较研究乘数自适应可变窗算法的预测效果。数值模拟中，我们采用多元线性模型：

$$y_{t+1} = \beta_{1,t} x_{1,t} + \beta_{2,t} x_{2,t} + \cdots + \beta_{7,t} x_{3,t} + \xi_{7,t+1}; \xi_{7,t+1} \sim N(0, \sigma_t^2)$$

来研究乘数自适应可变窗算法的预测能力。其中，参数 $\beta =$（$\beta_{1,t}$，$\beta_{2,t}$，$\beta_{3,t}$，σ_t），且依托于采用弹性货币模型预测人民币汇率的参数取值。为了简便起见，我们将截距项设置为零，并将默认参数值设置为采用滚动窗并将窗宽设为 60 个月时间长度的弹性货币模型预测 2007 年 1 月至 2010 年 12 月美元兑人民币汇率的参数均值：$\bar{\beta} =$（0.337，0.197，0.213，0，0.111，0.296，0.103）。令 HOM 表示全局不变参数情形，RS 表示结构性改变参数情形，我们定义了三种结构性变化，具体参数设置可见表 3 - 1。

表 3 - 1　乘数自适应可变窗算法数值模拟参数设定

模型设置	$y_{t+1} = \beta_{1,t}x_{1,t} + \beta_{2,t}x_{2,t} + \beta_{3,t}x_{3,t} + \cdots + \beta_{7,t}x_{7,t} + \xi_{t+1}, \xi_{t+1} \sim N(0,\sigma_t^2)$；			
	$\bar{\beta} = (0.337, 0.197, 0.213, 0, 0.111, 0.296, 0.103)$			
	方案 Ⅰ - Ⅲ：$(x_{1,t}, x_{2,t}, \cdots, x_{7,t}) \sim N(0,\Sigma)$，$\{\sigma_{i,j}\}_{i,j=1}^{7}$ 为 Σ 中对应元素，$\sigma_{i,j} = \varphi^{\lvert i-j \rvert}$，三种情形下，$\varphi$ 分别取值 $\{0, 0.2, 0.5\}$。			
	方案Ⅳ：$(x_{2,t}, \cdots, x_{7,t}) \sim N(0,\Sigma)$，$\{\sigma_{i,j}\}_{i,j=1}^{6} = \{0.2^{\lvert i-j \rvert}\}_{i,j=1}^{6}$ 为 Σ 中对应元素，$x_{1,t} \sim b(3, 0.5) + U(0,1)$。			
	方案Ⅴ：$(x_{2,t}, \cdots, x_{7,t}) \sim N(0,\Sigma)$，$\{\sigma_{i,j}\}_{i,j=1}^{6} = \{0.5^{\lvert i-j \rvert}\}_{i,j=1}^{6}$ 为 Σ 中对应元素，$x_{1,t} \sim b(3, 0.5) + U(0,1)$。			
HOM	恒定参数	$(\beta_{1,t}, \beta_{2,t}, \beta_{3,t}, \beta_{4,t}, \beta_{5,t}, \beta_{6,t}, \beta_{7,t}, \sigma_t) = \bar{\beta}$		
RS	时变参数	阶段Ⅰ $t = 1 \cdots 350$	阶段Ⅱ $t = 351 \cdots 500$	阶段Ⅲ $t = 501 \cdots 650$

续表

RS - X	$(\beta_{1,t},\beta_{3,t})$	(0.337,0.213)	(0.296,0)	(0.337,0.213)
RS - V	σ_{t+1}	0.021	0.011	0.008
RS - XV	$(\beta_{1,t},\beta_{3,t},\sigma_{t+1})$	(0.337,0.213,0.021)	(0.296,0,0.011)	(0.337,0.213,0.008)

注：HOM 表示了多元线性模型中参数全局恒定不变；在 RS 情形中，有 1 ~3 个被标记过的变量发生改变，其余变量取值均与默认的$\bar{\beta}$中的对应取值一致。

RS - X，X 表示经济基本面参数$x_{1,t}$具有结构性改变；

RS - V，V 表示外生冲击ξ_{t+1}的标准方差σ_{t+1}具有结构性改变；

RS - XV，XV 表示经济基本面$x_{1,t}$和ξ_{t+1}同时具有结构性改变。

方案Ⅰ ~ Ⅲ中解释变量服从给定的多元正态分布：$(x_{1,t},\cdots,x_{7,t}) \sim N(0,\Sigma)$，$\Sigma$ 为协方差矩阵。其中，$\{\sigma_{i,j}\}_{i,j=1}^{7}$为 Σ 中对应元素，$\sigma_{i,j}=\varphi^{|i-j|}$；方案Ⅳ、Ⅴ中，解释变量$(x_{2,t},\cdots,x_{7,t})$服从正态分布，而$x_{1,t}$满足$x_{1,t}\sim b(3,0.5)+U(0,1)$。在每一种参数协方差方案下，既有一个参数全局恒定不变的 HOM 情形，又有结构性变化的 RS 情形。在 RS 情形中，我们设计了三个不同阶段，第一个阶段包含有 350 个观测值，后两个阶段各包含了 150 个观测值。

在乘数自适应可变窗算法的估计中，我们设置了一组嵌套的 K $(K>1)$ 个子区间，并且满足如下规律：

$$m_t^{(k)} = \begin{cases} 12, & k=1 \\ 16+(k-2)M, & k\geqslant 2 \end{cases},\text{其中 } k=1,\cdots,K;K=19;M=6 \quad (3.15)$$

针对表 3 - 1 中的每一方案和情形，我们依照表中给定的参数设置各进行 1000 次样本量为 650 个观测值的蒙特卡罗模拟。每一次模拟中，我们采用乘数自适应可变窗算法从 $t=250$ 到 $t=649$ 逐一探求同质参数空间，并计算向前 1 步的预测值，同时，我们使用 $t=1$ 到 $t=249$ 的观测值与默认的参数$\bar{\beta}$构建蒙特卡罗模拟调校判别条件的临界值。对于各模型之间预测能力的比较，我们使用平均绝对误差

MAE 作为衡量预测能力的指标：

$$\mathrm{MAE} = \frac{1}{T}\sum_{t=1}^{T} | y_{t+1} - \widehat{y}_t |$$

其中，y_{t+1}为 $t+1$ 时刻真实值，$\widehat{y}_{t+1}$为预测值，$t=250$ 至 $t=649$。表 3－2 描述了各模型在数值模拟预测中的 MAE，针对滚动窗技术，窗宽 L 设为：$L \in \{m^{(k)} | m^{(k)} = m^{(1)} + (k-1)M,\ k=2,\ \cdots,\ K\}$，其中 $K=19$，$M=6$，$m^{(1)}=10$，并且在结果报告中，我们报告事后最优（MAE 最小）窗宽和最差（MAE 最高）窗宽的预测结果。由于现有文献中并无有效方法以提供如何选择滚动窗宽，所以事后将新构建算法的预测能力与所有滚动窗建模的预测能力进行对比可以说明新方法预测能力的高低。优胜指数则代表了其所对应的模型在数值模拟预测中超越了多少可供选择的滚动窗技术。

表 3－2　乘数自适应可变窗算法与各模型预测能力比较

算法	MAE							
	$\Phi=1$							
	滚动窗模型		局部适应性	优胜指数	乘数自适应可变窗	优胜指数	递归	优胜指数
	最优	最差						
情形 I	$\sigma_{i,j}=0(i\neq j);\sigma_{i,i}=1, i\leq 7, j\leq 7$							
HOM	0.014	0.026	0.020	10/19	0.017	12/19	0.015	18/19
RS－X	0.040	0.103	0.059	11/19	0.051	13/19	0.102	0/19
RS－V	0.016	0.030	0.024	8/19	0.020	14/19	0.018	18/19
RS－XV	0.043	0.102	0.063	10/19	0.053	13/19	0.103	0/19
情形 Ⅱ	$\sigma_{i,j}=0.2^{\lvert i-j\rvert}, i\leq 7, j\leq 7$							
HOM	0.016	0.028	0.020	12/19	0.018	13/19	0.016	19/19
RS－X	0.040	0.104	0.061	10/19	0.052	13/19	0.107	0/19
RS－V	0.018	0.032	0.027	9/19	0.021	14/19	0.019	19/19
RS－XV	0.045	0.106	0.069	10/19	0.053	14/19	0.110	0/19

续表

算法	MAE							
	$\Phi=1$							
	滚动窗模型		局部适应性	优胜指数	乘数自适应可变窗	优胜指数	递归	优胜指数
	最优	最差						
情形Ⅲ	$\sigma_{i,j}=0.5^{\mid i-j\mid},i\leqslant 7,j\leqslant 7$							
HOM	0.017	0.028	0.021	12/19	0.019	17/19	0.016	19/19
RS-X	0.042	0.106	0.063	10/19	0.054	15/19	0.113	0/19
RS-V	0.020	0.032	0.029	8/19	0.025	14/19	0.021	18/19
RS-XV	0.046	0.108	0.071	10/19	0.060	13/19	0.110	0/19
情形Ⅳ	$(x_{2,t},\cdots,x_{7,t})\sim N(0,\Sigma),\{\sigma_{i,j}\}_{i,j=1}^{6}=\{0.2^{\mid i-j\mid}\}_{i,j=1}^{6},x_{1,t}\sim b(3,0.5)+U(0,1)$							
HOM	0.017	0.029	0.022	10/19	0.019	13/19	0.017	19/19
RS-X	0.041	0.112	0.065	9/19	0.053	14/19	0.115	0/19
RS-V	0.022	0.031	0.025	11/19	0.026	13/19	0.020	19/19
RS-XV	0.048	0.109	0.070	11/19	0.064	13/19	0.112	0/19
情形Ⅴ	$(x_{2,t},\cdots,x_{7,t})\sim N(0,\Sigma),\{\sigma_{i,j}\}_{i,j=1}^{6}=\{0.5^{\mid i-j\mid}\}_{i,j=1}^{6},x_{1,t}\sim b(3,0.5)+U(0,1)$							
HOM	0.018	0.030	0.024	10/19	0.020	15/19	0.019	18/19
RS-X	0.044	0.117	0.062	13/19	0.057	14/19	0.119	0/19
RS-V	0.023	0.032	0.028	9/19	0.028	12/19	0.022	19/19
RS-XV	0.049	0.114	0.080	11/19	0.062	14/19	0.117	0/19

注：不同情形下的参数设置在表3-1中做出说明。滚动窗的窗宽L设为$L\in\{m^{(k)}\mid m^{(k)}=m^{(1)}+(k-1)M,k=2,\cdots,K\}$，其中$K=19$，$M=6$，$m^{(1)}=10$。同时，局部适应性算法与乘数自适应可变窗算法中嵌套区间的长度采用$m_t^{(k)}=m^{(1)}+(k-1)M$，$k=2,\cdots,K$，其中$K=19$，$M=6$，$m^{(1)}=10$。滚动窗模型的预测结果汇报了事后来看的最优结果和最差预测结果及其对应的窗宽设定，表中还同时汇报了各模型相对于滚动窗模型的优势并用优胜指数表示。

从数值模拟的结果来看，乘数自适应可变窗算法的预测能力能超越局部适应性算法与多数最优滚窗建模。在全局不变参数情形的假设下，最佳滚动窗的窗宽应是能够尽量多地包含所观测到的信息，即$k^*=K=19$。在不变参数情形下，乘数自适应可变窗算法能够使用全部其所能观测的信息进行参数估计，预测能力能够超越大多数可供选择的滚动窗模型、局部适应性算法与递归算法。在结构性变化情形中，乘数自适应可变窗算法能超越大部分可供选择的滚动窗模型、递归算法与局部适应性算法以获得较高的优胜指数：在 RS – X，RS – V 和 RS – XV 中优胜指数均超过了 12/19。

在不同结构性变化情形中比较各方法的优劣也表明在具有结构性参数变化的情况下，窗宽的选择对预测结果能产生深远影响，是否能够及时探测模型的结构性变化对提高预测能力起着关键性作用。乘数自适应可变窗算法在数值模拟预测中能获得较高预测能力是因为该方法能够迅速探寻同质参数空间，检验参数的同质性，以减少历史观测值中的无关信息对参数估计产生的干扰。

图 3 – 1 呈现了乘数自适应可变窗算法的动态过程，同质参数空间的探寻从 $t = 250$ 开始，之后参数的结构性变化分别发生在 $t = 351$ 和 $t = 501$，并用虚线将参数发生变化的位置标记，实线部分呈现模型参数三个阶段的变化过程。

第一阶段为结构性突变之前。这一阶段的参数还未发生结构性变化，乘数自适应可变窗算法包含了其所能观测得到的所有信息量并对其进行参数的估计。第二阶段是结构性突变发生时的 10 ~ 20 个观测点，在这一阶段乘数自适应可变窗算法能迅速判别参数的结构性改变并判断其是否具有同质性。在图 3 – 1 中，这一阶段表现为所选观测区间长度突然缩短以便能剔除观测值中的无用信息，提高模型的预测能力。第三阶段是本次结构性突变发生较长时间后至下一个结构突变点之前，由于这一阶段为同质区间，乘数自适应可变窗算法将这一区间的局部 MLE 参数估计段纳入同质参数空间中。在图 3 – 1 中我们能够看到算法所选区间长度在逐渐增长至最大值。乘数自适应可变窗算法能拥有较强预测能力的原因是该算法能在准确捕捉参数实时变化与选择有效观测信息之间找到平衡，以提高模型的预测能力。

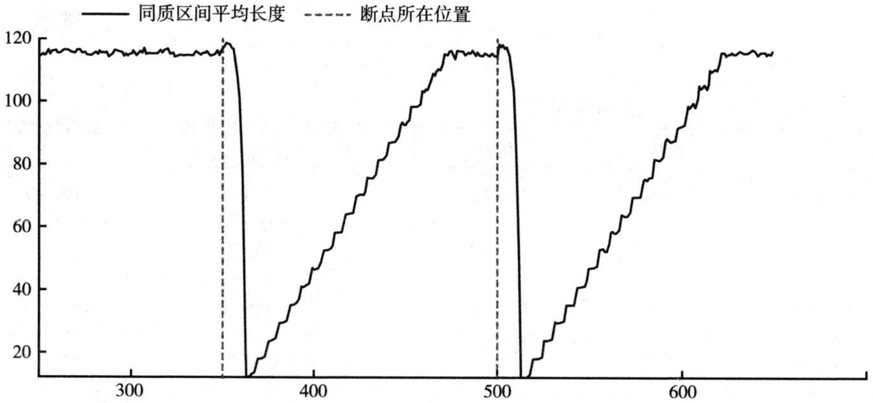

图 3－1　乘数自适应可变窗算法所选区间 $I_t^{(k)}$（$k=1$，…，19）的平均长度

注：图中曲线描述情形Ⅳ中 RS－XV 设置下乘数自适应可变窗算法所选区间 $I_t^{(k)}$（$k=1$，…，19）的平均长度，其中纵轴表示区间长度，横轴为预测时间。在此情形中，模型参数分别于预测区间 $t=351$ 和 $t=501$ 处发生结构性变化，突变位置由虚线指示。从图中可以看到，乘数自适应可变窗算法能准确及时捕捉模型参数的结构性变化，实时探寻最佳观测信息以提高模型的预测能力。

二　稳定性检验

乘数自适应可变窗算法中的临界值并不依赖于超变量参数 β^* 的设置，却依赖于（Φ，K，M）。不同的超变量参数的设置能产生不同的临界值，从而可影响到乘数自适应可变窗算法在预测中的实际效果。对于超变量参数一定范围内的变化和调整，表 3－3、表 3－4 和表 3－5 的结果反映了乘数自适应可变窗算法的稳定性。

表 3－3　乘数自适应可变窗算法稳定性检验 I（MAE）

方案	$\Phi=1$			
	滚动窗模型		乘数自适应可变窗	优胜指数
	最优	最差		
参数设定	$\sigma_{i,j}=0.2^{\lvert i-j\rvert},i\leq 7,j\leq 7$			
$0.8\bar{\beta}$	0.038	0.084	0.041	16/19

续表

方案	$\Phi=1$			
	滚动窗模型		乘数自适应可变窗	优胜指数
	最优	最差		
$1.2\bar{\beta}$	0.044	0.119	0.064	12/19
$K=10$	0.043	0.089	0.060	6/10
$K=30$	0.043	0.112	0.056	20/30
$M=4$	0.042	0.093	0.051	15/19
$M=8$	0.044	0.108	0.053	14/19
参数设定	$(x_{2,t},x_{7,t})\sim N(0,\Sigma),\{\sigma_{i,j}\}_{i,j=1}^{6}=\{0.2^{\vert i-j\vert}\}_{i,j=1}^{6},x_{1,t}\sim b(3,0.5)+U(0,1)$			
$0.8\bar{\beta}$	0.039	0.085	0.043	15/19
$1.2\bar{\beta}$	0.045	0.121	0.065	13/19
$K=10$	0.048	0.091	0.057	6/10
$K=30$	0.048	0.116	0.057	21/30
$M=4$	0.046	0.101	0.053	14/19
$M=8$	0.050	0.112	0.057	15/19

注：数值模拟基于参数发生结构性变化的 RS－XV 情形，在此情形中，$\Phi=1$，同时对超变量给予了一定范围内的调整。滚动窗模型将窗宽设为$m_t^{(k)}=m_t^{(1)}+(k-1)M$，$k=2,\cdots,K$，乘数自适应可变窗算法中嵌套区间的长度采用相同的$m_t^{(k)}$，$k=2,\cdots,K$。

在检验乘数自适应可变窗算法的稳定性时，不妨将默认参数$\bar{\beta}$分别缩小和扩大20%，调整为$0.8\bar{\beta}$和$1.2\bar{\beta}$，并在此设置下构建蒙特卡罗模拟计算乘数自适应可变窗算法的临界值。更进一步，在固定$m_t^{(1)}=12$的情况下对乘数自适应可变窗算法使用嵌套区间$\{I^k\}_{k=1}^{K}$，$m_t^{(k)}=16+(k-2)M$，并对其中的参数K和M进行调整。用$K=10$，$K=30$取代$K=19$；用$M=4$，$M=8$取代$M=6$。在滚动窗模型中，可供选择的窗宽为其相对应的$m_t^{(k)}$，$k=1,\cdots,K$。

表 3－4　乘数自适应可变窗算法稳定性检验 Ⅱ

方案	$\Phi=0.5$			
	滚动窗模型		乘数自适应可变窗	优胜指数
	最优	最差		
参数设定	$\sigma_{i,j}=0.2^{\lvert i-j\rvert}, i\leqslant 7, j\leqslant 7$			
$0.8\bar{\beta}$	0.038	0.084	0.040	16/19
$1.2\bar{\beta}$	0.044	0.119	0.058	14/19
$K=10$	0.043	0.089	0.052	7/10
$K=30$	0.043	0.112	0.050	24/30
$M=4$	0.042	0.093	0.052	14/19
$M=8$	0.044	0.108	0.049	16/19
参数设定	$(x_{2,t}, x_{7,t}) \sim N(0,\Sigma), \{\sigma_{i,j}\}_{i,j=1}^{6}=\{0.2^{\lvert i-j\rvert}\}_{i,j=1}^{6}, x_{1,t}\sim b(3,0.5)+U(0,1)$			
$0.8\bar{\beta}$	0.039	0.085	0.040	18/19
$1.2\bar{\beta}$	0.045	0.121	0.059	14/19
$K=10$	0.048	0.091	0.051	8/10
$K=30$	0.048	0.116	0.051	23/30
$M=4$	0.046	0.101	0.054	13/19
$M=8$	0.050	0.112	0.052	17/19

注：数值模拟基于参数发生结构性变化的 RS－XV 情形，在此情形中，$\Phi=0.5$，同时对超变量给予了一定范围内的调整。滚动窗模型将窗宽设为 $m_t^{(k)}=m_t^{(1)}+(k-1)M$，$k=2,\cdots,K$，乘数自适应可变窗算法中嵌套区间的长度采用相同的 $m_t^{(k)}$，$k=1,\cdots,K$。

在表 3－4 的情形中，我们设置了较低的风险容忍度参数 $\Phi=0.5$，从数值模拟的预测结果来看，在较低的风险容忍度参数设置下，乘数自适应可变窗算法依然具有较好的预测能力。

表 3-5　乘数自适应可变窗算法稳定性检验Ⅲ

方案	$\Phi=0.8$			
	滚动窗模型		乘数自适应可变窗	优胜指数
	最优	最差		
参数设定	$\sigma_{i,j}=0.2^{\lvert i-j\rvert},i\leq 7,j\leq 7$			
$0.8\bar{\beta}$	0.038	0.084	0.039	18/19
$1.2\bar{\beta}$	0.044	0.119	0.061	13/19
$K=10$	0.043	0.089	0.051	7/10
$K=30$	0.043	0.112	0.050	24/30
$M=4$	0.042	0.093	0.053	14/19
$M=8$	0.044	0.108	0.048	16/19
参数设定	$(x_{2,t},x_{7,t})\sim N(0,\Sigma),\{\sigma_{i,j}\}_{i,j=1}^{6}=\{0.2^{\lvert i-j\rvert}\}_{i,j=1}^{6},x_{1,t}\sim b(3,0.5)+U(0,1)$			
$0.8\bar{\beta}$	0.039	0.085	0.039	19/19
$1.2\bar{\beta}$	0.045	0.121	0.064	13/19
$K=10$	0.048	0.091	0.053	7/10
$K=30$	0.048	0.116	0.052	23/30
$M=4$	0.046	0.101	0.055	13/19
$M=8$	0.050	0.112	0.053	17/19

注：数值模拟基于参数发生结构性变化的 RS-XV 情形，在此情形中，$\Phi=0.8$，同时对超变量给予了一定范围内的调整。滚动窗模型将窗宽设为$m_t^{(k)}=m_t^{(1)}+(k-1)M$，$k=2,\cdots,K$，乘数自适应可变窗算法中嵌套区间的长度采用相同的$m_t^{(k)}$，$k=1,\cdots,K$。

从表 3-3、表 3-4、表 3-5 的结果看，乘数自适应可变窗算法通过获得较高的优胜指数显示了其在超变量发生变更的情况下依然具有优良的预测能力，表明了该算法对超变量参数具有一定的稳定性。事实上，乘数自适应可变窗算法属于数据驱动型算法，对超变量的依赖较小，所以在超变量发生变更的一定范围内该算法具有稳定性，适用范围相比于局部适应性算法要更广泛。

第四节　人民币汇率预测

一　预测结果

进行人民币汇率预测时，嵌套区间$\{I^k\}_{k=1}^{K}$所包含的观测点个数按照如下进行设置，且满足在任意时刻t有：

$$m_t^{(k)} = \begin{cases} 12, & k = 1 \\ 16 + (k-1)M, & k \geq 2 \end{cases}, \text{其中}, k = 1, \cdots, K; K = 19; M = 6$$

在研究乘数自适应可变窗算法的实际预测能力时，我们将乘数自适应可变窗算法与货币模型相结合，构建乘数自适应可变窗货币模型，并分别以局部适应性多元货币模型、Inoue 等（2017）非参数最优窗选择模型、马尔科夫机制转换模型、误差修正模型、随机游走模型、购买力平价模型、弹性货币模型、利率平价模型、泰勒规则模型与偏移型泰勒规则模型为基准比较研究乘数自适应可变窗货币模型对人民币汇率的预测能力，并采用 DM 检验讨论乘数自适应可变窗货币模型相对于基准模型的优势。如果 DM 检验值为负，则说明乘数自适应可变窗货币模型优于基准模型；反之，如果 DM 检验值为正，则说明基准模型具有更强的预测能力。

在向前 1 个月的短期美元兑人民币汇率预测中，局部适应性多元货币模型的预测能力弱于随机游走模型、泰勒规则模型和偏移型泰勒规则模型，但乘数自适应可变窗货币模型在向前 1 个月的短期美元兑人民币汇率预测中，其预测能力与随机游走模型、泰勒规则模型和偏移型泰勒规则模型无显著差异。并且在向前 1 个月美元兑人民币汇率预测中能显著超越局部适应性多元货币模型。随着预测期限的增加，乘数自适应可变窗货币模型预测能力显著增强，详见表 3－6。

表 3－6　乘数自适应可变窗货币模型预测能力比较（美元兑人民币）

预测模型	$\Phi=1$						
	$h=1$	$h=3$	$h=6$	$h=9$	$h=12$	$h=18$	$h=24$
随机游走	0.190	−2.046**	−4.175***	−8.295***	−10.037***	−10.967***	−14.781***
门限向量误差修正	−1.773*	−1.894*	−1.789*	−2.201**	−2.034**	−2.189**	−2.001**
贝叶斯门限向量误差修正	−1.267	−1.310	−1.491	−1.560	−1.985**	−1.985**	−1.983**
非线性泰勒规则	−1.287	−1.451	−1.310	−1.267	−1.508	−1.674*	−1.691*
混合数据模型 a	−1.167	−1.871*	−1.894*	−2.674***	−1.985**	−1.893*	−1.783*
混合数据模型 b	−0.872	−1.721*	−1.825*	−2.131**	−1.763	−1.623	−1.199
非参数最优窗选择	−2.119**	−2.152**	−2.134**	−2.126**	−2.173**	−2.230**	−2.251**
变系数模型平均	0.62	−1.001	−1.206	−1.463	−1.456	−1.411	−1.531
神经网络模型	−2.890***	−2.996***	−2.987***	−2.997***	−3.743***	−3.423***	−4.012***
EWA 机器学习	−0.527	−0.920	−1.391	−1.423	−1.444	−1.431	−1.435
SRdige 机器学习	−0.537	−1.004	−1.291	−1.391	−1.459	−1.567	−1.661*
随机森林树	0.018	−1.283	−1.523	−1.412	−1.481	−1.681*	−2.012**
局部适应性	−1.454	−1.566	−1.579	−1.575	−1.593	−1.602	−1.742*
马尔科夫机制转换	−1.958*	−2.016**	−2.171**	−2.304**	−2.206**	−2.317**	−2.514**

续表

预测模型	$\Phi=1$						
	$h=1$	$h=3$	$h=6$	$h=9$	$h=12$	$h=18$	$h=24$
$L=60$							
购买力平价	-3.123***	-1.732*	-2.123**	-3.731***	-2.989***	-2.498**	-3.026***
弹性货币	-6.203***	-1.725*	-2.615***	-3.328***	-3.966***	-4.988***	-6.026***
利率平价	-9.949***	-2.236**	-2.779***	-3.327***	-3.864***	-4.921***	-6.025***
泰勒规则	0.702	-1.575	-2.676***	-3.437***	-4.103***	-5.259***	-6.415***
偏移型泰勒规则	0.191	-2.046**	-6.899***	-3.329***	-3.923***	-5.021***	-6.135***
$L=80$							
购买力平价	-3.223***	-1.831*	-3.012***	-3.012***	-3.999***	-2.912***	-2.675***
弹性货币	-6.233***	-1.749**	-2.593***	-3.324***	-3.987***	-5.027***	-6.095***
利率平价	-7.454***	-2.088**	-2.779***	-3.214***	-3.811***	-4.883***	-6.032***
泰勒规则	-0.463	-1.646	-2.676***	-3.477***	-4.124***	-5.234***	-6.392***
偏移型泰勒规则	-0.190	-2.046**	-6.899***	-3.370***	-3.996***	-5.134***	-6.258***
$L=100$							
购买力平价	-3.723***	-1.983**	-3.061***	-3.061***	-3.112***	-2.894***	-2.468**
弹性货币	-6.253***	-1.763*	-2.634***	-3.377***	-4.036***	-5.122***	-6.221***
利率平价	-7.591***	-2.079**	-2.683***	-3.314***	-3.938***	-4.984***	-6.145***
泰勒规则	-0.712	-1.640*	-2.716***	-3.484***	-4.159***	-5.277***	-6.399***
偏移型泰勒规则	-0.208	-2.046**	-6.899***	-3.418***	-4.054***	-5.184***	-6.299***

注：表中结果为 DM 检验值，其中“*”、“**”和“***”分别表示在 10%、5% 和 1% 的显著性水平上显著。负值代表乘数自适应可变窗货币模型优于基准模型，正值代表基准模型优于乘数自适应可变窗货币模型。

在表 3 – 7 中，我们分析了以 MAE 预测误差为度量指标的各模型预测能力。本书将预测能力排于前 5 的基准模型与乘数自适应可变窗算法进行比较。

表 3 – 7　乘数自适应可变窗货币模型预测能力比较（美元兑欧元）

预测模型	$h=1$	$h=3$	$h=6$	$h=9$	$h=12$	$h=18$	$h=24$
乘数自适应可变窗	**0.004**	**0.006**	**0.006**	**0.007**	**0.007**	**0.007**	**0.007**
随机游走	0.004	0.010	0.017	0.024	0.029	0.040	0.048
非参数最优窗宽选择	0.006	0.008	0.009	0.010	0.012	0.016	0.017
最优经济基本面模型	0.006	0.009	0.009	0.011	0.012	0.014	0.015
EWA 机器学习	0.005	0.008	0.009	0.011	0.010	0.010	0.012
贝叶斯门限向量误差修正模型	0.006	0.008	0.008	0.009	0.011	0.011	0.013

注：表中结果为 MAE 误差，其中黑色加粗代表该列误差最小数值。

在向前 1 个月的短期美元兑人民币汇率预测中，乘数自适应可变窗货币模型与随机游走模型、泰勒规则模型和偏移型泰勒规则模型无显著差异，但显著优于局部适应性多元货币模型。随着预测期限的增加，乘数自适应可变窗算法、马尔科夫机制转移、误差修正模型预测能力显著变强。在向前 3 个月及以上期限的美元兑人民币汇率预测中，采用乘数自适应可变窗货币模型可以显著提高样本外预测的准确性。乘数自适应可变窗算法能超越随机游走模型、局部适应性算法、马尔科夫机制转换模型、误差修正模型、其他经济基本面模型（包括弹性货币模型、购买力平价模型、利率平价模型、泰勒规则模型、偏移型泰勒规则模型）、最新发展的汇率预测模型（包括门限向量误差修正模型、贝叶斯门限向量误差修正模型、非线性泰勒规则模型、两类混合数据模型、非参数最优窗选择模型、变系数模型平均）、神经网络模型、随机森林树模型等机器学习算法等传统与新兴汇率预测方法。在向前6个月及以上的样本外预测中，乘数自适应可变窗算法能够显著超越大多数可比较的传统与新兴的汇率预测模型。

在附表中，我们给出了乘数自适应可变窗货币模型相比于基准模型对美元兑英镑、美元兑日元汇率样本外预测的DM检验值。我们发现，乘数自适应可变窗货币模型能够在中长期（3～24个月）预测中显著超越局部适应性多元货币模型、随机游走模型、宏观基本面模型、非线性泰勒规则模型与机器学习算法。在美元兑欧元、美元兑英镑、美元兑日元汇率向前短期1个月的样本外预测中，随机游走模型、泰勒规则模型与偏移型泰勒规则模型相比于乘数自适应可变窗算法没有显著优势。总之，随着预测期限的增加，乘数自适应可变窗货币模型的预测能力显著增强，并在中长期（3～24个月）预测中具有显著优势。同时，货币模型以两国相对货币供给、相对产出水平与相对名义利率为基础，可见中长期内包括人民币汇率在内的汇率走向以市场导向为主，由经济基本面所决定。

图3-2描述了乘数自适应可变窗货币模型以及最优基准模型（局部适应性多元货币模型），次优基准模型（局部适应性多元货币模型）在向前3个月美元兑人民币汇率的预测与真实汇率对比结果。从图3-2来看，局部适应性多元货币模型与乘数自适应可变窗货币模型均能及时反映美元兑人民币未来汇率走向，但相对于其他基准模型，乘数自适应可变窗货币模型能更加及时地反映美元兑人民币未来汇率走势，并且具有更加精确的预测能力。

图3-2中，在2015年8月之前，由于每日银行间外汇市场美元兑人民币交易价在中国人民银行公布的中间价上下小幅波动，所以在这一阶段的人民币汇率样本外预测中，乘数自适应可变窗货币

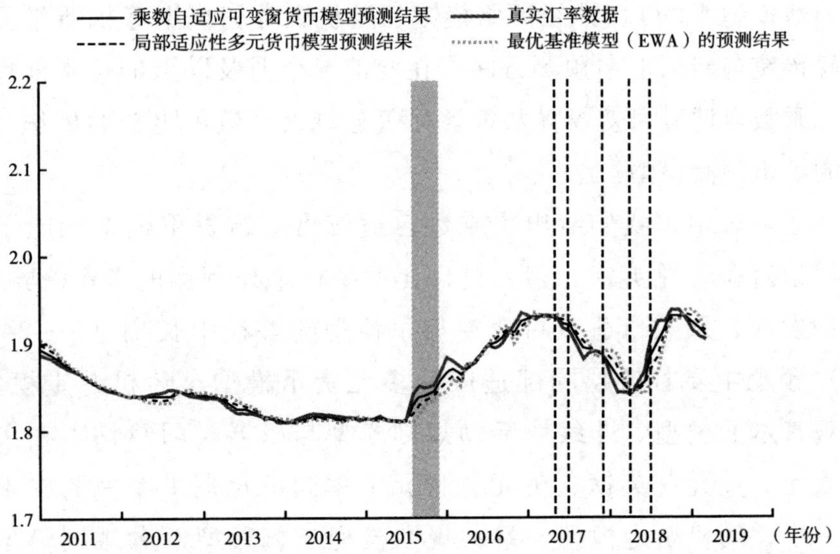

图3－2　美元兑人民币汇率向前3个月样本外预测走势

注：预测区间为2011年1月至2019年3月。横轴代表时间，纵轴代表美元兑人民币汇率对数值。其中，灰色区域代表2015年8月至12月时间段，竖直虚线所在位置为美联储加息时点。

模型、局部适应性多元货币模型和随机游走模型均能较好地预测美元兑人民币汇率，但乘数自适应可变窗货币模型具有显著优势。灰色区域起点为2015年8月汇改后，人民币具有明显贬值趋势，在这一区域内，乘数自适应可变窗货币模型与局部适应性多元货币模型相比于其他基准模型更能反映人民币汇率走向。同时IMF于2015年12月宣布人民币于次年（2016年）10月正式加入SDR，有助于提高世界各国央行增加人民币储备，导致市场对人民币汇率具有升值预期。对应于2015年12月向前3个月的预测，即对2016年2月的预测，在图3－2对应处位置表现为乘数自适应可变窗货币模型、局部适应性多元货币模型均预测人民币具有升值走势，但乘数自适应可变窗算法具有更加精准及时的预测。同时，随着信息的更新，乘数自适应可变窗算法与局部适应性多元货币模型的预测结果均迅速向汇率真实水平回复。

乘数自适应可变窗算法之所以能具有优良的预测能力，关键在于其能实时捕捉参数模型的时变特征、及时探寻最大化参数同质区间，并利用最佳同质参数估计进行预测。

二　各模型在人民币汇率方向性趋势预测中的预测能力比较

接下来，我们将研究乘数自适应可变窗算法在汇率方向性趋势外推预测中的预测能力。Cheung 等（2018）指出，由于汇率预测的难度较大，一个好的汇率预测模型不仅需要在外推预测的精度上超越随机游走模型，更重要的是要在方向趋势预测中超越随机游走模型。特别是在我国逐步推进汇率改革、人民币加入 SDR 的市场化背景之下，经济基本面因素对汇率预期的形成作用显著提高，人民币汇率的方向趋势预测可操作性变强，并且该预测对稳定人民币汇率预期具有实际意义。我们发现乘数自适应可变窗算法在汇率外推方向趋势预测中相比于最优基准模型在精度上提高了 15% ~21%，如表 3 -8 所示。

在表 3 -8 中，我们比较了各模型在人民币汇率样本外预测中向前 6 期的方向性预测结果。预测结果的数值代表了预测模型在样本外预测（外推预测）中能准确捕捉汇率趋势上行或下行走势的准确率。由预测结果来看，乘数自适应可变窗算法在汇率方向性趋势捕捉中具有最高精度，其精度在人民币汇率预测中稳定在 0.600 以上，均高于其他基准模型。此外，从表 3 -8 的结果能发现，自“811” 汇改之后，经济基本面模型的预测能力相比于随机游走模型均普遍提高，并且自回归模型相比于其他经济基本面模型优势减弱。

表 3-8　乘数自适应可变窗算法与其他模型方向性样本外预测精度比较

时间	2011 年 1 月至 2015 年 8 月				2015 年 8 月至 2019 年 3 月			
模型	美元兑人民币汇率	欧元兑人民币汇率	英镑兑人民币汇率	日元兑人民币汇率	美元兑人民币汇率	欧元兑人民币汇率	英镑兑人民币汇率	日元兑人民币汇率
随机游走	0.492	0.497	0.495	0.498	0.367	0.400	0.401	0.398
最优自回归	0.612	0.603	0.594	0.606	0.570	0.559	0.565	0.577
购买力平价	0.402	0.401	0.409	0.401	0.509	0.499	0.502	0.502
弹性货币	0.452	0.467	0.498	0.467	0.511	0.501	0.513	0.515
利率平价	0.472	0.478	0.499	0.461	0.514	0.512	0.512	0.509
非线性泰勒规则	0.481	0.498	0.489	0.487	0.512	0.501	0.509	0.512
偏移型泰勒规则	0.491	0.501	0.499	0.499	0.519	0.512	0.516	0.521
马尔科夫机制转移	0.500	0.501	0.523	0.501	0.506	0.516	0.510	0.519
贝叶斯门限向量误差修正	0.499	0.510	0.521	0.532	0.519	0.519	0.529	0.562
非参数最优窗选择	0.503	0.504	0.520	0.511	0.504	0.506	0.512	0.520
EWA 机器学习	0.489	0.512	0.511	0.503	0.533	0.601	0.600	0.602
局部适应性	0.513	0.524	0.550	0.601	0.594	0.611	0.612	0.612
随机森林树	0.499	0.510	0.512	0.513	0.563	0.601	0.603	0.600
乘数自适应可变窗	0.602	0.665	0.713	0.641	0.710	0.712	0.710	0.709

注：向前 3 期样本外预测结果。最优自回归模型与滚窗模型为（事后）具有最优预测精度的回归模型，窗宽选择为 $L \in \{40, 50, 60, 80\}$。

从表 3-8 的结果中分析，“811”汇改之前，虽然具有最优预测精度的模型为乘数自适应可变窗货币模型，多数情形中，次优模型为局部适应性多元货币模型，但是在其他基准模型中，最优自回归模型相比于其他五类经济基本面模型在美元兑人民币汇率走势的方向性预测中要更加精准，一方面说明在这一时期，市场具有一定的长期记忆性，投资者更加关注中长期汇率风险；另一方面也说明在这一时期，经济基本面在汇率预期形成作用中的占比较低。“811”汇改之后，市场的长期记忆性被削弱，经济基本面的重要性上升，表现为：其一，最优自回归模型在方向性预测中相比于其他经济基本面模型没有显著优势；其二，乘数自适应可变窗算法相比于随机游走模型的优势显著增加。由此可见，“811”汇改在人民币汇率改革进程中是一次质变，极大地推进了人民币汇率市场化进程。

三　经济基本面分析

为了研究经济基本面因素对人民币汇率预期的作用，我们考虑如下货币模型：

$$s_{t+3} = \gamma_1(m_t - m_t^*) + \gamma_2(y_t^* - y_t) + \gamma_3(i_t^* - i_t) + \xi_{1,t+3};\xi_{1,t+3} \sim N(0,\sigma_{1,t}^2) \quad (3.16)$$

其中，s_{t+h}表示美元兑人民币汇率对数向前 h 期预测，m_t、y_t、i_t分别为货币需求对数值、收入水平对数值和利率水平，$*$代表美国的对应变量。为了简便起见，我们仅考虑向前 3 期的美元兑人民币汇率预测。

在乘数自适应可变窗算法的建模框架下，我们能够观测到每一个断点前后相关经济基本面因素在人民币汇率预期形成作用中的变化。我们通过乘数自适应可变窗算法在同质区间与同质参数的检验中发现，2015 年 8 月 11 日的人民币汇率改革是人民币汇率改革进程中的分水岭。在“811”汇改之前，市场预期普遍关注中长期汇率风险，人民币汇率对外在冲击并不敏感；在“811”汇改之后，市场预期由普遍关注中长期风险转为普遍关注短期风险，人民币汇率变动对外在冲击敏感如图 3－3 所示。在“811”汇改之前，市场尽管经历过几次人民币汇率改革，但是经济基本面因素对人民币汇率预期的形成作用并不明显；“811”汇改之后，经济基本面因素在人民币汇率预期形成作用中的地位显著提高，并且中美收入差在人民币汇率预期形成作用中变化尤为显著。

乘数自适应可变窗算法能及时识别参数的同质区，该同质区间会随着经济进程的改变而发生相应的变化。同质区间随时间发生适应性变化不仅可以提高模型的预测能力，同时也可以为实时监测市场动态、诊断宏观经济政策提供参考。图3－3刻画了使用乘数自适应可变窗算法的所识别到的及时同质区间长度与变化，预测期限为向前3期的外推预测，同质区间的改变代表了市场向前3期的预期变化，水平轴上的时点为当期进行预测时点，纵轴上坐标为当期预测时的同质区间长度。在每一个时点，算法能够及时识别参数的最大化同质区间，在图3－3中以实线表示。使用该区间中的观测信息所估计的参数值被认为相互间没有显著性差异，这代表了市场在当下时点对汇率市场稳定性的认可，同质区间越长，则说明市场越关注长期风险。

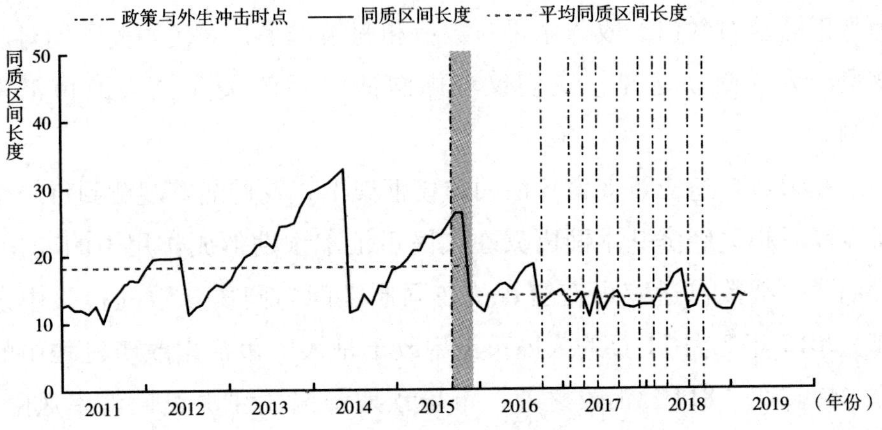

图3－3　最大化同质区间与断点检测

注：阴影部分指代“811”汇改至2015年12月IMF宣布人民币可以于次年10月加入SDR货币篮。竖直虚线从左到右分别代表：2015年8月人民币中间价改革，2016年10月人民币加入SDR，2017年1月央行加息，2017年3月美联储加息，2017年5月央行启用逆周期因子，2017年9月外汇风险准备金下调至0，2017年12月美联储加息，2018年1月人民币暂停逆周期因子，2018年3月美联储加息，2018年6月中美贸易摩擦开始以及2018年8月央行重启逆周期因子事件点。

自适应建模的一大优势来自算法对结构性断点的自动捕捉与识别，为了比较算法在断点检验中的能力，我们与 Bai-Perron（BP）断点检验进行对比。回归模型如（3.16）式所示，对比结果如表 3－9 所示。

结果显示，局部适应性算法、乘数自适应可变窗算法在断点检验过程中相比于 BP 检验要更加敏锐。从 BP 结果来看，在月度数据频率下，BP 检验未能及时检测到 2017 年 1 月央行加息，2017 年 5 月央行启动逆周期因子，2017 年 12 月美联储加息，2018 年 1 月央行暂停逆周期因子，2018 年 3 月美联储加息以及 2018 年 8 月央行重启逆周期因子。

表 3－9　乘数自适应可变窗算法断点检验与比较

政策调整与外生因素冲击	时点	BP 检验	$h=0$			$h=1$		
			LAM	MAM	PAM	LAM	MAM	PAM
人民币中间价改革	2015 年 8 月	√	√	√	√	√	√	√
人民币加入 SDR	2016 年 10 月	√	√	√	√	√	√	√
央行加息	2017 年 1 月	—	√	√	√	√	√	√
美联储加息	2017 年 3 月	√	√	√	√	√	√	√
逆周期因子	2017 年 5 月	—	—	√	√	—	√	√
外汇风险准备金下调至 0	2017 年 9 月	√	√	√	√	√	√	√
美联储加息	2017 年 12 月	—	√	√	√	√	√	√
暂停逆周期因子	2018 年 1 月	—	—	√	√	—	√	√
美联储加息	2018 年 3 月	—	—	—	√	—	—	√
中美贸易摩擦开始	2018 年 6 月	√	√	√	√	√	√	√
重启逆周期因子	2018 年 8 月	—	√	√	√	—	√	√

注："√"表示识别出断点，"—"表示未能识别出断点。LAM 表示局部适应性算法，MAM 表示乘数自适应可变窗算法，PAM 则表示自适应变元算法；数据频率：月度。

从图 3－3 可以看到，水平虚线所代表的平均同质区间长度在经过灰色阴影区域时段后显著变短。这说明市场对汇率风险关注的改变。“811”汇改之前，市场普遍关注中长期汇率风险，在这一阶段，市场预期往往关注平均20个月（最长为36个月）的中长期汇率变化，说明在这一阶段，市场预期人民币汇率具有极高的稳定程度；“811”汇改之后，市场转而关注短期汇率风险，在这一阶段，市场往往只关注平均14个月（最长16个月）的短期汇率变化，说明在这一阶段内市场对人民币汇率的预期稳定程度显著下降。

“811”汇改之前，同质区间长度出现过两次较大的跳水，分别对应2012年4月与2014年3月的人民币汇率改革。这两次改革从图3－3的反映来看更像是人民币汇率改革进程中的中间阶段，并没有改变市场对汇率中长期风险关注的预期偏好。同时，在这一阶段“奥巴马签署财政法案，美国暂时脱离‘财政悬崖’危机”、“美国联邦政府关闭事件”和“耶伦提名美联储主席”等外部事件冲击也均未改变市场对人民币汇率风险的预期偏好，也说明在这一阶段，人民币汇率对外生冲击并不敏感。

“811”汇改之后，同质区间长度出现了显著性变化，市场从偏好关注中长期风险预期转向关注短期汇率风险预期，说明“811”汇改从本质上推进了人民币汇率的市场化进程。而且，在这一阶段，“英国脱欧”、“特朗普当选美国总统”和“美联储加息”等事件均发生在同质性区间变化节点之上，说明在这一阶段，人民币汇率预期对外生冲击也发生了显著变化，人民币汇率风险预期对内外政策变化都更为敏感。

人民币重大事件可从表3－9中获得，从图3－3中我们可以看到，2012年4月、2014年3月均有与人民币汇率关联的重大事件发生。同时，当没有重大事件发生时，乘数自适应可变窗货币模型尽可能多地囊括有效信息以提高模型参数的预测能力。当发生重大事件后，最大化同质区间长度急速下降以剔除无关信息保证参数估计的可靠性。由于乘数自适应可变窗算法能及时捕捉参数的结构性变化，探测最大化同质区间，并且保证了临界条件的实效性，所以该算法具有优良的预测能力。

总之，乘数自适应可变窗货币模型相比于其他基准模型均具有显著优势。同时，由于乘数自适应可变窗货币模型无须过多采用历史信息对临界值进行调校，其实用性得到极大的改善，并且该算法估计步骤简洁，无须进行大量蒙特卡罗模拟，其计算效率相比于局部适应性多元货币模型也得到显著提高。

四　分样本检验

为了检验模型在不同样本条件下是否具有稳定的预测能力，本书将检验乘数自适应弹性货币模型在2009年1月至2015年7月和2015年8月至2019年3月两个时间段内对美元兑人民币汇率的预测能力。对比模型为随机游走模型与窗宽为60个观测值的滚动窗经济基本面模型。

表3－10报告了在不同样本段内乘数自适应可变窗货币模型相对于基准模型在美元兑人民币汇率预测的DM检验值。其中负值代表了乘数自适应可变窗货币模型优于基准模型，正值代表了乘数自适应可变窗货币模型弱于基准模型。

一方面，结果显示了乘数自适应可变窗算法在不同样本段内具有稳定的预测能力：在向前3个月美元兑人民币汇率预测中，乘数自适应可变窗货币模型能够显著优于局部适应性算法、马尔科夫机制转换模型、误差修正模型与其他经济基本面模型（包括弹性货币模型、购买力平价模型、利率平价模型、泰勒规则模型、偏移型泰勒规则模型）、最新发展的汇率预测模型（包括门限向量误差修正模型、贝叶斯门限向量误差修正模型、非线性泰勒规则模型、两类混合数据模型、非参数最优窗选择模型、变系数模型平均）、神经网络模型、随机森林树模型等机器学习算法等传统与新兴汇率预测方法。在向前6

个月及以上的样本外预测中，乘数自适应可变窗算法能够显著超越传统与新兴的汇率预测模型。

在向前1个月的短期美元兑人民币预测中，随机游走模型、泰勒规则模型与偏移型泰勒规则模型相比于乘数自适应可变窗货币模型均无明显优势。在部分期限的样本外预测中，乘数自适应可变窗货币模型能优于局部适应性多元货币模型。

另一方面，乘数自适应可变窗货币模型在分段样本中长期预测中的显著稳定优势说明了美元兑人民币汇率中长期内由经济基本面所决定，遵循“市场供求为基础”的汇率形成机制。

表 3－10　乘数自适应可变窗货币模型预测能力稳定性检验（美元兑人民币，$\Phi=1$）

预测模型	$h=1$	$h=3$	$h=6$	$h=9$	$h=12$	$h=18$	$h=24$
2009 年 1 月至 2015 年 7 月							
随机游走	0.784	−2.579**	−4.856***	−6.293***	−8.069***	−11.703***	−16.778***
门限向量误差修正	−1.663*	−1.778*	−1.709*	−2.001**	−2.004**	−2.004**	−2.009**
贝叶斯门限向量误差修正	−1.667*	−1.360	−1.591	−1.590	−1.997**	−2.956***	−2.983***
非线性泰勒规则	−1.987**	−1.561	−1.451	−1.667*	−1.785*	−1.998**	−1.985**
混合数据模型 a	−1.298	−1.894*	−1.899*	−2.864***	−2.125**	−2.874***	−2.896***
混合数据模型 b	−1.372	−1.985**	−1.925*	−2.941***	−1.985**	−1.984**	−1.201
非参数最优窗选择	−2.131**	−2.182**	−2.100**	−2.101**	−2.166**	−2.222**	−2.259**
变系数模型平均	0.53	−1.097	−1.372	−1.574	−1.596	−1.601	−1.630

续表

预测模型	$h=1$	$h=3$	$h=6$	$h=9$	$h=12$	$h=18$	$h=24$
神经网络模型	-2.998***	-2.999***	-3.287***	-3.877***	-3.999***	-4.543***	-4.653***
EWA 机器学习	-0.763	-1.034	-1.491	-1.653*	-1.763*	-1.875*	-1.996**
SRdige 机器学习	-0.839	-1.104	-1.399	-1.412	-1.499	-1.764**	-1.889*
随机森林树	0.410	-1.681*	-1.875*	-1.673*	-1.924*	-1.998**	-2.312**
马尔科夫机制转换	-1.500	-1.622	-1.798*	-1.893*	-1.994**	-1.998**	-2.001**
弹性货币	-4.113***	-1.556	-2.503**	-3.259***	-3.954***	-5.434***	-6.734***
利率平价	-7.064***	-1.781*	-2.514**	-3.172***	-3.800***	-5.159***	-6.695***
泰勒规则	-0.752	-1.490	-2.517**	-3.345***	-4.133***	-5.640***	-7.321***
偏移型泰勒规则	-0.325	-1.517	-2.467**	-3.194***	-3.861***	-5.224***	-6.740***
局部适应性	-1.865*	-1.877*	-1.879*	-1.889*	-1.943*	-1.979**	-1.998**
2015 年 8 月至 2019 年 3 月							
随机游走	0.063	-1.588	-4.771***	-5.451***	-6.464***	-5.587***	-6.500***
门限向量误差修正	-1.873*	-1.897*	-1.801*	-2.341**	-2.232**	-2.229**	-2.121**
贝叶斯门限向量误差修正	-1.067	-1.213	-1.400	-1.420	-1.652*	-1.778*	-1.763*
非线性泰勒规则	-1.187	-1.251	-1.310	-1.127	-1.431	-1.321	-1.491
混合数据模型 a	-1.060	-1.771*	-1.794*	-2.604***	-1.909*	-1.803*	-1.683*

续表

预测模型	$h=1$	$h=3$	$h=6$	$h=9$	$h=12$	$h=18$	$h=24$
混合数据模型 b	-0.572	-1.525	-1.800*	-2.100**	-1.652*	-1.555	-1.023
非参数最优窗选择	-2.001**	-2.100**	-2.156**	-2.183**	-2.130**	-2.232**	-2.243**
变系数模型平均	0.79	-0.981	-1.002	-1.361	-1.295	-1.310	-1.412
神经网络模型	-2.840***	-2.666***	-2.763***	-2.547**	-3.203***	-3.400***	-3.000***
EWA 机器学习	-0.321	-0.420	-1.301	-1.373	-1.414	-1.401	-1.412
SRdige 机器学习	-0.437	-0.534	-1.289	-1.311	-1.419	-1.437	-1.441
随机森林树	0.118	-1.083	-1.421	-1.402	-1.411	-1.431	-1.762*
马尔科夫机制转换	-2.028**	-2.135**	-2.243**	-2.267**	-2.367**	-2.315**	-2.401**
购买力平价	-2.523**	-1.859*	-2.389**	-3.416***	-4.223***	-6.269***	-12.100***
弹性货币	-5.023***	-1.643	-2.541**	-3.353***	-4.214***	-6.245***	-11.993***
利率平价	-8.470***	-1.951*	-2.698***	-3.424***	-4.227***	-6.249***	-12.054***
泰勒规则	-0.763	-1.545	-2.604***	-3.441***	-4.304***	-6.641***	-17.883***
偏移型泰勒规则	-0.935	-1.571	-2.604***	-3.445***	-4.288***	-6.341***	-12.153***
局部适应性	-1.476	-1.485	-1.498	-1.496	-1.442	-1.501	-1.500

注：表中结果为 DM 检验值，其中“ * ”、“ ** ”和“ *** ”分别表示在10%、5%和1%的显著性水平上显著。负值代表乘数自适应可变窗货币模型优于基准模型，正值代表基准模型优于乘数自适应可变窗货币模型。经济基本面模型采用窗宽为 60 个观测值的滚动窗技术。

综合表3－10的结果来看，乘数自适应可变窗货币模型在分样本情况下的美元兑人民币汇率中长期预测中能够显著优于随机游走模型、局部适应性算法、马尔科夫机制转换模型、误差修正模型、其他经济基本面模型（包括弹性货币模型、购买力平价模型、利率平价模型、泰勒规则模型、偏移型泰勒规则模型）、最新发展的汇率预测模型（包括门限向量误差修正模型、贝叶斯门限向量误差修正模型、非线性泰勒规则模型、两类混合数据模型、非参数最优窗选择模型、变系数模型平均）、神经网络模型、随机森林树模型等机器学习算法等传统与新兴汇率预测方法。在向前6个月及以上的样本外预测中，乘数自适应可变窗算法能够超越传统与新兴的汇率预测模型。

由于汇率预测依然是宏观变量预测中的重点和难点（Cheung et al.，2018），为了进一步研究乘数自适应可变窗算法在汇率预测中的预测能力，也需要研究乘数自适应可变窗算法在美元兑欧元、美元兑英镑、美元兑日元中相比于其他模型的预测能力。（见表3－11）

表3－11　乘数自适应可变窗货币模型预测能力检验（美元兑欧元）

预测模型	$h=1$	$h=3$	$h=6$	$h=9$	$h=12$	$h=18$	$h=24$
随机游走	－1.286	－1.273	－2.736***	－2.789***	－3.007***	－3.990***	－4.049***
实时窗宽选择算法	－1.249	－1.607	－1.990**	－1.936*	－1.978**	－1.983**	－2.201**
局部适应性	－1.232	－1.451	－1.421	－1.507	－1.631	－1.670	－1.771*
马尔科夫机制转换	－1.203	－1.315	－1.506	－1.742*	－2.217**	－2.594***	－2.885***
贝叶斯门限向量误差修正	－1.300	－2.464**	－2.453**	－2.235**	－2.424**	－2.345**	－2.245**
非参数最优窗选择	－1.342	－1.301	－1.301	－1.835*	－1.777*	－1.661*	－2.311**

续表

预测模型	$h=1$	$h=3$	$h=6$	$h=9$	$h=12$	$h=18$	$h=24$
EWA 机器学习	-1.130	-1.431	-1.591	-2.124**	-1.761*	-1.789*	-1.612
SRdige 机器学习	-1.172	-1.421	-1.531	-2.213**	-1.751*	-1.323	-1.220
随机森林树	-1.301	-1.560	-1.912*	-1.673	-1.980*	-1.761*	-1.918*
$L=50$							
购买力平价	-3.057***	-2.124**	-3.004***	-2.982***	-3.985***	-3.108***	-3.909***
弹性货币	-3.642***	-2.434**	-2.408**	-2.332**	-2.013**	-2.899***	-2.999***
利率平价	-2.203**	-1.887*	-1.802*	-1.977**	-1.901*	-1.703*	-1.912*
泰勒规则	-1.305	-2.118**	-2.515**	-2.308**	-2.014**	-2.145**	-2.662***
偏移型泰勒规则	-1.272	-1.883*	-2.897***	-2.997***	-2.809***	-2.731***	-2.992***
$L=60$							
购买力平价	-2.237**	-1.974**	-1.992**	-1.900*	-1.905*	-2.000**	-2.019**
弹性货币	-1.822*	-1.930*	-1.908*	-1.783*	-1.779*	-2.129**	-2.359**
利率平价	-1.999**	-1.999**	-2.002**	-2.017**	-2.023**	-2.112**	-2.583***
泰勒规则	-1.300	-1.108	-2.000**	-2.000**	-2.011**	-2.041**	-2.045**
偏移型泰勒规则	-1.302	-1.293	-1.790*	-1.907*	-1.880*	-1.701*	-1.776*
$L=70$							
购买力平价	-2.027**	-2.492**	-2.902***	-2.980***	-2.905***	-2.970***	-2.919***
弹性货币	-2.672***	-2.930**	-2.918***	-2.776***	-2.709***	-2.349**	-2.569**
利率平价	-2.909***	-2.908***	-3.012***	-3.117***	-3.343***	-3.172***	-3.667***
泰勒规则	-1.280	-1.108	-2.020**	-2.120**	-2.212**	-2.341**	-2.351**
偏移型泰勒规则	-1.299	-1.443	-1.563	-1.697*	-1.997**	-1.952*	-1.706*

注：表中结果为 DM 检验值，其中“*”、“**”和“***”分别表示在 10%、5% 和 1% 的显著性水平上显著。负值代表乘数自适应可变窗货币模型优于基准模型，正值代表基准模型优于乘数自适应可变窗货币模型。

在前文中，我们进行了乘数自适应可变窗建模并对人民币汇率的样本外预测进行了分析。DM（Diebold-Mariano）检验显示：在向前

3～24期的预测中，乘数自适应可变窗建模相比于其他被选模型具有显著优势，而在向前1期的美元兑人民币汇率预测中，其精确度无法显著优于随机游走模型。

在表3－11及本章附表4、附表5中我们能够发现，相比于美元兑人民币汇率预测，在使用乘数自适应可变窗建模美元兑欧元、英镑、日元汇率向前1期的外推预测中，乘数自适应可变窗算法相比于随机游走模型具有更优良的预测能力。

在对汇率进行预测时，乘数自适应可变窗建模以经济基本面的宏观解释变量为基础对汇率进行预测，所以模型的预测能力依赖于经济基本面对汇率的及时解释力度。在美元兑人民币汇率向前1期的短期预测中，乘数自适应可变窗经济基本面建模能力无法显著超越随机游走模型。在短期外推预测中，乘数自适应可变窗建模在美元兑欧元、英镑、日元的汇率预测情形中要优于其在美元、欧元、英镑、日元兑人民币的情形。同一乘数自适应可变窗经济基本面模型在不同经济体的汇率预测中具有显著差异。这反映出相比于发达经济体，我国的经济基本面因素在人民币汇率短期预期作用中有所滞后，及时性弱于发达经济体。

第五节　超变量参数稳定性检验

由乘数自适应可变窗建模得知，临界值的确认需要在给定超变量参数 Φ 的取值基础之上进行计算，最为理想的情况是模型的样本外预测能力针对超变量参数 Φ 在一定的取值范围内具有较高的稳定性。从前文数值模拟结果来看，乘数自适应可变窗算法针对一定范围之内的 Φ 值（$\Phi=0.5$，$\Phi=0.8$，$\Phi=1.0$）具有较高的稳定性。在实际汇率预测运用中，我们接下来也针对相同的 Φ 值进行稳定性检验，结果如表3－12与表3－13所示。

表 3-12　乘数自适应可变窗货币模型预测能力稳定性检验（美元兑人民币，Φ=0.5）

预测模型	$h=1$	$h=3$	$h=6$	$h=9$	$h=12$	$h=18$	$h=24$
随机游走	0.110	-2.026**	-4.135***	-8.294***	-10.031***	-10.067***	-13.973***
局部适应性	-1.456	-1.556	-1.599	-1.573	-1.573	-1.632	-1.792*
马尔科夫机制转换	-1.901*	-2.010**	-2.112**	-2.212**	-2.198**	-2.241**	-2.391**
贝叶斯门限向量误差修正	-1.773*	-1.894*	-1.789*	-2.241**	-2.036**	-2.189**	-2.051**
非参数最优窗选择	-2.450**	-2.645***	-2.732***	-2.532**	-2.512**	-2.603***	-2.702***
EWA 机器学习	-1.120	-1.401	-1.590	-2.124**	-1701*	-1.709*	-1.712*
SRdige 机器学习	-1.171	-1.421	-1.521	-2.313**	-1.721*	-1.321	-1.210
随机森林树	-1.211	-1.541	-1.932*	-1.671*	-1.941*	-1.861*	-1.908*

注：表中结果为 DM 检验值，其中“*”、“**”和“***”分别表示在10%、5%和1%的显著性水平上显著。负值代表乘数自适应可变窗货币模型优于基准模型，正值代表基准模型优于乘数自适应可变窗货币模型。

接下来，我们针对超变量参数 $\Phi=0.8$ 的情况进行稳定性检验，结果不难发现，乘数自适应可变窗算法在此超变量参数取值情形下的样本外预测结果依然稳健。

表 3-13　乘数自适应可变窗货币模型预测能力稳定性检验（美元兑人民币，Φ=0.8）

预测模型	$h=1$	$h=3$	$h=6$	$h=9$	$h=12$	$h=18$	$h=24$
随机游走	0.190	-2.046**	-4.175***	-8.295***	-10.037***	-10.967***	-14.558***
局部适应性	-1.454	-1.566	-1.579	-1.575	-1.593	-1.602	-1.742*
马尔科夫机制转换	-1.958*	-2.016**	-2.203**	-2.341**	-2.297**	-2.335**	-2.560**

续表

预测模型	$h=1$	$h=3$	$h=6$	$h=9$	$h=12$	$h=18$	$h=24$
贝叶斯门限向量误差修正	-1.773*	-1.894*	-1.789*	-2.201**	-2.034**	-2.189**	-2.001**
非参数最优窗选择	-2.434**	-2.681***	-2.700***	-2.501**	-2.565**	-2.623***	-2.752***
EWA 机器学习	-1.121	-1.401	-1.520	-2.124**	-1701*	-1.719*	-1.612
SRdige 机器学习	-1.151	-1.421	-1.523	-2.313**	-1.751*	-1.321	-1.311
随机森林树	-1.211	-1.541	-1.872*	-1.671*	-1.931*	-1.881*	-1.988**

注：表中结果为 DM 检验值，其中“*”、“**”和“***”分别表示在10%、5%和1%的显著性水平上显著。负值代表乘数自适应可变窗货币模型优于基准模型，正值代表基准模型优于乘数自适应可变窗货币模型。

综合表 3-12 和表 3-13 的结论可知，乘数自适应可变窗算法在汇率预测的实际情形中，其样本外预测能力针对超变量参数 Φ 的一定取值范围具有较高的稳定性。该算法的预测能力在中长期（6~24 个月）样本外预测中能显著优于随机游走模型、局部适应性算法、马尔科夫机制转换模型、贝叶期门限向量误差修正模型、非参数最优窗选择模型，以及随机森林树模型等机器学习算法。

结　论

首先，乘数自适应可变窗货币模型弥补了现有研究的不足：其一，能够自动检测参数的结构性变化以提高弹性货币模型对人民币汇率样本外的预测能力；其二，临界值的求取无须过多依赖于历史信息，且计算简洁。其次，乘数自适应可变窗算法提供了一种如何选择有效信息集以提高模型样本外预测能力的途径。乘数自适应可变窗算法以检测时变参数估计值的同质性为目的，寻找实时最佳参数估计值，提高模型样本外预测能力。从数值模拟 SDR 货币篮中美元兑欧元、英镑、日元与人民币汇率的样本外预测来看，乘数自适应可变窗货币模型具有更加显著的优势。

同时，通过乘数自适应可变窗建模，我们发现，“811”汇改之前，市场普遍关注中长期汇率风险，在这一阶段，市场预期往往关注平均 20 个月（最长为 36 个月）的中长期汇率变化，说明在这一阶段，市场预期人民币汇率具有极高的稳定程度；“811”汇改之后，市场转而关注短期汇率风险，在这一阶段，市场往往只关注平均 12 个月（最长 16 个月）的短期汇率变化，说明在这一阶段内市场对人民币汇率预期的稳定程度显著下降。“811”汇改是人民币汇率改革历程中的一次突破与质变，“811”汇改后，经济基本面因素在汇率预期形成中的作用显著提升，极大程度推动了人民币汇率市场化，汇率对利差、收入差与货币供给差经济基本面的弹性系数占比之和约为 65%。从政策角度来看，经济基本面因素在人民币汇率预期形成中的占比也有所不同。从弹性系数上来看，其重要性排序依次为：利差、收入差、货币需求差异。所以，稳定人民币汇率预期，第一，稳定市场利率。从利率角度，加速利率市场化建设，加强市场供求对利率水平的决定作用，加强利率市场监管，实行有效的资本管制以防范风险能够从利差基本面稳定人民币汇率预期。第二，稳定收入。从收入差角度，稳定经济增长速度，提高经济增长质量，促进产业升级，增强经济的核心竞争力，保证收入的稳步增长，能从收入差角度稳定人民币汇率预期。第三，稳定货币供给与物价水平。从货币需求差异角度，稳定人民币汇率预期，需要稳定国内货币供给与物价水平。另外，“811”汇改之后，人民币汇率预期相比于“811”汇改之前更加容易受到外生冲击的影响，实行有浮动的管理制度以稳定人民币汇率，防止汇率风险具有现实意义。

在美元兑欧元、英镑与日元汇率向前 1 个月的短期汇率预测中，乘数自适应可变窗货币模型不弱于随机游走模型、泰勒规则模型、偏移型泰勒规则模型、非线性泰勒规则模型，但显著强于购买力平价模型、利率平价模型与弹性货币模型。在美元兑人民币向前 3 个月的样本外短期汇率预测中，乘数自适应可变窗货币模型相比于局部适应性多元货币模型、马尔科夫机制转移模型、误差修正模型、随机游走模型、购买力平价模型、利率平价模型、弹性货币模型、泰勒规则模型与偏移型泰勒规则模型具有显著优势。该算法的预测能力在中长期（6 ~ 24 个月）样本外预测中能显著优于随机游走模型、局部适应性算法、马尔科夫机制转换模型、误差修正模型、其他经济基本面模型（包括弹性货币模型、购买力平价模型、利率平价模型、泰勒规则模型、偏移型泰勒规则模型）、最新发展的汇率预测模型（包括门限向量误差修正模型、贝叶斯门限向量误差修正模型、非线性泰勒规则模型、两类混合数据模型、非参数最优窗选择模型、变系数模型平均）、神经网络模型、随机森林树模型等机器学习算法等传统与新兴汇率预测方法。

最后，由于乘数自适应可变窗算法的临界值可直接通过临界值表达式求取，不过多依赖于历史观测，临界值的滞后效应得以解决，同时还降低了算法的复杂性，提高了计算效率。乘数自适应可变窗算法为数据驱动型算法，可以与包含或不包含结构性变化的参数模型进行结合，运用于多元回归、平稳或非平稳时间序列，有较广的运用空间。

附录1：美元兑英镑与美元兑日元汇率样本外预测比较

表 1　乘数自适应可变窗货币模型预测能力比较（美元兑英镑）

预测模型	$h=1$	$h=3$	$h=6$	$h=9$	$h=12$	$h=18$	$h=24$
随机游走	-0.112	-1.469	-1.458	-2.075**	-2.237**	-2.896***	-3.011***
EWA 机器学习	-1.146	-1.341	-1.982**	-1.996**	-1.998**	-1.999**	-2.105**
局部适应性	-1.312	-1.412	-1.561	-1.512	-1.412	-1.345	-1.421
马尔科夫机制转移	-1.701*	-1.992**	-1.909*	-2.678***	-2.341**	-1.990**	-1.991**
贝叶斯门限向量误差修正	-2.100**	-2.000**	-1.788*	-1.982**	-1.641*	-1.874*	-1.731*
非参数最优窗选择	-2.301**	-2.231**	-2.234**	-2.541**	-2.555**	-2.751***	-2.883***
$L=50$							
购买力平价	-3.147***	-3.104***	-3.574***	-3.937***	-4.041***	-4.200***	-4.011***
弹性货币	-2.992***	-3.000***	-3.089***	-3.112***	-3.631***	-3.731***	-3.909***
利率平价	-2.357**	-2.124**	-2.472**	-3.012***	-3.813***	-3.782***	-3.948***
泰勒规则	-1.093	-2.401**	-2.025**	-2.528**	-2.224**	-2.545**	-2.342**
偏移型泰勒规则	-1.001	-1.993**	-2.795***	-2.757***	-2.568**	-2.686***	-2.688***
最优 ARX(1)	-1.009	-2.411**	-2.432**	-2.216**	-2.317**	-2.147**	-2.271**
$L=60$							
购买力平价	-2.334**	-1.998**	-2.012**	-2.103**	-2.321**	-2.431**	-2.453**
弹性货币	-1.996**	-1.996**	-1.999**	-1.986**	-1.895*	-1.997**	-1.995**
利率平价	-1.909*	-1.909*	-2.532**	-2.617***	-2.673***	-2.872***	-2.903***
泰勒规则	-0.020	-0.008	-1.780*	-1.965**	-1.956*	-2.012**	-2.061**

续表

预测模型	$h=1$	$h=3$	$h=6$	$h=9$	$h=12$	$h=18$	$h=24$
偏移型泰勒规则	−0.072	−1.090	−1.497	−1.537	−1.630	−1.611	−1.506
最优 ARX(1)	−0.063	−1.327	−1.888*	−1.969**	−1.991**	−1.999**	−2.091**
			$L=70$				
购买力平价	−2.234**	−2.546**	−2.646***	−2.747***	−2.574**	−2.757***	−2.756***
弹性货币	−2.678***	−2.568**	−2.958***	−2.569**	−2.785***	−2.959***	−2.997***
利率平价	−2.129**	−2.235**	−3.465***	−3.577***	−3.867***	−3.796***	−3.967***
泰勒规则	−1.012	−1.298	−2.074**	−2.231**	−2.0324**	−2.111**	−2.149**
偏移型泰勒规则	−1.289	−1.224	−1.604	−1.797*	−2.097**	−2.992***	−3.046***
最优 ARX(1)	−1.112	−1.303	−1.341	−1.845*	−1.756*	−1.678*	−2.080**

注：表中结果为 DM 检验值，其中“*”、“**”和“***”分别表示在 10%、5% 和 1% 的显著性水平上显著。负值代表乘数自适应可变窗货币模型优于基准模型，正值代表基准模型优于乘数自适应可变窗货币模型。最优自回归模型为（事后）具有最优预测精度的 ARX（1）自回归模型。

表 2　乘数自适应可变窗货币模型预测能力比较（美元兑日元）

预测模型	$h=1$	$h=3$	$h=6$	$h=9$	$h=12$	$h=18$	$h=24$
随机游走	−1.296	−1.423	−2.869***	−2.999***	−3.567***	−3.999***	−4.575***
EWA 机器学习	−1.312	−1.674*	−1.896*	−1.996**	−1.996**	−1.998**	−2.002**
局部适应性	−1.212	−1.442	−1.341	−1.421	−1.494	−1.512	−1.563
马尔科夫机制转移	−1.419	−2.474**	−2.411**	−2.215**	−2.421**	−2.197**	−2.346**
贝叶斯门限向量误差修正	−1.303	−2.511**	−2.312**	−2.447**	−2.329**	−2.554**	−2.678***
非参数最优窗选择	−1.212	−1.313	−1.351	−1.849*	−1.796*	−1.698*	−2.110**

续表

预测模型	$h=1$	$h=3$	$h=6$	$h=9$	$h=12$	$h=18$	$h=24$
			$L=50$				
购买力平价	-3.123***	-2.414**	-3.356***	-2.945***	-3.936***	-3.223***	-3.523***
弹性货币	-3.535***	-2.145**	-2.124**	-2.412**	-2.012**	-2.980***	-2.968***
利率平价	-2.234**	-1.945*	-1.935*	-1.978**	-1.996**	-1.998**	-1.999**
泰勒规则	-1.275	-2.058**	-2.595***	-2.307**	-2.019**	-2.405**	-2.462**
偏移型泰勒规则	-1.272	-1.933*	-2.897***	-2.999***	-2.899***	-2.739***	-2.901***
最优 ARX(1)	-1.253	-2.454**	-2.304**	-2.312**	-2.318**	-2.651***	-2.779***
			$L=60$				
购买力平价	-2.977***	-1.986**	-1.987**	-1.956*	-1.945*	-2.124**	-2.039**
弹性货币	-1.702*	-1.898*	-1.958*	-1.793*	-1.999**	-2.100**	-2.319**
利率平价	-1.890*	-1.909*	-2.042**	-2.317**	-2.087**	-2.212**	-2.483**
泰勒规则	-1.300	-1.132	-2.080**	-2.109**	-2.211**	-2.441**	-2.641***
偏移型泰勒规则	-1.302	-1.200	-1.860*	-1.997**	-1.978**	-1.809*	-2.006**
最优 ARX(1)	-1.293	-1.357	-1.568	-1.745*	-2.573**	-2.881***	-2.856***
			$L=70$				
购买力平价	-2.127**	-2.885***	-2.852***	-2.990***	-2.945***	-2.870***	-2.999***
弹性货币	-2.674***	-2.996***	-2.996***	-2.945***	-2.745***	-2.334**	-2.794***
利率平价	-2.949***	-2.806***	-3.312***	-3.147***	-3.349***	-3.102***	-3.467***
泰勒规则	-1.311	-1.288	-2.241**	-2.567**	-2.611***	-2.908***	-2.992***
偏移型泰勒规则	-1.290	-1.343	-1.623	-1.996**	-1.999**	-1.999**	-2.006**
最优 ARX(1)	-1.289	-1.441	-1.435	-1.678*	-1.998**	-1.992**	-1.999**

注：表中结果为 DM 检验值，其中“*”、“**”和“***”分别表示在 10%、5% 和 1% 的显著性水平上显著。负值代表乘数自适应可变窗货币模型优于基准模型，正值代表基准模型优于乘数自适应可变窗货币模型。最优自回归模型为（事后）具有最优预测精度的 ARX（1）自回归模型。

附录2：定理证明

定理 1 证明：

要证明$B_{\alpha,I}$为闭集合，需要证明如果 $N>0$，$\{\beta^{(k)}\}_{k=1}^{M}\subset B_{\alpha,I}$，那么也有$\beta^{(\infty)}\in B_{\alpha,I}$，其中$\lim\limits_{M\to\infty}\beta^{(M)}=\beta^{(\infty)}$。

假设$\beta^{(\infty)}\in B_{\alpha,I}$为假。那么对于 $M>1$，根据假设，似然函数在 Θ 上为连续函数，我们有：$\lim\limits_{M\to\infty}D(\beta^{(M)},\alpha,I)=D(\beta^{(\infty)},\alpha,I)$。同时，由于 $D(\beta^{(M)},\alpha,I)\leqslant E_{\beta^{*}}(D(\beta^{*},\alpha))$，所以：

$$\lim_{M\to\infty}D(\beta^{(M)},\alpha,I)\leqslant E_{\beta^{*}}(D(\beta^{*},\alpha))$$

即：$D(\beta^{(\infty)},\alpha,I)\leqslant E_{\beta^{*}}(D(\beta^{*},\alpha))$，与假设矛盾。定理 1 得证。

定理 2 证明：

由于，$r\leqslant 1$，依照定义：

$$\begin{aligned}
D(\widehat{\beta_t^{(k)}},\widehat{\beta_t^{(k-j)}},I^{(k)}) &= |L(\widehat{\beta_t^{(k)}},I^{(k)})-L(\widehat{\beta_t^{(k-j)}},I^{(k)})|^{r}\\
&= |L(\widehat{\beta_t^{(k)}},I^{(k)})-L(\widehat{\beta_t^{(k-1)}},I^{(k)})+L(\widehat{\beta_t^{(k-1)}},I^{(k)})\\
&\quad -L(\widehat{\beta_t^{(k-2)}},I^{(k)})\cdots+L(\widehat{\beta_t^{(k-j+1)}},I^{(k)})-L(\widehat{\beta_t^{(k-j)}},I^{(k)})|^{r}\\
&\leqslant \Big(\sum_{i=0}^{j+1}|L(\widehat{\beta_t^{(k-i)}},I^{(k)})-L(\widehat{\beta_t^{(k-i-1)}},I^{(k)})|\Big)^{2\times\frac{r}{2}}\\
&\leqslant \Big(2\sum_{i=0}^{j+1}|L(\widehat{\beta_t^{(k-i)}},I^{(k)})-L(\widehat{\beta_t^{(k-i-1)}},I^{(k)})|^{2}\Big)^{\frac{r}{2}}\\
&\leqslant 2^{\frac{r}{2}}\Big(\sum_{i=0}^{j+1}|L(\widehat{\beta_t^{(k-i)}},I^{(k)})-L(\widehat{\beta_t^{(k-i-1)}},I^{(k)})|^{2\times\frac{r}{2}}\Big)\\
&= 2^{\frac{r}{2}}\sum_{i=0}^{j+1}D(\widehat{\beta_t^{(k-i)}},\widehat{\beta_t^{(k-i-1)}},I^{(k)})
\end{aligned}$$

令$i^{*}=\underset{i\in\{1,\cdots K\}}{\operatorname{argmin}}D(\widehat{\beta_t^{(i)}},\beta^{*},I^{(k)})$，那么：

$$
\begin{aligned}
D(\widehat{\beta}_t^{(k)},\widehat{\beta}_t^{(i^*)},I^{(k)}) &\leqslant 2^{\frac{r}{2}}D(\widehat{\beta}_t^{(k)},\widehat{\beta}_t^{(k-1)},I^{(k)}) \\
&\quad + 2^{\frac{r}{2}}D(\widehat{\beta}_t^{(k-i)},\widehat{\beta}_t^{(k-2)},I^{(k)}) \\
&\quad + 2^{\frac{r}{2}}D(\widehat{\beta}_t^{(i^*+1)},\widehat{\beta}_t^{(i^*)},I^{(k)}) \\
&\leqslant 2^{\frac{r}{2}}(k-i^*)D(\widehat{\beta}_t^{(k)},\widehat{\beta}_t^{(k-1)},I^{(k)})
\end{aligned}
$$

令$C^{(k)}=2^{\frac{r}{2}}$（$k-i^*$），$\alpha^{\cdot}=\beta^*$，$I^{(k)}\subset I^{\cdot}$，那么：$\widehat{\beta}_t^{(k)}\in B_{\alpha^{\cdot}I^{\cdot}}$。定理2得证。

定理3证明：

针对$k\geqslant 1$，我们定义平滑因子：

$$
S_kF(\theta)=\frac{1}{\pi_k(\theta)}\int_{B_k(\theta)}F(v)\pi(dv)
$$

更进一步，我们定义：

$$
S_0F(\theta)=F(\bar{\theta}) \tag{A.3.1}
$$

由定理1可知，B_0（θ）为有界闭集，那么中$\bar{\theta}\in B_0$（θ），即满足：

$$
\bar{\theta}\in\{\nu'\in B_{\alpha,I}:D(\nu,\nu')\leqslant E_{\beta^*}(D(\beta^*,\alpha))\} \tag{A.3.2}
$$

由（A.3.1）式可知，S_0U（θ）为一固定的数值，针对$k\geqslant 2$，也有：

$$
S_k\,S_{k-1}\,S_{k-2}\cdots S_0F(\theta)=F(\bar{\theta})
$$

由平滑因子定义，我们可知：$\lim\limits_{k\to\infty}S_kF(\theta)=F(\theta)$。那么，对于任意的$\theta\in B_0$（$\theta$），我们有：

$$
\begin{aligned}
|F(\theta)-F(\bar{\theta})| &= \lim_{k\to\infty}|S_kF(\theta)-S_k\,S_{k-1}\,S_{k-2}\cdots S_0F(\theta)| \\
&\leqslant \lim_{k\to\infty}\sum_{i=1}^{k}|S_k\,S_{k-1}\,S_{k-2}\cdots S_i(1-S_{i-1})F(\theta)| \\
&= \sum_{i=1}^{\infty}G_k
\end{aligned}
$$

其中，$g_k(\theta) = |S_k S_{k-1} S_{k-2} \cdots S_i (1-S_{i-1}) F(\theta)| = |S_k(1-S_{k-1}) F(\theta)|$，$k \geqslant 1$，进一步定义：

$$\begin{aligned} G_k &= \sup_{\theta \in B_0(\theta)} |S_k S_{k-1} S_{k-2} \cdots S_i (1-S_{i-1}) F(\theta)| \\ &= \sup_{\theta \in B_0(\theta)} |S_k (1-S_{k-1}) F(\theta)| \end{aligned}$$

不难得到如下不等式。针对给定的θ^*，我们有：

$$\begin{aligned} g_k(\theta^*) &= |S_k(1-S_{k-1})F(\theta^*)| \\ &= |S_k(F(\theta^*) - S_{k-1}F(\theta^*))| \\ &\leqslant \frac{1}{\pi_k(\theta^*)}\int_{B_k(\theta^*)} |F(\theta) - S_{k-1}F(\theta)| \pi(d\theta) \\ &\leqslant \frac{1}{\pi_k(\theta^*)}\int_{B_k(\theta^*)} \frac{1}{\pi_{k-1}(\theta)}\int_{B_{k-1}(\theta)} |F(\theta) - F(\theta')| \pi(d\theta)\pi(d\theta') \end{aligned}$$

针对$\theta' \in B_{k-1}(\theta)$，能够满足：$D(\theta,\theta') \leqslant 2^{-(k-1)} E_{\beta^*}(D(\beta^*,\alpha))$，那么我们有：

$$|F(\theta) - F(\theta')| \leqslant 2^{-(k-1)} E_{\beta^*}(D(\beta^*,\alpha)) \frac{|F(\theta) - F(\theta')|}{D(\theta,\theta')} \tag{A.3.3}$$

更进一步，令$d_{k-1} = 2^{-(k-1)} E_{\beta^*}(D(\beta^*, \alpha))$我们有：

$$\begin{aligned} \exp\left\{\frac{1}{d_{k-1}} g_k(\theta^*)\right\} &\leqslant \int_{B_k(\theta^*)}\left(\int_{B_{k-1}(\theta)} \exp \frac{|F(\theta) - F(\theta')|}{D(\theta,\theta')} \frac{\pi(d\theta')}{\pi_{k-1}(\theta)}\right)\frac{\pi(d\theta)}{\pi_{k-1}(\theta^*)} \\ &\leqslant M_k \int_{B_0(\theta)}\left(\int_{B_{k-1}(\theta)} \exp \frac{|F(\theta) - F(\theta')|}{D(\theta,\theta')} \frac{\pi(d\theta')}{\pi_{k-1}(\theta)}\right)\frac{\pi(d\theta)}{\pi(B_0(\theta))} \end{aligned}$$

从不等式右边最后一项我们不难发现，其取值并不依赖于θ^*，所以有：

$$\exp\left\{\frac{1}{d_{k-1}} g_k(\theta^*)\right\} \leqslant M_k \int_{B_0(\theta)}\left(\int_{B_{k-1}(\theta)} \exp \frac{\lambda |F(\theta) - F(\theta')|}{D(\theta,\theta')} \frac{\pi(d\theta')}{\pi_{k-1}(\theta)}\right)\frac{\pi(d\theta)}{\pi(B_0(\theta))}$$

由假设 1 可知：

$$\exp\left\{\frac{1}{d_{k-1}}g_k(\theta^*)\right\}\leqslant 2M_k\exp\left(\frac{\lambda}{2}\right)\int_{B_0(\theta)}\left(\int_{B_{k-1}(\theta)}\frac{\pi(d\theta')}{\pi_{k-1}(\theta)}\right)\frac{\pi(d\theta)}{\pi(B_0(\theta))}$$
$$=2M_k\exp\left(\frac{\lambda}{2}\right)$$

由于针对 $k\geqslant 1$，$\theta\in B_{k-1}$（θ），$d_k\leqslant 2^{-1}E_{\beta^\cdot}$（$D$（$\beta^*$，$\alpha$）），有：

$$\exp\left\{\frac{1}{d_1}\mid F(\theta)-F(\bar{\theta})\mid\right\}\leqslant 2\exp\left(\frac{\lambda}{2}\right)$$

进一步，我们可以得到：$\mid F(\theta)-F(\bar{\theta})\mid\leqslant\lambda\log(2)E_{\beta^*}(D(\beta^*,\alpha))$。由（A.3.2）可得：$F$（$\bar{\theta}$）$\leqslant E_{\beta^\cdot}$（$D$（$\beta^*$，$\alpha$））。进一步得到：$F$（$\theta$）$\leqslant$（$1+\lambda log$（2））$E_{\beta^\cdot}$（$D$（$\beta^*$，$\alpha$））。

令，$\theta=\beta^{(k-1)}$，$\alpha=\beta^{(k)}$，则定理 3 得证。

定理 4 证明：

依据假设，针对 $k\geqslant 2$ 有：

$$D(\widehat{\beta}_t^{(k)},\widehat{\beta}_t^{(k-1)},I^{(k)})\leqslant C^{(k)}ED(\widehat{\beta}_t^{(k)},\beta^*,I^{(k)})$$
$$D(\widehat{\beta}_t^{(k+1)},\widehat{\beta}_t^{(k)},I^{(k+1)})\leqslant C^{(k+1)}ED(\widehat{\beta}_t^{(k+1)},\beta^*,I^{(k+1)})$$

令$i^*=\underset{i\in\{1,\cdots K\}}{\operatorname{argmin}}D$（$\widehat{\beta}_t^{(i)}$，$\beta^*$，$I^{(i)}$），根据定理 2 的证明步骤，我们有：

$$\begin{aligned}
&D(\widehat{\beta}_t^{(k)},\widehat{\beta}_t^{(i^*)},I^{(i^*)})\\
&\leqslant\Big(\sum_{i=0}^{k-i^*+1}\mid L(\widehat{\beta}_t^{(k-i)},I^{(i^*)})-L(\widehat{\beta}_t^{(k-i-1)},I^{(i^*)})\mid\Big)^{2\times\frac{r}{2}}\\
&\leqslant 2^{\frac{r}{2}}\Big(\sum_{i=0}^{k-i^*+1}\mid L(\widehat{\beta}_t^{(k-i)},I^{(i^*)})-L(\widehat{\beta}_t^{(k-i-1)},I^{(i^*)})\mid^{2\times\frac{r}{2}}\Big)\\
&=2^{\frac{r}{2}}\sum_{i=0}^{k-i^*+1}D(\widehat{\beta}_t^{(k-i)},\widehat{\beta}_t^{(k-i-1)},I^{(i^*)})\\
&\leqslant 2^{\frac{r}{2}}\sum_{i=0}^{k-i^*+2}2^{\frac{r}{2}}(D(\widehat{\beta}_t^{(k-i)},\widehat{\beta}_t^{(i^*)},I^{(i^*)})+D(\widehat{\beta}_t^{(k-i-1)},\widehat{\beta}_t^{(i^*)},I^{(i^*)}))\\
&+2^{\frac{r}{2}}D(\widehat{\beta}_t^{(i^*+1)},\widehat{\beta}_t^{(i^*)},I^{(i^*)})
\end{aligned}$$

$$
\begin{aligned}
&= 2^{r}D(\widehat{\beta}_t^{(k)},\widehat{\beta}_t^{(i^*)},I^{(i^*)}) + 2^{r+1}\sum_{i=1}^{k-i^*+2}(D(\widehat{\beta}_t^{(k-i)},\widehat{\beta}_t^{(i^*)},I^{(i^*)}))\\
&+ 2^{\frac{r}{2}}D(\widehat{\beta}_t^{(i^*+1)},\widehat{\beta}_t^{(i^*)},I^{(i^*)})\\
&\leqslant 2^{\frac{3r}{2}}(D(\widehat{\beta}_t^{(k)},\beta^*,I^{(i^*)}) + D(\widehat{\beta}_t^{(i^*)},\beta^*,I^{(i^*)}))\\
&+ 2^{r+1}\sum_{i=1}^{k-i^*+2}2^{\frac{r}{2}}(D(\widehat{\beta}_t^{(k-i)},\beta^*,I^{(i^*)}) + D(\widehat{\beta}_t^{(i^*)},\beta^*,I^{(i^*)}))\\
&+ 2^{\frac{r}{2}}D(\widehat{\beta}_t^{(i^*+1)},\widehat{\beta}_t^{(i^*)},I^{(i^*)})
\end{aligned}
\tag{A.3.4}
$$

由于$\widehat{\beta}_t^{(i)}$为$I^{(i)}$上的极大似然估计，所以：

$$
D(\widehat{\beta}_t^{(k)},\beta^*,I^{(i^*)}) \approx \sqrt{m^{(i^*)}}(\widehat{\beta}_t^{(k)}-\beta^*)^T I(\beta^*)(\widehat{\beta}_t^{(k)}-\beta^*)\sqrt{m^{(i^*)}}
$$

其中，I（β^*）为信息矩阵，更进一步，存在 $\varphi>0$，使得：

$$
D(\widehat{\beta}_t^{(k)},\beta^*,I^{(k)}) = \left(\frac{m^{(k)}}{m^{(i^*)}}\right)^{\varphi}D(\widehat{\beta}_t^{(k)},\beta^*,I^{(i^*)}) \tag{A.3.5}
$$

所以，将（A.3.5）式代入（A.3.4）式可以得到：

$$
D(\widehat{\beta}_t^{(k)},\widehat{\beta}_t^{(i^*)},I^{(i^*)}) \leqslant G\left(\left(\frac{m^{(k)}}{m^{(i^*)}}\right)^{\varphi}\right)\times ED(\widehat{\beta}_t^{(i^*)},\beta^*,I^{(i^*)})
$$

其中，G（·）为关于$\left(\frac{m^{(k)}}{m^{(i^*)}}\right)^{\varphi}$的函数，那么存在 $\varphi>0$，使得 $\left(\frac{m^{(k)}}{m^{(i^*)}}\right)^{\varphi} = G\left(\left(\frac{m^{(k)}}{m^{(i^*)}}\right)^{\varphi}\right)$。定理 4 得证。

定理 5 证明：

在满足假设条件的情况下，我们有：

$$
\begin{aligned}
&E\sum_{i=0}^{\widehat{k}}(\widehat{\beta}_t^{(\widehat{k}+j)}-\widehat{\beta}_t^{(k)})^T x_{t-i}\,x_{t-i}{}^T(\widehat{\beta}_t^{(\widehat{k}+j)}-\widehat{\beta}_t^{(k)})\\
&\leqslant 2(E\sum_{i=0}^{\widehat{k}}(\widehat{\beta}_t^{(\widehat{k}+j)}-\beta^*)^T x_{t-i}\,x_{t-i}{}^T(\widehat{\beta}_t^{(\widehat{k}+j)}-\beta^*)
\end{aligned}
$$

$$+E\sum_{i=0}^{\widehat{k}}\left(\widehat{\beta}_t^{(k)}-\beta^*\right)^T x_{t-i}\,x_{t-i}{}^T\left(\widehat{\beta}_t^{(k)}-\beta^*\right))$$

由残差$\xi_t \overset{i.i.d}{\sim} N$（0，$\sigma^2$）得到：

$$\begin{aligned}\sum_{i=0}^{\widehat{k}}\left(\widehat{\beta}_t^{(\widehat{k+j})}-\widehat{\beta}_t^{(k)}\right)^T x_{t-i}\,x_{t-i}{}^T\left(\widehat{\beta}_t^{(\widehat{k+j})}-\widehat{\beta}_t^{(k)}\right) &= D\left(\widehat{\beta}_t^{(\widehat{k+j})},\widehat{\beta}_t^{(k)}\right)\\ &\geqslant 4ED\left(\widehat{\beta}_t^{(k)},\beta^*\right)\\ &= 4E\sum_{i=0}^{\widehat{k}}\left(\widehat{\beta}_t^{(k)}-\beta^*\right)^T x_{t-i}\,x_{t-i}{}^T\left(\widehat{\beta}_t^{(k)}-\beta^*\right)\end{aligned}$$

进一步，我们得到：

$$E\sum_{i=0}^{\widehat{k}}\left(\widehat{\beta}_t^{(k)}-\beta^*\right)^T x_{t-i}\,x_{t-i}{}^T\left(\widehat{\beta}_t^{(k)}-\beta^*\right)\leqslant E\sum_{i=0}^{\widehat{k}}\left(\widehat{\beta}_t^{(\widehat{k+j})}-\beta^*\right)^T x_{t-i}\,x_{t-i}{}^T\left(\widehat{\beta}_t^{(\widehat{k+j})}-\beta^*\right)$$

定理5得证。

第四章　自适应变元算法

在第三章中，我们解决了在对模型参数进行及时性结构变化识别时如何避免对校准样本及其历史信息过度依赖的问题。但是，在现阶段采用参数模型进行宏观经济变量预测中，不仅会面临外生冲击导致的断点识别问题，还会因海量数据的可获得性而面临多元化的模型选择。当科技、政策等外生环境发生变化时，固有经济模型的参数不仅会发生突变，其经济解释变量也会因时间而发生改变。在这种情形下，自适应建模不仅需要兼顾时间维度上的模型参数变化，还需要考虑横截面上解释变量的实时选择。此问题的难点在于，一方面我们需要实时检测显著性的结构性断点，另一方面我们还需要依据实际情况在高维情形中对最佳解释变量进行及时选择，并且在两个方面均需强调和保证时效性。

第一节　自适应判别条件

在局部适应性算法与乘数自适应可变窗算法中，我们均需要通过一组给定的临界值以构建判别条件来探测最大化同质区间或参数的最大化同质空间。不同的是，局部适应性算法临界值需要依赖历史信息进行校准，临界值具有滞后效应。而在乘数自适应可变窗算法中，我们能够直接求取临界值的表达式，其临界值不依赖于历史信息，消除了滞后效应，具有更加广泛的实用空间。由于局部适应性算法与乘数自适应变元算法的目标在于探测最大化同质区间，为了简化问题，我们将可能的样本划分成一组嵌套的 K（$K>1$）个子区间，每对相邻区间中较长区间比较短区间多包含了 M（$M>1$）个观测点：

$$I_t^{(1)} \subset I_t^{(2)}, \cdots, I_t^{(K)}$$

其中，$m^{(k)}$代表了区间$I_t^{(k)}$中所包含的观测点个数，并以$m^{(k)}$来表示区间$I_t^{(k)}$的长度，并在$I_t^{(k)}$，$k=1$，2，…，K 中对同质区间进行检测。

由于局部适应性算法与乘数自适应可变窗算法只关心$I_t^{(k)}$而非$I_t^{(k)} \setminus I_t^{(k-1)}$，但在自适应变元算法中，我们需要更加精准地知悉参数的变化情形，也需要对区间$I_t^{(k)} \setminus I_t^{(k-1)}$中参数的变化进行分析。所以，自适应变元算法的判别条件将有别于局部适应性算法与乘数自适应可变窗算法。

假设有线性模型，其被解释变量为 $Y=(Y_1, \cdots, Y_K)^{\mathrm{T}}$，参数 $\boldsymbol{\beta}=(\boldsymbol{\beta}_1, \cdots, \boldsymbol{\beta}_p)^{\mathrm{T}}$以及解释变量矩阵$X_{k \cdot p}$，残差$\boldsymbol{\varepsilon}_i$相互独立且服从同方差假设。在此建模过程中，我们假设参数 $\boldsymbol{\beta}$ 具有稀疏性，及只有其中 $q<p$ 个变量的参数取值非零。

现将局部样本分成一组嵌套的 K（$K>1$）个子区间，每对相邻区间中较长区间比较短区间多包含了 M（$M>1$）个观测点：

$$I_t^{(1)} \subset I_t^{(2)}, \cdots, I_t^{(K)}$$

其中，$m^{(k)}$，$k=1$，2，…，K，代表了区间$I_t^{(k)}$中所包含的观测点个数，并以$m^{(k)}$来表示区间$I_t^{(k)}$的长度。

那么，检测同质区间的问题可以转换为如下表述：

$$\boldsymbol{H}_0: Y_t \backsim \boldsymbol{P}_1, \text{对于所有的 } t \in I_t^{(k)}$$

$$\boldsymbol{H}_1: \begin{cases} Y_t \backsim \boldsymbol{P}_1, \text{对于所有的 } t \in I_t^{(k-1)} \\ Y_t \backsim \boldsymbol{P}_2, \text{对于所有的 } t \in I_t^{(k)} \setminus I_t^{(k-1)} \end{cases} \tag{4.1}$$

其中，$k=2$，⋯，K，并且P_1、P_2为定义在空间P（β），使得P_1、$P_2 \in$ {P（β），$\beta \in \Theta$}。

算法第一步为在区间$I_t^{(1)}$上计算局部极大似然估计值：

$$\tilde{\beta}_t^{(1)} = \operatorname{argmax}_{\beta_t \in \Theta} L(s; I_t^{(1)}, \beta_t, x_t)$$

其中，$I_t^{(1)}$假设默认为同质区间，在此区间中，参数被认为没有显著变化。所以，该区间应该足够短以尽量满足默认假设。以此我们可以定义：

$$\tilde{\beta}_t^{(k)} = \operatorname{argmax}_{\beta_t \in \Theta} L(s; I_t^{(k)}, \beta_t, x_t)$$

由此，我们可以得到如下的自适应变元算法的判别条件，在该判别条件中，我们以此检测参数的时变特征。依照 Suvorikova 等（2015）的方式，我们定义：

$$T_{Lt}^{(k)} = \max_{\beta} L(\beta, I_t^{(k-1)}) + \max_{\beta} L(\beta, I_t^{(k)} \setminus I_t^{(k-1)}) - \max_{\beta} L(\beta, I_t^{(k)})$$

同样，一组经过精准调校的临界条件ζ_1；⋯；ζ_K对模型的预测能力起到至关重要的作用。在下文中，我们将构建乘数自举方法对临界值进行校准，在该方法中，我们无须依赖于历史信息。接下来，我们给出自适应变元算法的估计步骤：

①初始化算法$\hat{\beta}_t^{(1)} = \tilde{\beta}_t^{(1)}$；

②$k=2$；

③当$T_{Lt}^{(k)} \leqslant \zeta_k$并且$k \leqslant K$时，$\hat{\beta}_t^{(k)} = \tilde{\beta}_t^{(k)} = \max_{\beta} L$（$\beta$，$I_t^{(k)}$），$k=k+1$；

④否则，算法停止，对所有的$l \geqslant k$，$\hat{\beta}_t^{(l)} = \tilde{\beta}_t^{(l-1)}$。

在第三步中，当我们监测到参数的结构性断点之后，所有更长区间的参数估计将采用最长同质区间所得到的局部极大似然估计。由于我们想要得到样本内所有的结构性断点，当我们在监测到结构性参数断点，步骤停止之后，算法应于下一个时点从最小区间$I_t^{(1)}$开始逐一进行区间的同质化监测。

第二节 SCAD 惩罚函数

至目前为止，我们的设定均在模型变量事先给定的条件下进行。正如前面提到，AIC 和 BIC 判别条件在高维情形下由于其计算烦琐，并非为最佳变量选择方法。然而我们的目标是将适应性同质区间探测方法与变量选择方法相结合以达到既能同时识别变量又能识别变量参数的同质区间。

由于 SCAD 惩罚函数的非凹性质，在对 λ 的收敛速度进行一定的限制之后，SCAD 惩罚估计既能准确识别变量又具有参数无偏的一致性估计。所以，这可以启发我们将适应性同质判别条件与 SCAD 惩罚项相结合，推导全新的自适应变元算法。

然而，也正因为 SCAD 惩罚函数具有非凹性，其在参数估计上则是一难点。Fan 和 Li（2001）采用了局部二项逼近的方法拟合 SCAD 惩罚函数，通过最优化方法来寻求参数估计。Zou 和 Li（2008）提出了一种局部线性估计的方法，并且显示了该方法相比于局部二项逼近的方法更加优良，不仅能自动进行稀疏参数的估计，而且其计算效率还得到了改良。

当我们在高维稀疏情形下进行参数估计时，LASSO 提供了一种在多步迭代估计途径下的优良初始估计值（Zhao and Yu，2006）。Kim 等（2008）提出了一种有效的 SCAD 惩罚估计途径，该方法与局部线性逼近方法类似，且能从理论上证明该方法不仅可以正确识别参数，还能够得到一致性估计量。

在本书中，我们采用惩罚性变量选择方法与适应性建模相结合的方法。首先，我们需要对局部极大似然估计进行惩罚，对应的局部伪极大似然估计函数可以写为：

$$Q(\beta) = \sum_{i=1}^{n} l_i(\beta) - n\sum_{j=1}^{p} p_\lambda(|\beta_j|) \tag{4.2}$$

其中，l_i（β）为可观测向量（Y_i，X_i）的局部似然函数，p_λ（·）为惩罚函数，并且满足 $\lambda \geqslant 0$。SCAD 函数定义为：

$$p'_\lambda(|\beta_j|) = \lambda\{\mathbf{I}(|\beta_j| \leqslant \lambda) + \frac{(a\lambda - |\beta_j|)_+}{(a-1)\lambda}\mathbf{I}(|\beta_j| > \lambda)\}$$

并且，对于 $a>2$（例如在这里，建议令 $a=2$）和 $\lambda>0$，$\mathbf{I}$（·）为指示函数，根据 Zou 和 Li（2008）的方法，惩罚函数p_λ（$|\beta_j|$）可以通过局部估计得到如下表述：

$$p_\lambda(|\beta_j|) \approx p_\lambda(|\beta_j^{(0)}|) + p'_\lambda(|\beta_j^{(0)}|)(|\beta_j| - |\beta_j^{(0)}|)$$

那么 m 步迭代估计的表达式为：

$$\widehat{\beta}^{(m+1)} = \underset{\beta}{\operatorname{argmax}} \sum_{i=1}^{n} l_i(\beta) - n\sum_{j=1}^{p} p'_\lambda(|\widehat{\beta}_j^{(m)}|)|\beta_j|$$

其中，$m=0$，1，…，同时，$\widehat{\beta}^{(0)}$为非惩罚型估计。当$\widehat{\beta}^{(m)}$收敛时，迭代终止，得到最终估计结果。在本书中，我们采用 Zou 和 Li（2008）的一步 SCAD 惩罚估计结果，并且该步估计结果在 λ 满足$\sqrt{n}\lambda_n \to \infty$；$\lambda_n \to 0$ 时能够准确识别变量，并且其估计值为无偏一致性估计量。

同时，参数 λ 的选择也可以依照某一给定的 BIC 准则进行确认，该 BIC 准则可以写为：

$$\mathrm{BIC}_\lambda = \log(\widehat{\sigma}_\lambda^2) + q\frac{\log(n)}{n}C_n \tag{4.3}$$

其中，$\widehat{\sigma}_\lambda^2 = n^{-1}SSE_\lambda = n^{-1}\|Y - X\widehat{\beta}(\lambda)\|^2$，$C_n$为某一给定的常数，满足$C_n > 0$。

在这里，我们将参数估计写为$\widehat{\beta}$（λ）是为了说明该参数的估计值依赖λ的取值。考虑到（4.3）式在模型选择中的应用，Wang和Leng（2007）证明了其选择真实模型的有效性，并且指出可将C_n设为：$C_n=\log(\log(p))$。Chand（2012）讨论了C_n的选择方式，并且指出若将C_n设为$C_n=\sqrt{n}/p$，那么该BIC方法最为有效。

第三节　自适应变元算法

我们知道，自适应判别条件与SCAD惩罚函数估计均拥有各自的特点，并且在平稳或非平稳时间序列中都表现优良。为将两者合并为一种方法，我们提出了自适应变元算法。在该算法中，我们既可以探测参数的时变特征、时变同质区间，也能同时完成及时变量选择以支持模型预测。

与前述自适应判别条件不同，在自适应变元算法中，我们将使用局部伪似然函数Q（β）进行判别条件的构造。构造统计量：

$$T_t^{(k)}=\max_{\beta}L(\beta,I_t^{(k-1)})+\max_{\beta}L(\beta,I_t^{(k)}\setminus I_t^{(k-1)})-\max_{\beta}L(\beta,I_t^{(k)})\quad(4.4)$$

其中，$k=2$，…，K。

$\tilde{\beta}_t^{(k)}$为在区间$I_t^{(m)}$上的SCAD估计量。即：$\tilde{\beta}_t^{(k)}=\operatorname{argmax}_{\beta_t\in\Theta}Q$（$s$；$I_t^{(k)}$，$\beta_t$，$x_t$）；$k=1$，…，$K$。接下来，为了构建自适应变元算法，我们还需要对临界值进行校准。Spokoiny和Zhilova（2015）提出了乘数自举参数估计方法，该乘数自举参数估计方法在小样本和具有模型设定误差之时依然能具有优良性质，适用于小样本与模型设定误差情形。Suvorikova等（2015）将该乘数自举法推广至非惩罚型适应性估计中。由于第二章的局部适应性算法临界条件的校准极度依赖于历史信息，其适用性有所降低。那么在这里，我们将实时构建乘数自举型惩罚性自适应判别条件以规避对历史信息的过度依赖。

假设在区间 $I=[t_0, T]$ 中存在一个结构性断点 τ，$\tau \in I$，那么模型参数 $\beta_{i,t}$ 在区间 $t \in J=[t_0, \tau]$ 中取值为 β_J，在区间 $t \in J^c=[\tau+1, T]$ 中，取值为 β_{J^c}，显然，$\beta_J \neq \beta_{J^c}$。接下来，针对第 i 种类汇率，我们可以通过构建如下似然比检验统计量来检验区间 I 的同质性：

$$T_{i,I,\tau} = \max_{\beta_J,\beta_{J^c} \in \Theta} \{Q(\boldsymbol{Y}_{i,t+h}; J, X_{i,t}, \beta_J) + Q(\boldsymbol{Y}_{i,t+h}; J^c, \boldsymbol{X}_{i,t}, \beta_J)\} - \max_{\beta \in \Theta} Q(\boldsymbol{Y}_{i,t+h}; I, \boldsymbol{X}_{i,t}, \beta) \tag{4.5}$$

由于断点 τ 未知，在实际使用中，我们可以考虑如下的似然比取值：

$$T_{i,I,J(I)} = \sup_{\tau \in J(I)} T_{i.I.\tau}$$

其中，$\tau \in J(I)$，$J(I)$ 为区间 I 某一指定的子区间。

虽然（2.6）式能够帮助我们对各国汇率进行建模与预测，但处于现实世界的经济模型因受经济政策与外生事件的冲击，模型参数往往存在结构性变化，因此在时间点 t，本书将已知样本分成一组相互嵌套的多个子区间，$I_t^{(0)} \subset I_t^{(1)} \subset, \cdots, \subset I_t^{(K)}$，每个区间中包含有 m_k，$k=0, 1, \cdots, K$ 个观测点，$I_t=[t-m_k+1, t]$。

令 $\tilde{\beta}_{i,t}^{(k)}=\operatorname{argmax}_{\beta_i} Q(\boldsymbol{Y}_{i,t}; I_t^{(k)}, \boldsymbol{X}_{i,t}, \beta_{i,t})$，我们便可以构建区间 $I_t^{(k)}$ 上的似然比统计量：

$$T_{i,t}^{(k)} = \sup_{\tau \in J(I_t^{(k)})} T_{i,I_t^{(k)}.\tau}$$

其中，$J(I_t^{(k)})=[t-m_k+1, t-m_{k-1}]$；

$$T_{i,I_t^{(k)}.\tau} = \max_{\beta_J,\beta_{J^c} \in \Theta} \{Q(Y_{i,t+h}; J_{t,k}, X_{i,t}, \beta_J) + Q(Y_{i,t+h}; J_{t,k}^c, X_{i,t}, \beta_J)\} - \max_{\beta \in \Theta} Q(Y_{i,t+h}; I_t^{(k)}, X_{i,t}, \beta)$$

并且，$J_{t,k}=[t-m_k+1,\ \tau]$；$J_{t,k}^c=[\tau,\ t-m_{k-1}]$。

当$T_{i,t}^{(k-1)}\leqslant\zeta_{i,k-1,t}$，$T_{i,t}^{(k)}>\zeta_{i,k,t}$时，即似然比统计量$T_{i,t}^{(k)}$高于某一个给定的临界值$\zeta_{i,k,t}$时，则说明参数估计值$\tilde{\beta}_{i,t}^{(k)}$与$\tilde{\beta}_{i,t}^{(k-1)}$存在显著差异，区间$I_t^{(k)}$并非同质化区间，此时的自适应参数估计值为$\hat{\beta}_{i,t}^{(k)}=\tilde{\beta}_{i,t}^{(k-1)}$，其中，$\hat{\beta}_{i,t}^{(k-1)}$为在时刻 t 时$\beta_{i,t}$的适应性参数估计，$I_t^{(k-1)}$为 t 时刻的最大化同质区间。适应性估计的完整步骤可以表述为（A）与（B）两部分，分别如下：

（A）适应性算法的参数设置

①确定参数模型，如（4.1）式所设定的高维网络模型；

②设计相互嵌套的区间集合，满足$I_t^{(0)}\subset I_t^{(1)}\subset,\ \cdots,\ \subset I_t^{(K)}$；

③确定临界值$\zeta_{i,1,t}$，$\zeta_{i,2,t}$，…，$\zeta_{i,K,t}$。

（B）适应性区间选择与参数估计

①基于统计量$T_{i,t}^{(k)}$，若$T_{i,t}^{(k)}\leqslant\zeta_{i,k,t}$则$I_t^{(k)}$为同质区间。

②$\hat{\beta}_{i,t}=\tilde{\beta}_{i,t}^{(k)}$，$\hat{\beta}_{i,t}^{(k)}=\tilde{\beta}_{i,t}^{(k)}$。进一步，$k=k+1$。如果 $k<K$，那么返回①；否则接③。

③若$T_{i,t}^{(k-1)}\leqslant\zeta_{i,k-1,t}$，$T_{i,t}^{(k)}>\zeta_{i,k,t}$，则$I_t^{(k)}$拒绝为同质区间，接受$I_t^{(k-1)}$为最大化同质区间，$\hat{k}=k-1$，$\hat{I}_t=I_t^{(k-1)}$，$\hat{\beta}_{i,t}=\tilde{\beta}_{i,t}^{(k-1)}$。

依据（A）适应性算法的参数设置，（B）适应性区间选择与参数估计，适应性算法的步骤可以简洁地归纳为以下的三个计算步骤：

①初始化$\hat{\beta}_{i,t}^{(0)}=\tilde{\beta}_{i,t}^{(0)}$；

②当 $T_{i,t}^{(k)}\leqslant\zeta_{i,k,t}$，$2\leqslant k\leqslant K$，$\hat{\beta}_{i,t}^{(k)}=\tilde{\beta}_{i,t}^{(k)}=\underset{\theta_t}{\operatorname{argmax}}\,Q\,(\boldsymbol{Y}_{i,t+h};\ I_t^{(k)},\ \boldsymbol{X}_{i,t},\ \beta_{i,t})$，$k=k+1$；

③当$T_{i,t}^{(k)}>\zeta_{i,k,t}$，$k=\hat{k}$，$\hat{\beta}_{i,t}^{(l)}=\tilde{\beta}_{i,t}^{(k-1)}$，$I=I_t^{(k-1)}$，$l=k$，$k+1$，…，$K$。

在该算法中，$\zeta_{i,k,t}$被称为时点 t 时的临界值。该临界值起到实时控制算法进程的作用，决定了算法在每一时点 t 时的适应性同质区间$I_t^{(k)}$与$\boldsymbol{\beta}_{i,t}$的适应性参数估计值$\widehat{\boldsymbol{\beta}}_{i,t}^{(k)}$。在采用该方法对中国上市公司股票价格进行及时性度量与预测之前，我们需要对算法的理论性质进行研究和说明。基于 Fan 和 Peng（2004）与 Kwon 和 Kim（2012）的理论，可知在区间 $I = [t-n+1, t]$ 上有：$\| \tilde{\boldsymbol{\beta}}_{i,t} - \boldsymbol{\beta}_{i,t}^{o} \| = O_p(\sqrt{p/n})$。其中$\boldsymbol{\beta}_{i,t}^{o}$为真实值。令$a_n = \max_{1 \leqslant j \leqslant p} \{p'_\lambda(|\boldsymbol{\beta}_{i,s,t}^{0}|), \boldsymbol{\beta}_{i,j,t}^{0} \neq 0\}$。在这里我们给出如下假设条件。

假设 1：$a_n = O(n^{-1/2})$，并且存在某一给定的常数 $C > 0$，使得 $|a_n| < C$。

假设 2：存在 $l > 0$，$g(l, \boldsymbol{\beta}_{i,t}^{o}) > 0$，使得对于任意区间 I 与 $\zeta > 0$，有：

$$\boldsymbol{P}_{\beta_{i,t}^{o}}(\| \tilde{\boldsymbol{\beta}}_{i,t} - \boldsymbol{\beta}_{i,t}^{o} \| > \zeta) \leqslant \exp\{g(l, \boldsymbol{\beta}_{i,t}^{o}) - l\zeta\}。$$

假设 3：$\sqrt{n}\lambda \rightarrow \infty$；$\lambda \rightarrow 0$ 当 $n \rightarrow \infty$。

假设 4：存在一个给定的常数 $M > 0$，使得：

$$\left| \frac{\partial L_t(Y_{i,t+h}; X_{i,t}, \boldsymbol{\beta}_{i,t})}{\partial \boldsymbol{\beta}_{i,s,t}} \right| \leqslant M; 1 \leqslant s \leqslant p$$

其中，$L(\boldsymbol{Y}_{i,t+h}; I_t, \boldsymbol{X}_{i,t}, \boldsymbol{\beta}_{i,t}) = \sum_{t \in I_t} L_t(Y_{i,t+h}; X_{i,t}, \boldsymbol{\beta}_{i,t})$。

定理 1：若假设 1，2，3，4 均成立，$\boldsymbol{\beta}_{i,t} \in \Theta$，其中 Θ 为紧集，$X_{i,t}$满足遍历性。对于任意的平滑函数 $f(\cdot)$，存在$f^* > 0$，使得对于任意的区间 $I = [t - n + 1, t]$，满足：$E_{\beta_{i,t}^{o}} |\sum_{I} \{f(X_{i,t}) - E_{\beta_{i,t}^{o}} f(X_{i,t})\}|^2 \leqslant nf^*, \theta_{i,t} \in \Theta$，且对于任意的时点 t，存在 $\aleph > 0$ 与 $c(\aleph) > 0$，使得 $E\exp\{\aleph(\varepsilon_{i,t}^2 - 1) | F_t\} \leqslant c(\aleph)$，其中，$\varepsilon_{i,t}$服从均值为零的正态分布。那么存在常数 $e(l, \boldsymbol{\beta}_{i,t}^{o}) > 0$，$l > 0$，使得对于任意的区间 I，对于任意 $\zeta > 0$，满足：

$$P_{\beta_{i,t}^o}(Q(\tilde{\beta}_{i,t},\beta_{i,t}^o,I)>\zeta)\leqslant\exp\{e(l,\beta_{i,t}^o)-l\zeta\}$$

其中，$Q(\tilde{\beta}_{i,t},\beta_{i,t}^o,I)=Q(\boldsymbol{Y}_{i,t};I,\boldsymbol{X}_{i,t},\tilde{\beta}_{i,t})-Q(\boldsymbol{Y}_{i,t};I,\boldsymbol{X}_{i,t},\beta_{i,t}^o)$，并且，更进一步，存在某一给定的常数$R_r(\beta_{i,t}^o)$，使得对于$r>0$：

$$E_{\beta_{i,t}^o}|Q(\tilde{\beta}_{i,t},\beta_{i,t}^o,I)|^r\leqslant R_r(\beta_{i,t}^o) \tag{4.6}$$

从定理1中可知，对于任意的可观测区间I，$Q(\tilde{\beta}_{i,t},\beta_{i,t}^o,I)$存在一个非渐近性的风险上界。依此风险上界，我们可以构造一个包含有$\beta_{i,t}^o$的置信区间，这便是以下性质的内容。

在满足定理1的假设条件下，令ζ_α满足$e(l_e,\beta_{i,t}^o)-l_e\zeta_\alpha\leqslant log(\alpha)$，$\alpha<1$。那么区间$\Lambda_I(\zeta_\alpha)=\{\beta: Q(\tilde{\beta}_{i,t},\beta_{i,t}^o,I)\leqslant\zeta_\alpha\}$是$\beta_{i,t}^o$的$1-\alpha$置信区间，具有如下性质：$P_{\beta_{i,t}^o}(\beta_{i,t}^o\in\Lambda_I(\zeta_\alpha))>1-\alpha$。

基于定理1，我们可知衡量真实参数$\beta_{i,t}^o$估计值$\tilde{\beta}_{i,t}^{(K)}$（其中，$\tilde{\beta}_{i,t}^{(K)}$为在区间$I_t^{(K)}$上对$\beta_{i,t}^o$的估计）的优劣可以使用损失函数$Q(\tilde{\beta}_{i,t}^{(K)},\beta_{i,t}^o,I_t^{(K)})$来进行测度，并且该函数$Q(\tilde{\beta}_{i,t}^{(K)},\beta_{i,t}^o,I_t^{(K)})$满足期望有界条件：

$$E_{\beta_{i,t}^o}|Q(\tilde{\beta}_{i,t}^{(K)},\beta_{i,t}^o,I_t^{(K)})|^r\leqslant R_r(\beta_{i,t}^o)$$

假设适应性估计步骤在第k，$k<K$步停止，那么对$\beta_{i,t}^o$的适应性估计值将为$\tilde{\beta}_{i,t}^{(k)}$而非$\tilde{\beta}_{i,t}^{(K)}$，即$\hat{\beta}_{i,t}=\tilde{\beta}_{i,t}^{(k)}$，此时的最大化同质区间为$I_t^{(k)}$，损失函数为：$Q(\tilde{\beta}_{i,t}^{(K)},\hat{\beta}_{i,t},I_t^{(K)})=Q(Y_{i,t};I,X_{i,t},\tilde{\beta}_{i,t}^{(K)})-Q(Y_{i,t};I,X_{i,t},\hat{\beta}_{i,t})$。类似于（4.6）式，此时对应的损失函数的风险上界为：

$$E_{\beta_{i,t}^o}|Q(\tilde{\beta}_{i,t}^{(K)},\hat{\beta}_{i,t},I_t^{(K)})|^r\leqslant\rho R_r(\beta_{i,t}^o) \tag{4.7}$$

定理2：假设$r>0$，$\rho>0$，在满足定理1的假设条件下，存在给定的常数a_0、a_1、a_2、a_3使得（4.7）式得到满足，此时临界值按如下形式进行取值：

$$\zeta_k = a_0 + a_1\log(\rho^{-1}) + a_2 r\log(m_K / m_{k-1}) + a_3\log(m_k - m_0) \quad (4.8)$$

其中，$k=1$，2，…，K。

由于变量r，ρ，K与$\{m_k\}_{k=1}^{K}$为算法开始前就须提前给定的超变量，因此ζ_k也可看作具有表达形式：$\zeta_k = C + D\log(m_k)$；$k=1$，2，…，K。不同的C与D的取值对应了不同的临界值变量，也决定了高维适应性算法的步骤。当区间所包含观测值越多，采用该区间进行参数建模就越有可能存在参数的结构性变化，导致当m_k越大时，越容易拒绝$I_t^{(k)}$为最大化同质区间。所以可以判断：$C>0$，$D<0$。接下来，我们将采用乘数自举方法（Zbonňáková et al. 2018），对临界值进行估计。假设有一组随机变量$\{u_i,\ i=1,\ 2,\ \cdots,\ N\}$满足如下条件：

①$E(u_i)=1$，$i=1$，2，…，n；

②$Var(u_i)=1$；$i=1$，2，…，n且$E[\exp(u_i)]<\infty$。

那么，以随机变量乘数u_i分别乘以局部极大似然函数之后，我们便可获得乘数自举型惩罚性极大似然函数如下：

$$Q^o(\beta) = \sum_{t=1}^{m} u_t(L(Y_{i,t+h}; X_{i,t}, \theta_{i,t}) - \sum_{s=1}^{p} p_\lambda(|\theta_{i,s,t}|))$$

并且进一步，可以得到区间$I_t^{(k)}$上的乘数自举型似然比统计量$T_{i,t}^{o(k)}$。在显著性水平α，$0<\alpha<1$下，C与D应该满足如下的确认条件：

$$(C,D) = \underset{C,D\in R}{\arg\inf}\{\zeta_k \geqslant 0 : P(T_{i,t}^{o(k)} > \zeta_k) \leqslant \alpha\} \quad (4.9)$$

其中，$\zeta_k = a_0 + a_1\log(\rho^{-1}) + a_2 r\log(m_K/m_{k-1}) + a_3\log(m_k - m_0)$。

一　惩罚型乘数自举算法

我们继续采用前文的变量定义方式，令$L(\beta) = \sum_{i=1}^{n} l_i(\beta)$，其

中，l_i（β）为第i次观测值的局部极大似然估计。假设有一组相互独立且同分布的随机变量u_i，$i=1$，…，n，假设u_i，$i=1$，…，n，独立于观测值（Y，X）。我们令：

①E（u_i）$=1$，$i=1$，…，n；

②Var（u_i）$=1$，$i=1$，…，n且E $\{\exp$（u_i）$<\infty\}$。

那么，以随机变量乘数u_i分别乘以局部极大似然函数之后，我们便可获得乘数自举型惩罚性极大似然函数如下：

$$Q^o(\beta) = \sum_{i=1}^{n} u_i\{l_i(\beta) - \sum_{j=1}^{p} p_\lambda(|\beta_j|)\} \tag{4.10}$$

令E^o（·）$=E$（·｜Y，λ），那么$E^o Q^o$（β）$=EQ$（β），并且从SCAD惩罚估计量的性质与局部线性估计可知：$\underset{\beta}{\operatorname{argmax}} E^o Q^o$（$\beta$）$=$ $\underset{\beta}{\operatorname{argmax}} Q$（$\beta$）$=\bar{\beta}$。那么，乘数自举型SCAD惩罚性极大似然估计可定义为：$\tilde{\beta}^o = \underset{\beta}{\operatorname{argmax}} Q^o$（$\beta$）。

我们需要注意到SACD惩罚性函数中的λ参数在Q^o（β）与Q（β）中没有任何改变，λ的取值依然遵循（4.3）式中的设定。接下来我们将从理论上证明该方法在变量选择与参数估计上的一致性，给出SCAD惩罚性估计值的极大似然对数比性质。

在进行理论构建之前，我们需要给出相应需要满足的条件与假设。

假设5：对于给定的常数c_1与c_2，满足$0<6c_1<c_2\leqslant 1$，我们有：

$$q_n = O(n^{c_1}), \min_{1\leqslant j\leqslant q_n} n^{(1-c_2)/2} | \beta_{nj}^* | \geqslant M_1.$$

其中，$M_1>0$为给定常数。

假设6：对数似然函数$\log f_n$（Y_{n1}，β_n）具有一阶及二阶导数，且满足对于所有的$1\leqslant j$，$l\leqslant p_n$，$n\geqslant 1$有，$E_{\beta_n^*}\left\{\dfrac{\partial \log f_n(Y_{n1}, \beta_n^*)}{\partial \beta_{nj}}\right\}=0$，

$$E_{\beta_n^*}\left\{\frac{\partial^2 \log f_n(Y_{n1},\beta_n^*)}{\partial \beta_{nj}\partial \beta_{nl}}\right\} = -E_{\beta_n^*}\left\{\frac{\partial \log f_n(Y_{n1},\beta_n^*)}{\partial \beta_{nj}}\frac{\partial \log f_n(Y_{n1},\beta_n^*)}{\partial \beta_{nl}}\right\},$$

假设7：对于非零元素组成的$q_n \times q_n$ Fisher 矩阵I_n（β_n^*）的子矩阵I_{n1}（β_n^*）为正定、非奇异矩阵，并且满足对$n \geqslant 1$，

$$0 < M_2 < \gamma_{min}\{I_{n1}(\beta_n^*)\} \leqslant \gamma_{max}\{I_{n1}(\beta_n^*)\} < M_3 < \infty$$

其中，γ_{min}（·）、γ_{max}（·）分别表示对应矩阵的最小与最大特征值，

$$I_n(\beta_n^*) = \boldsymbol{E}_{\beta_n^*}\left[\left\{\frac{\partial \log f_n(Y_{n1},\beta_n^*)}{\partial \beta_n}\right\}\left\{\frac{\partial \log f_n(Y_{n1},\beta_n^*)}{\partial \beta_n}\right\}^{\mathrm{T}}\right]$$

假设8：假设存在一个包含有真实值β_n^*的开集$B_n \subset \Theta_n$，使得对于所有的Y_{ni}，$i \leqslant n$，其概率密度函数在$\beta_n \in B_n$上存在三阶导数。并且存在一个正值函数U_{njkl}（·），使得对于$1 \leqslant j$，$l \leqslant p_n$，$n \geqslant 1$，$\left|\frac{\partial^3 \log f_n(Y_{n1},\beta_n)}{\partial \beta_{nj}\partial \beta_{nk}\partial \beta_{nl}}\right| < U_{njkl}(Y_{ni})$。

假设9：对于$1 \leqslant j$，$l \leqslant p_n$，$n \geqslant 1$，对数似然函数具有有界三阶与四阶矩，即：$E_{\beta_n^*}\left\{\frac{\partial \log f_n(Y_{n1},\beta_n^*)}{\partial \beta_{nj}}\right\}^2 < M_4$，$E_{\beta_n^*}\left\{\frac{\partial^2 \log f_n(Y_{n1},\beta_n^*)}{\partial \beta_{nj}\partial \beta_{nl}}\right\}^2 < M_5$，$E\{U_{njkl}(Y_{ni})\}^2 < M_6$。其中，$M_4$、$M_5$、$M_6$为给定正数。

假设10：假设存在一个正常数M_7使得存在一个凸开集$\Omega_n \subset \Theta_n$，满足对于$\widehat{\beta}_n^{MLE}$与$\beta_n^* \in \Omega_n \subset \Theta_n$，当样本量足够大时，$\min_{\beta_n \in \Omega_n}\gamma_{min}(\beta_n) > M_7$，其中$\gamma_{min}(\beta_n)$表示矩阵$-\frac{1}{2n}\sum_{i=1}^{n}\frac{\partial^2 \log f_n(Y_{ni},\beta_n)}{\partial \beta_n^2}$的最小特征值。

定理3：假设模型维度满足，当样本量$n \to \infty$时，$p_n/(\sqrt{n}\lambda_n)^2 \to 0$。若假设5～10均成立，那么，$Q(\tilde{\beta}_n) - Q(\beta_n^*) = \frac{1}{2}$

$\|D_Q^{-1}\nabla_1 Q(\beta^*)\|^2+o_p(1)$。

为了获得乘数自举型惩罚性参数估计值性质，我们需要对参数的估计性质进行研究，并证明其在大样本性质下的一致性。在乘数 u_i，$i=1, 2, \cdots, n$ 的设定之下，我们得到乘数自举型 SCAD 惩罚性参数估计 $\tilde{\beta}_n^o$的性质。

定理4：假设模型维度满足，当样本量 $n\to\infty$ 时，$p_n/(\sqrt{n}\lambda_n)^2\to 0$。并且假设 5~10 均成立，那么乘数自举型 SCAD 惩罚性估计量 $\tilde{\beta}_n^0$满足：

$$\|\tilde{\beta}_n^o-\beta_n^*\|=O_p(\sqrt{\frac{q_n}{n}}),\|\tilde{\beta}_n^o-\tilde{\beta}_n\|=O_p(\sqrt{\frac{q_n}{n}})$$

定理5：假设模型满足，当样本量 $n\to\infty$ 时，$p_n/(\sqrt{n}\lambda_n)^2\to 0$，并且 $\sqrt{n}\lambda_n\to\infty$，$\lambda_n\to 0$，其中 p_n 为模型变量维数。那么如果假设 5~10 成立，我们有：$Q^o(\tilde{\beta}_n^o)-Q^o(\tilde{\beta}_n)=\frac{1}{2}\|D_Q^{-1}\{\nabla_1 Q^o(\beta_n^*)-\nabla_1 Q(\beta_n^*)\}\|^2+o_p(1)$。由定理4与定理5，我们便可以进一步证明乘数自举型 SCAD 惩罚性估计量的大样本的一致性。

定理6：假设模型维度满足，当样本量 $n\to\infty$ 时，$p_n/(\sqrt{n}\lambda_n)^2\to 0$。并且假设 5~10 均能够成立，那么乘数自举型 SCAD 惩罚性估计量 $\tilde{\beta}_n^0$满足，$\rho(G_n,G_n^o)\xrightarrow{P}0$。其中，$\rho(\cdot)$ 为在概率测度（R^{P_n}，$B(R^{P_n})$）上的 Prokhorov 矩阵。$G_n=G_n(\tilde{\beta}_n,\beta_n^*)$ 为 SCAD 惩罚性对数似然函数比 $Q(\tilde{\beta}_n)-Q(\beta_n^*)$的概率分布；$G_n^o=G_n^o(\tilde{\beta}_n^o,\tilde{\beta}_n)$ 为 SCAD 惩罚性对数似然函数比 $Q(\tilde{\beta}_n^o)-Q(\tilde{\beta}_n)$。

由于乘数自举型惩罚性估计量的一致性，在 H_0 下运用乘数自举型统计量 $T_t^{o(k)}$ 便能保证其与实际模型的一致性，且由其所校准后的临界值将不再依赖于历史数据，其中 $T_t^{o(k)}$ 可定义为：

$$T_t^{o(k)} = \max_{\beta} Q^o(\beta, I_t^{(k-1)}) + \max_{\beta} Q^o(\beta, I_t^{(k)} \setminus I_t^{(k-1)}) - \max_{\beta} Q^o(\beta, I_t^{(k)})$$

二 临界条件校准

至此，若我们想要对统计量$T_t^{(k)}$的分布进行估计，我们可以通过构建乘数自举型统计量对$T_t^{(k)}$进行刻画，定义$T_t^{(k)}$的自举型统计量为$T_t^{o(k)}$：

$$T_t^{o(k)} = \max_{\beta} Q^o(\beta, I_t^{(k-1)}) + \max_{\beta} Q^o(\beta, I_t^{(k)} \setminus I_t^{(k-1)}) - \max_{\beta} Q^o(\beta_{ts}, I_t^{(k)}) \tag{4.11}$$

并且，参数β_{ts}的取值区间$I_t^{(k)}$上的 SCAD 惩罚性局部极大似然估计（4.2）获得，且定义β_{ts}为：

$$\beta_{ts} = \begin{cases} \beta; I_t^{(k-1)} \\ \beta + \tilde{\beta}_{t,12}; I_t^{(k)} \setminus I_t^{(k-1)} \end{cases}$$

其中，$\tilde{\beta}_{t,12} = \max_{\beta} Q(\beta, I_t^{(k)} \setminus I_t^{(k-1)}) - \max_{\beta} Q(\beta, I_t^{(k)})$，为对自举过程中的参数估计进行校准，我们可使用该估计方式对适应性算法临界值进行校准，构建H_0的适应性判别条件。特别的，令$1-\alpha \in (0, 1)$为默认的适应性判别条件显著性水平。那么我们容易定义在给定分位数设定下对应的能满足判别条件的ζ_k，$k=1, 2, \cdots, K$取值集合，那么最优临界值取值应满足：

$$\zeta_{t\alpha}^{*(k)} = \inf\{z \geqslant 0 : P(T_t^{(k)} > z) \leqslant \alpha\}$$

并且可以通过乘数自举法估计得到：

$$\zeta_{t\alpha}^{o(k)} = \inf\{z \geqslant 0 : P^o(T_t^{(k)} > z) \leqslant \alpha\}$$

其中，P^o为在已知（Y，X，λ）观测值时的条件概率。由于需要保证 SCAD 惩罚性参数估计的合理性，我们需要对参数 λ 进行合理的限制，并要求：$\sqrt{n}\lambda_n \to \infty$ 与 $\lambda_n \to 0$。基于定理 3 至定理 6，我们可知在适应性临界值校准的实际操作中，可将判别统计量转换为在给定了显著性水平下的乘数自举型判别统计量。假设我们随机生成了 n_b（在计算量允许的范围内，n_b 尽量大）多组乘数 u_i，$i=1, 2, \cdots, n$ 与多组同质性序列（这些序列依照给定的参数进行数据生成），并计算：

$$T_t^{ob(k)} = \max_{\beta} Q^{ob}(\beta, I_t^{(k-1)}) + \max_{\beta} Q^{ob}(\beta, I_t^{(k)} \setminus I_t^{(k-1)}) - \max_{\beta} Q^{ob}(\beta_{ts}, I_t^{(k)})$$

那么，在每一个 $b=1, 2, \cdots, n_b$ 的设置之下，我们均可以得到对统计量 $T_t^{(k)}$ 在给定显著性水平与同质性假设条件下的分布函数。通过计算（4.11）式给出的统计量并结合临界条件的定义，如果 $T_t^{(k)} > \zeta_{t\alpha}^{o(k)}$，那么我们将在给定的显著性水平下拒绝区间 $I_t^{(k)}$ 的同质性假设，算法停止，反之则接受 $I_t^{(k)}$ 的同质性假设。

第四节　数值模拟与预测能力检验

一　数值模拟

在这一部分，我们通过一系列数值模拟比较研究自适应变元算法的预测能力。比较研究的对象包含乘数自适应可变窗算法、滚动窗建模与局部适应性算法。由于自适应变元算法依赖于事先设置的超变量（K，M），我们也需要研究自适应变元算法对超变量（K，M）不同选择情况下的稳定性。

无论是采用自适应变元算法探求时刻 t 的同质区间与同质参数空间，还是采用自适应变元算法识别变量，无论参数是否具有结构性改变，算法均需要在不同情形下准确探测同质参数空间。为此，在数值模拟中，我们设置了全局化不变参数（Homogenous）与时变参数，特别是在具有结构性改变（Regime-switching）的情形下进行变量选择，以比较研究自适应变元算法。

若采用经济基本面对人民币汇率进行样本外预测，我们可将所有变量写入回归方程，并采用自适应变元算法识别参数的最大化同质区间以及识别重要解释变量，以利用最优信息集合提高模型的预测能力：

$$\begin{aligned} s_{t+h} = & \lambda m_t - \lambda^* m_t^* + k^* y_t^* - k y_t + l^* i_t^* - l i_t \\ & + \alpha^* \pi_t^* - \alpha \pi_t + \gamma^* y_{g,t}^* - \gamma y_{g,t} + \rho q_t + v_{t+h} \end{aligned}$$

其中，π_t、$y_{g,t}$、m_t、y_t、i_t、q_t分别为通货膨胀率、产出缺口、货币需求对数值、收入对数值、利率水平与实际汇率水平，*代表国外相同对应变量。所以，数值模拟中，我们采用多元线性模型进行模拟，来研究乘数自适应可变窗算法的预测能力。

$$y_{t+1} = \beta_{1,t} x_{1,t} + \beta_{2,t} x_{2,t} + \cdots + \beta_{14,t} x_{14,t} + \xi_{14,t+1}; \xi_{14,t+1} \sim N(0,\sigma_t^2)$$

其中，参数$\beta =$ （$\beta_{1,t}$，$\beta_{2,t}$，$\cdots$，$\beta_{14,t}$，σ_t）且依托于采用弹性货币模型预测人民币汇率的参数取值。为了简便，我们将截距项设置为零，并将默认参数值设置为$\bar{\beta}$，采用滚动窗，窗宽为 60 个月时间长度的弹性货币模型预测 2007 年 1 月至 2010 年 12 月美元兑人民币汇率的参数均值：$\bar{\beta} =$ （0.337，0，0，0，0，0，0，0.197，0.213，0，0.111，0.296，0，0.103）。令 HOM 表示全局不变参数情形，RS 表示结构性改变参数情形，我们定义了三种结构性变化，具体参数设置见表 4－1。

表 4－1　自适应变元算法数值模拟参数设定

模型设置	$y_{t+1} = \beta_{1,t}x_{1,t} + \beta_{2,t}x_{2,t} + \beta_{3,t}x_{3,t} + \cdots + \beta_{14,t}x_{14,t} + \xi_{14,t+1}, \xi_{14,t+1} \sim N(0,\sigma_t^2)$
	$\bar{\beta} = (0.337,0,0,0,0,0,0,0.197,0.213,0,0.111,0.296,0,0.103)$
	方案Ⅰ～Ⅲ：$(x_{1,t}, x_{2,t}, \cdots, x_{14,t}) \sim N(0,\Sigma)$，$\{\sigma_{i,j}\}_{i,j=1}^{14}$为 Σ 中对应元素，$\sigma_{i,j} = \varphi^{\lvert i-j \rvert}$，三种情形下，$\varphi$ 分别取值{0,0.2,0.5}

续表

模型设置	方案Ⅳ：$(x_{2,t},\cdots,x_{14,t})\sim N(0,\Sigma)$，$\{\sigma_{i,j}\}_{i,j=1}^{13}=\{0.2^{\lvert i-j\rvert}\}_{i,j=1}^{13}$为$\Sigma$中对应元素，$x_{1,t}\sim b(3,0.5)+U(0,1)$			
	方案Ⅴ：$(x_{2,t},\cdots,x_{14,t})\sim N(0,\Sigma)$，$\{\sigma_{i,j}\}_{i,j=1}^{13}=\{0.5^{\lvert i-j\rvert}\}_{i,j=1}^{13}$为$\Sigma$中对应元素，$x_{1,t}\sim b(3,0.5)+U(0,1)$			
HOM	恒定参数	$(\beta_{1,t},\beta_{2,t},\cdots,\beta_{14,t},\sigma_t)=\bar{\beta}$		
RS	时变参数	阶段Ⅰ $t=1\cdots350$	阶段Ⅱ $t=351\cdots500$	阶段Ⅲ $t=501\cdots650$
RS-X	$\beta_{1,t}$	0.337	0.096	0.337
RS-V	σ_{t+1}	0.021	0.011	0.008
RS-XV	$(\beta_{1,t},\sigma_{t+1})$	(0.337,0.021)	(0.096,0.011)	(0.337,0.008)
RS-S	$(\beta_{1,t},\beta_{8,t},\beta_{9,t})$	(0.337,0.197,0.213)	(0,0,0)	(0.337,0.197,0.213)
RS-XS	$(\beta_{1,t},\beta_{8,t},\beta_{9,t})$	(0.337,0.197,0.213)	(0.337,0,0)	(0,0,0)

注：HOM 表示多元线性模型中参数全局恒定不变；在 RS 情形中，只有 1 ~ 3 个被标记过的变量发生改变，其余变量取值均与默认的$\bar{\beta}$中的对应取值一致。

RS-X，X 表示经济基本面参数$x_{1,t}$具有结构性改变；

RS-V，V 表示外生冲击ξ_{t+1}的标准方差σ_{t+1}具有结构性改变；

RS-XV，XV 表示经济基本面x_t和ξ_{t+1}同时具有结构性改变；

RS-S，S 表示经济基本面x_t进行了更迭，但在更迭前后并无结构性改变，无意义变量取值为零；

RS-XS，XS 表示宏观基本面x_t同时具有结构性改变和变量更迭，无意义变量取值为零。

方案Ⅰ～Ⅲ中解释变量服从给定的多元正态分布：$(x_{1,t},\cdots,x_{14,t})\sim N(0,\Sigma)$，$\Sigma$为协方差矩阵。其中，$\{\sigma_{i,j}\}_{i,j=1}^{13}$为$\Sigma$中对应元素，$\sigma_{i,j}=\varphi^{\lvert i-j\rvert}$；方案Ⅳ、Ⅴ中，解释变量$(x_{2,t},\cdots,x_{14,t})$服从正态分布，而$x_{1,t}$满足$x_{1,t}\sim b(3,0.5)+U(0,1)$。在每一种参数协方差方案下，既有一个参数全局恒定不变的 HOM 情形，又有结构性变化与解释变量更迭的 RS 情形。在 RS 情形中，我们设计了三个不同阶段，第一个阶段包含有 350 个观测值，后两个阶段各包含了

150个观测值。

在自适应变元算法模型的估计中，依据估计步骤，我们设置了一组嵌套的 K（$K>1$）个子区间，并且满足如下规律：

$$m_t^{(k)} = \begin{cases} 12, & k=1 \\ 16+(k-2)M, & k \geq 2 \end{cases}, 其中, k=1,\cdots,K; K=19; M=6 \tag{4.12}$$

针对表4－1中的每一种方案和情形，我们依照表中给定的参数设置各进行1000次样本量为650个观测值的蒙特卡罗模拟。每一次模拟中，我们采用乘数自适应可变窗算法从 $t=250$ 到 $t=649$ 逐一探求同质参数空间，并计算向前1步预测值，同时，我们使用 $t=1$ 到 $t=249$ 的观测值与默认的参数 $\bar{\beta}$ 构建蒙特卡罗模拟调校判别条件的临界值。对于各模型之间预测能力的比较，我们使用平均绝对误差 MAE 作为衡量预测能力的指标：

$$\text{MAE} = \frac{1}{T}\sum_{t=1}^{T} | y_{t+1} - \widehat{y}_{t+1} |$$

其中，y_{t+1} 为 $t+1$ 时刻真实值，$\widehat{y}_{t+1}$ 为预测值，$t=250$ 至 $t=649$。表4－2描述了各模型在数值模拟预测中的 MAE，针对滚动窗技术，窗宽 L 设为 $L \in \{m^{(k)} | m^{(k)} = m^{(1)} + (k-1)M,\ k=2,\ \cdots,\ K\}$，其中 $K=16$，$M=6$，$m^{(1)}=30$，并且在结果报告中，我们报告事后最优（MAE 最小）窗宽和最差（MAE 最高）窗宽的预测结果。由于现有文献中并无有效方法以提供如何选择滚动窗宽，所以事后将新构建算法的预测能力与所有滚动窗建模的预测能力进行对比可以说明新方法预测能力的高低。优胜指数则代表了其所对应的模型在数值模拟预测中超越了多少可供选择的滚动窗技术。

表 4－2　自适应变元算法与各模型预测能力比较

算法	MAE							
	滚动窗模型		局部适应性	优胜指数	乘数自适应可变窗	优胜指数	自适应变元	优胜指数
	最优	最差						
情形Ⅰ	$\sigma_{i,j}=0(i\neq j);\sigma_{i,i}=1,i\leqslant 14,j\leqslant 14$							
HOM	0.016	0.024	0.019	4/16	0.018	9/16	0.017	14/16
RS-X	0.036	0.072	0.062	5/16	0.052	10/16	0.043	14/16
RS-V	0.020	0.027	0.025	3/16	0.023	5/16	0.021	15/16
RS-XV	0.041	0.072	0.055	8/16	0.049	12/16	0.041	16/16
RS-S	0.055	0.127	0.086	8/16	0.069	10/16	0.063	13/16
RS-XS	0.044	0.092	0.070	5/16	0.055	10/16	0.045	15/16
情形Ⅱ	$\sigma_{i,j}=0.2^{\lvert i-j\rvert},i\leqslant 14,j\leqslant 14$							
HOM	0.017	0.024	0.020	4/16	0.019	9/16	0.018	14/16
RS-X	0.039	0.074	0.065	6/16	0.054	9/16	0.047	13/16
RS-V	0.020	0.028	0.025	4/16	0.023	6/16	0.021	15/16
RS-XV	0.042	0.073	0.057	8/16	0.050	13/16	0.044	15/16
RS-S	0.056	0.126	0.084	8/16	0.070	10/16	0.063	13/16
RS-XS	0.045	0.091	0.071	5/16	0.057	9/16	0.046	15/16
情形Ⅲ	$\sigma_{i,j}=0.5^{\lvert i-j\rvert},i\leqslant 14,j\leqslant 14$							
HOM	0.017	0.025	0.019	7/16	0.019	7/16	0.018	15/16
RS-X	0.040	0.076	0.063	6/16	0.057	10/16	0.044	14/16
RS-V	0.021	0.028	0.026	3/16	0.025	4/16	0.023	10/16
RS-XV	0.043	0.073	0.059	7/16	0.051	13/16	0.045	15/16
RS-S	0.057	0.125	0.083	8/16	0.071	10/16	0.062	13/16
RS-XS	0.046	0.091	0.072	5/16	0.059	8/16	0.047	15/16
情形Ⅳ	$(x_{2,t},\cdots,x_{14,t})\sim N(0,\Sigma),\{\sigma_{i,j}\}_{i,j=1}^{13}=\{0.2^{\lvert i-j\rvert}\}_{i,j=1}^{13},x_{1,t}\sim b(3,0.5)+U(0,1)$							
HOM	0.017	0.025	0.020	5/16	0.019	7/12	0.018	15/16
RS-X	0.063	0.158	0.113	7/16	0.092	11/16	0.062	16/16
RS-V	0.020	0.027	0.025	3/16	0.023	10/16	0.021	15/16
RS-XV	0.068	0.160	0.116	7/16	0.097	10/16	0.071	14/16
RS-S	0.089	0.277	0.127	8/16	0.108	12/16	0.090	15/16
RS-XS	0.067	0.154	0.101	8/16	0.087	10/16	0.070	14/16

续表

算法	MAE							
	滚动窗模型		局部适应性	优胜指数	乘数自适应可变窗	优胜指数	自适应变元	优胜指数
	最优	最差						
情形V	$(x_{2,t},\cdots,x_{14,t})\sim N(0,\Sigma)$，$\{\sigma_{i,j}\}_{i,j=1}^{13}=\{0.5^{\lvert i-j\rvert}\}_{i,j=1}^{13}$，$x_{1,t}\sim b(3,0.5)+U(0,1)$							
HOM	0.017	0.024	0.020	5/16	0.021	4/12	0.018	15/16
RS-X	0.064	0.160	0.115	7/16	0.094	10/16	0.063	16/16
RS-V	0.021	0.028	0.026	4/16	0.024	11/16	0.023	12/16
RS-XV	0.070	0.162	0.118	7/16	0.100	9/16	0.072	14/16
RS-S	0.091	0.273	0.126	8/16	0.110	11/16	0.092	15/16
RS-XS	0.068	0.154	0.100	8/16	0.088	9/16	0.071	14/16

注：不同情形下的参数设置在表 4－1 中做出说明。滚动窗的窗宽 L 设为：$L\in\{m^{(k)}\mid m^{(k)}=m^{(1)}+(k-1)M,\ k=2,\ \cdots,\ K\}$。其中，$K=16$，$M=6$，$m^{(1)}=30$。同时，局部适应性算法与乘数自适应可变窗算法中嵌套区间的长度也采用 $m_t^{(k)}=m^{(1)}+(k-1)M$，$k=2$，$\cdots$，K，其中，$K=16$，$M=6$，$m^{(1)}=30$。滚动窗模型的预测结果汇报了事后来看的最优预测结果和最差预测结果，同时还汇报了各模型相对于滚动窗模型的优势并用优胜指数表示。

从数值模拟的结果来看，自适应变元算法的预测能力能超越局部适应性算法、乘数自适应可变窗算法与绝大多数的滚窗建模。在全局不变参数情形的假设下，最佳滚动窗的窗宽应能够尽量多地包含所观测到的信息。

从图 4－1 中可见，在全局不变参数情形下，自适应变元算法能够使用全部其所能观测到的信息进行参数估计，同时选择最佳解释变量以剔除无关变量提高模型的预测能力。预测能力能超越绝大多数可供选择的滚动窗模型、局部适应性算法与乘数自适应可变窗算法。在结构性变化情形中，自适应变元算法也能在优胜指数上显著超越局部适应性算法与乘数自适应可变窗算法，其高优胜指数在 RS-X、RS-V、RS-XV、RS-S 和 RS-XS 情形中均为最高。从 MAE 预测误差上看，相比于大多数可供选择的模型，自适应变元算法的预测误差有明显的下降。

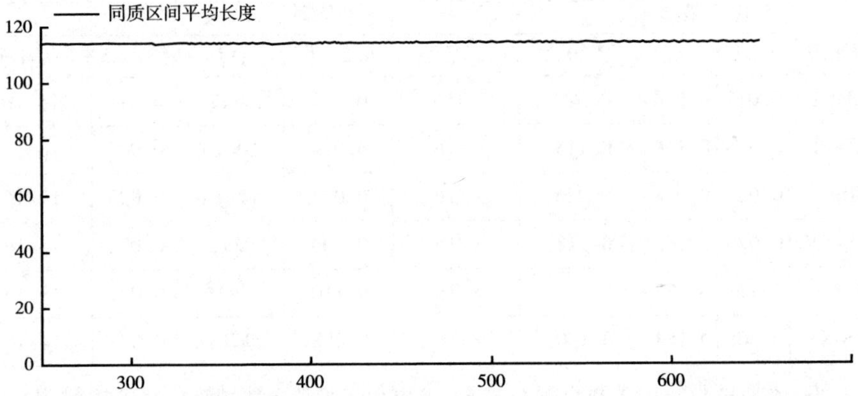

图 4－1　自适应性变元算法所选区间 $I_t^{(k)}$（$k=1, \cdots, 19$）的平均长度

注：图中曲线描述了情形Ⅳ中 HOM 设置下自适应变元算法所选区间 $I_t^{(k)}$（$k=1, \cdots, 19$）的平均长度，纵轴为区间长度，横轴为预测时间。在此情形中未包含任何参数的结构性改变，自适应变元算法在进行参数估计时包含了尽可能多的观测值以提高模型的预测能力。

自适应变元算法在数值模拟预测中能获得较高预测精度是因为该方法一方面能够迅速探寻同质参数空间并检验参数的同质性，以减少历史观测值中的无关信息对参数估计产生的影响；另一方面，自适应变元算法能够实时选择最佳解释变量并剔除模型中的其他无关变量以提高模型对信息利用的效率。

图 4－2 呈现了自适应变元算法探测同质参数区间的动态过程，同质参数空间的探寻从 $t=250$ 开始，之后参数的结构性变化分别发生在 $t=351$ 和 $t=501$，并用虚线将参数发生变化的位置标记，实线部分呈现模型参数三个阶段变化过程。

第一阶段为结构性突变之前，这一阶段的参数还未发生结构性变化，自适应变元算法包含了其所能观测得到的所有信息量并进行参数

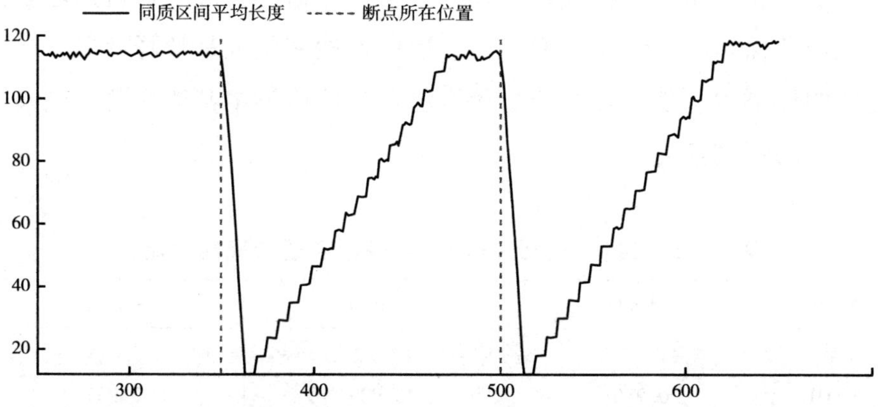

图 4－2　自适应变元算法所选区间 $I_t^{(k)}$ （$k=1$，…，19）的平均长度

注：图中曲线描述情形Ⅳ中 RS-XV 设置下自适应变元算法依据（4.12）式所选区间 $I_t^{(k)}$ （$k=1$，…，19）的平均长度，其中纵轴表示区间长度，横轴为预测时间。在此情形中，模型参数分别于预测区间 $t=351$ 和 $t=501$ 处发生结构性变化，突变位置由虚线指示。从图 4－2 可以看到，自适应变元算法能准确及时捕捉模型参数的结构性变化，实时探寻最佳观测信息以提高模型的预测能力。

的估计。第二阶段是结构性突变，或解释变量更迭发生的 10～20 个观测点，在这一阶段自适应变元算法能迅速判别参数的结构性改变并判断其是否具有同质性，在图 4－2 中，这一阶段表现为所选观测区间长度突然缩短以便能剔除观测值中的无用信息或是无用变量，以提高模型的预测能力。第三阶段是本次结构性突变或是解释变量更迭发生一段时间后至下一个结构突变点或下一次解释变量更迭发生之前，由于这一阶段为同质区间，所以自适应变元算法将这一阶段纳入同质参数区间，在图 4－2 中我们能够看到算法所选区间长度在逐渐增长至最大值。

由于自适应变元算法在具有参数结构变化的情形中依然可以对变量进行选择，那么针对该算法对变量的选择效率，我们将自适应变元算法与常用的变量选择方法 LASSO 与 SCAD 进行对比。表 4－3 的结果表明，在结构性变化或是解释变量发生更迭的情况下，自适应变元算法依然保持较高的正确率。在参数结构性变化或是解释变量发生了更迭的情形中，使用自适应变元算法在多数情形中都能显著提高模型对变量的识别能力。

表 4-3　自适应变元算法与各模型变量选择能力比较

模型	LASSO	SACD	自适应变元
情形Ⅰ	$\sigma_{i,j}=0(i\neq j);\sigma_{i,i}=1,i\leqslant 14,j\leqslant 14$		
HOM	0.920	0.929	0.931
RS-X	0.623	0.640	0.909
RS-V	0.907	0.914	0.929
RS-XV	0.631	0.646	0.924
RS-S	0.624	0.658	0.931
RS-XS	0.321	0.368	0.927
情形Ⅱ	$\sigma_{i,j}=0.2^{\lvert i-j\rvert},i\leqslant 14,j\leqslant 14$		
HOM	0.917	0.940	0.936
RS-X	0.618	0.660	0.932
RS-V	0.901	0.911	0.925
RS-XV	0.628	0.671	0.947
RS-S	0.621	0.663	0.937
RS-XS	0.319	0.378	0.922
情形Ⅲ	$\sigma_{i,j}=0.5^{\lvert i-j\rvert},i\leqslant 14,j\leqslant 14$		
HOM	0.920	0.925	0.932
RS-X	0.609	0.650	0.941
RS-V	0.901	0.909	0.937
RS-XV	0.618	0.651	0.929
RS-S	0.616	0.653	0.936
RS-XS	0.314	0.350	0.924
情形Ⅳ	$(x_{2,t},\cdots,x_{14,t})\sim N(0,\Sigma),\{\sigma_{i,j}\}_{i,j=1}^{13}=\{0.2^{\lvert i-j\rvert}\}_{i,j=1}^{13},x_{1,t}\sim b(3,0.5)+U(0,1)$		
HOM	0.921	0.930	0.927
RS-X	0.621	0.669	0.920

续表

模型	LASSO	SACD	自适应变元
RS-V	0.911	0.913	0.922
RS-XV	0.624	0.664	0.918
RS-S	0.627	0.670	0.923
RS-XS	0.322	0.377	0.919
情形 V	$(x_{2,t},\cdots,x_{14,t}) \sim N(0,\Sigma),\{\sigma_{i,j}\}_{i,j=1}^{13}=\{0.5^{\lvert i-j\rvert}\}_{i,j=1}^{13},x_{1,t}\sim b(3,0.5)+U(0,1)$		
HOM	0.914	0.921	0.924
RS-X	0.619	0.662	0.939
RS-V	0.908	0.914	0.922
RS-XV	0.620	0.659	0.940
RS-S	0.623	0.661	0.928
RS-XS	0.319	0.349	0.917

注：各变量选择方法在不同情形中变量识别能力的比较。

综上，自适应变元算法能拥有较强预测能力的原因主要是该算法不仅能在准确捕捉参数实时变化与选择有效观测信息之间找到平衡，还能实时识别模型的最优解释变量并剔除无关变量，以提高模型的预测能力。

二　稳定性检验

自适应变元算法依赖于超变量（K，M）。不同超变量参数的设置可能会影响到自适应变元算法在预测中的实际效果。那么，针对超变量参数一定范围内的变化和调整，表 4－4、表 4－5 的结果则反映了自适应变元算法的稳定性。

在检验自适应变元算法稳定性时，不妨将默认参数$\bar{\beta}$分别缩小和扩大 20%，调整为 0.8 $\bar{\beta}$和 1.2 $\bar{\beta}$，并在此设置下构建蒙特卡罗模拟计算自适应变元算法的临界值。更进一步，在固定$m_t^{(1)}=12$的情况下对自适应变元算法中使用嵌套区间$\{I^k\}_{k=1}^K$，$m_t^{(k)}=16+(k-1)M$，并对参数K和M进行调整，分别用$K=10$，$K=20$取代$K=16$；用$M=4$，$M=8$取代$M=6$。在滚动窗模型中，可供选择的窗宽为其相对应的$m_t^{(k)}=30+(k-1)M$，$k=2$，…，16。

表4-4 自适应变元算法稳定性检验（RS-XV 情形）

方案	MAE			
	滚动窗模型		自适应变元	优胜指数
	最优	最差		
参数设定	$\sigma_{i,j}=0.2^{\|i-j\|}, i\leqslant 14, j\leqslant 14$			
$0.8\bar{\beta}$	0.051	0.067	0.046	16/16
$1.2\bar{\beta}$	0.056	0.078	0.058	15/16
$K=10$	0.042	0.062	0.044	8/10
$K=20$	0.042	0.083	0.043	18/20
$M=4$	0.040	0.067	0.040	16/16
$M=8$	0.043	0.085	0.047	14/16
参数设定	$(x_{2,t},\cdots,x_{14,t})\sim N(0,\Sigma),\{\sigma_{i,j}\}_{i,j=1}^{13}=\{0.2^{\|i-j\|}\}_{i,j=1}^{13},x_{1,t}\sim b(3,0.5)+U(0,1)$			
$0.8\bar{\beta}$	0.060	0.158	0.063	14/16
$1.2\bar{\beta}$	0.078	0.187	0.079	15/16
$K=10$	0.068	0.130	0.072	7/10
$K=20$	0.068	0.192	0.073	17/20
$M=4$	0.065	0.135	0.066	15/16
$M=8$	0.070	0.197	0.073	13/16

注：数值模拟是基于参数发生结构性变化的 RS-XV 情形，滚动窗模型将窗宽设为：$m_t^{(k)}=m_t^{(1)}+(k-1)M$，$k=2$，…，$K$；$m_t^{(1)}=30$。

从表4-4的结果来看，在具有参数结构性变化的情形中，自适应变元算法的预测能力在超变量一定范围的变化之内依然具有较高的稳定性。那么，在具有解释变量更迭的情形中，自适应变元算法的预测能力是否具有同样的稳定性？结果如表 4 – 5 所示。

表 4 – 5 自适应变元算法稳定性检验（RS – S 情形）

方案	MAE			
	滚动窗模型		自适应变元	优胜指数
	最优	最差		
参数设定	$\sigma_{i,j}=0.2^{\vert i-j\vert}, i\leq 14, j\leq 14$			
$0.8\bar{\beta}$	0.053	0.107	0.056	15/16
$1.2\bar{\beta}$	0.066	0.152	0.067	15/16
$K=10$	0.056	0.099	0.058	7/10
$K=20$	0.056	0.149	0.057	19/20
$M=4$	0.054	0.103	0.056	14/16
$M=8$	0.057	0.151	0.059	14/16
参数设定	$(x_{2,t},\cdots,x_{14,t})\sim N(0,\Sigma), \{\sigma_{i,j}\}_{i,j=1}^{13}=\{0.2^{\vert i-j\vert}\}_{i,j=1}^{13}, x_{1,t}\sim b(3,0.5)+U(0,1)$			
$0.8\bar{\beta}$	0.078	0.186	0.080	14/16
$1.2\bar{\beta}$	0.100	0.279	0.103	15/16
$K=10$	0.089	0.174	0.090	9/10
$K=20$	0.089	0.279	0.089	20/20
$M=4$	0.087	0.178	0.088	15/16
$M=8$	0.091	0.281	0.093	14/16

注：数值模拟是基于参数发生结构性变化的 RS-S 情形，在此情形中，滚动窗模型将窗宽设为：$m_t^{(k)}=m_t^{(1)}+(k-1)M$，$k=2$，…，$K$；$m_t^{(1)}=30$。

从表 4 – 5 的结果来看，在具有解释变量更迭变化的情形中，自适应变元算法的预测能力在超变量一定范围的改变之内仍然具有较高的稳定性。那么，在同时具有参数结构性变化又具有解释变量更迭的情形中，自适应变元算法的预测能力是否具有同样的稳定性？结果如表4－6所示。

表4－6　自适应变元算法稳定性检验（RS-XS情形）

方案	MAE			
	滚动窗模型		自适应变元	优胜指数
	最优	最差		
参数设定	$\sigma_{i,j}=0.2^{\lvert i-j\rvert},i\leqslant 14,j\leqslant 14$			
$0.8\bar{\beta}$	0.041	0.076	0.043	14/16
$1.2\bar{\beta}$	0.052	0.109	0.054	14/16
$K=10$	0.045	0.073	0.047	7/10
$K=20$	0.045	0.106	0.046	15/16
$M=4$	0.043	0.079	0.043	16/16
$M=8$	0.046	0.115	0.048	13/16
参数设定	$(x_{2,t},\cdots,x_{14,t})\sim N(0,\Sigma),\{\sigma_{i,j}\}_{i,j=1}^{13}=\{0.2^{\lvert i-j\rvert}\}_{i,j=1}^{13},x_{1,t}\sim b(3,0.5)+U(0,1)$			
$0.8\bar{\beta}$	0.057	0.125	0.060	12/16
$1.2\bar{\beta}$	0.075	0.186	0.077	15/16
$K=10$	0.067	0.117	0.068	9/10
$K=20$	0.067	0.179	0.067	20/20
$M=4$	0.065	0.120	0.066	14/16
$M=8$	0.066	0.183	0.069	12/16

注：数值模拟是基于参数发生结构性变化的RS-XS情形，在此情形中，滚动窗模型将窗宽设为$m_t^{(k)}=m_t^{(1)}+(k-1)M$，$k=2,\cdots,K$；$m_t^{(1)}=30$。

从表4－4、表4－5、表4－6的结果看，自适应变元算法通过获得较高的优胜指数显示了其在超变量发生变更的情况下依然具有优良的预测能力，该算法在超变量变化的一定范围之内具有较高的稳定性。事实上，自适应变元算法依然属于数据驱动型算法，对超变量的依赖较小，所以在超变量发生变更的一定范围内，该算法具有较为稳定的性质，实用范围广泛。

第五节　人民币汇率预测

一　预测结果

我们将预测模型设置为：

$$
\begin{aligned}
s_{t+h} = {} & \lambda m_t - \lambda^* m_t^* + k^* y_t^* - k y_t + l^* i_t^* - l i_t + \alpha^* \pi_t^* \\
& - \alpha \pi_t + \gamma^* y_{g,t}^* - \gamma y_{g,t} + \rho q_t \\
& + \alpha_1 sdr_1 + \alpha_2 sdr_2 + \alpha_3 sdr_3 + \cdots + \alpha_{24} sdr_{24} \\
& + \sum_{j=1}^{500} \beta_{sp,j} SP_j + \sum_{j=1}^{300} \beta_{shse,j} SHSE_j + v_{t+h}
\end{aligned}
\tag{4.13}
$$

其中，m_t、p_t、y_t、i_t分别为货币需求对数值、价格水平对数值、收入水平对数值和利率水平，$*$ 代表国外对应变量，sdr_i，$i=1$，2，…，24 分别代表了美元、欧元、英镑与日元等 CFETS 货币篮中 24 种货币的 SDR 价格数据，SP_j，$j=1$，2，…，500 代表了 S&P500 中的 500 家公司的股票收益率，$SHSE_j$，$j=1$，2，…，300 代表了 SHSE300 中的 300 家上市公司的股票收益率。

（4.13）式代表了美元兑人民币汇率样本外预测方程。同样，在预测日元兑人民币时，将 S&P500 中的 500 家公司换成日经指数中的 225 个品种的股票收益率；在预测欧元兑人民币汇率时，股票收益率数据来自法兰克福 DAX30 中的 30 家公司股票收益率，以及法国 CAC－40 中的 40 家公司股票收益率；在预测英镑兑人民币汇率时，将 S&P500 中的 500 家公司股票收益率替换成英国富时 100 中的 100

家公司股票收益率。

进行人民币汇率预测时，嵌套区间$\{I^k\}_{k=1}^K$所包含的观测点个数按照如下进行设置，且满足在任意时刻t有：

$$m_t^{(k)} = \begin{cases} 12, & k = 1 \\ 16 + (k-1)M, & k \geqslant 2 \end{cases}, 其中, k = 1, \cdots, K; K = 19; M = 6$$

在研究自适应变元算法的实际预测能力时，我们将自适应变元算法与货币模型相结合，提出自适应变元货币模型，我们分别以局部适应性多元货币模型、乘数自适应可变窗算法、Inoue等（2017）非参数最优窗宽选择模型、马尔科夫机制转移模型、误差修正模型、随机游走模型、购买力平价模型、弹性货币模型、利率平价模型、泰勒规则模型与偏移型泰勒规则模型为基准，比较研究乘数自适应可变窗货币模型对人民币汇率的预测能力，并采用DM检验讨论自适应变元货币模型相对于基准模型的优势。如果DM检验值为负，则说明自适应变元货币模型优于基准模型；反之，如果DM检验值为正，则说明基准模型具有更强的预测能力。

表4-7汇报了自适应变元货币模型在向前1~24个月预测中相对于基准模型的DM检验值。在美元兑人民币汇率的短、中、长期（1~24个月）预测中，自适应变元货币模型显著优于局部适应性多元货币模型、乘数自适应可变窗算法、随机游走模型、购买力平价模型、弹性货币模型、利率平价模型、泰勒规则模型和偏移型泰勒规则模型。由于货币模型以两国相对货币供给量、名义利率和产出水平为基础，所以美元兑人民币汇率中长期走势由经济基本面所决定。随着预测期限的增加，自适应变元货币模型预测能力显著增强。

表 4-7　自适应变元货币模型预测能力比较（美元兑人民币）

预测模型	$h=1$	$h=3$	$h=6$	$h=9$	$h=12$	$h=18$	$h=24$
随机游走	-1.290	-2.317**	-4.896***	-8.907***	-10.733***	-11.211***	-15.209***
局部适应性	-1.977**	-1.998**	-2.014**	-2.092**	-2.001**	-2.174**	-2.243**
乘数自适应可变窗	-1.312	-1.362	-1.366	-1.371	-1.383	-1.372	-1.392
门限向量误差修正	-2.503**	-2.567**	-2.632***	-2.623***	-2.723***	-2.789***	-2.896***
贝叶斯门限向量误差修正	-1.667*	-1.410	-1.511	-1.580	-1.995**	-1.999**	-2.213**
非线性泰勒规则	-1.587	-1.651*	-1.520	-1.667*	-1.578	-1.864*	-1.699*
混合数据模型 a	-1.257	-2.124**	-2.004**	-2.182**	-2.385**	-2.408**	-2.409**
混合数据模型 b	-1.320	-2.434**	-2.108**	-2.132**	-2.433**	-2.599**	-2.429**
非参数最优窗选择	-2.603***	-2.615***	-2.611***	-2.612***	-2.621***	-2.622***	-2.632***
变系数模型平均	-1.357	-1.524	-1.764*	-1.882*	-1.985**	-2.108**	-2.919***
神经网络模型	-2.257**	-2.334**	-3.034***	-2.922***	-3.925***	-3.118***	-3.907***
EWA 机器学习	-1.457	-1.324	-1.284	-1.682*	-1.585	-1.508	-1.969**
SRdige 机器学习	-1.442	-1.434	-1.408	-1.332	-1.613	-1.698*	-1.999**
随机森林树	-1.603	-1.877*	-1.702*	-1.777*	-1.981**	-1.803*	-1.902*

续表

预测模型	$h=1$	$h=3$	$h=6$	$h=9$	$h=12$	$h=18$	$h=24$
马尔科夫机制转移	-2.493^{**}	-2.489^{**}	-2.612^{***}	-2.552^{**}	-2.567^{**}	-2.541^{**}	-2.602^{***}
最优经济基本面	-3.934^{***}	-1.691^{*}	-2.033^{**}	-3.022^{***}	-2.910^{***}	-2.202^{**}	-3.171^{***}

注：表中结果为DM检验值，其中“*”、“**”和“***”分别表示在10%、5%和1%的显著性水平上显著。负值代表自适应变元货币模型优于基准模型，正值代表基准模型优于自适应变元货币模型。最优经济基本面模型为购买力平价模型、弹性货币模型、利率平价模型、泰勒规则模型、偏移型泰勒规则模型中具有最优预测能力的模型。

在向前1个月的短期美元兑人民币汇率预测中，自适应变元货币模型能显著超越乘数自适应可变窗货币模型、局部适应性算法、随机游走模型、马尔科夫机制转换模型、误差修正模型、其他经济基本面模型（包括弹性货币模型、购买力平价模型、利率平价模型、泰勒规则模型、偏移型泰勒规则模型）、最新发展的汇率预测模型（包括门限向量误差修正模型、贝叶斯门限向量误差修正模型、非线性泰勒规则模型、两类混合数据模型、非参数最优窗选择模型、变系数模型平均）、神经网络模型、随机森林树模型等机器学习算法等传统与新兴汇率预测方法。

随着预测期限的增加，自适应变元算法的预测能力显著增强。在向前3个月及以上期限的美元兑人民币汇率预测中，采用自适应变元货币模型可以显著提高样本外预测的准确性。

在附表中，我们给出了自适应变元货币模型相比于基准模型对欧元、英镑与日元兑人民币汇率样本外预测的DM检验值。我们发现，自适应变元货币模型能够在短、中、长期（1～24个月）预测中超越局部适应性多元货币模型、乘数自适应可变窗货币模型，随着预测期限的增加，自适应变元货币模型预测能力显著增强，并在中长期

(3～24 个月）预测中具有更加显著的优势。同时，货币模型以两国相对货币供给、相对产出水平与相对名义利率为基础，可见中长期内的欧元、英镑与日元兑人民币汇率走向以市场导向为主，由经济基本面决定。

图 4－3 描述了自适应变元货币模型以及最优基准模型（乘数自适应可变窗货币模型）、随机游走模型在向前 3 个月美元兑人民币汇率的预测与真实汇率对比结果。从图 4－3 来看，乘数自适应可变窗货币模型与自适应变元货币模型均能及时反映美元兑人民币未来汇率走向，但相对于其他基准模型，自适应变元货币模型能更加及时地反映美元兑人民币未来汇率走势，并且具有更加精确的预测能力。

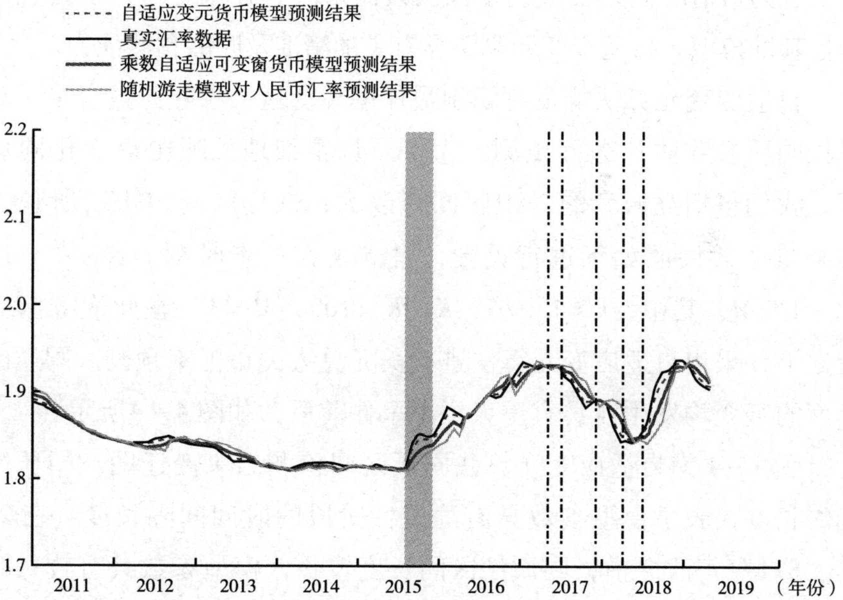

图 4－3　美元兑人民币汇率向前 3 个月样本外预测走势

注：预测区间为 2011 年 1 月至 2019 年 3 月。横轴代表时间，纵轴代表美元兑人民币汇率对数值。其中，灰色区域代表 2015 年 8 月至 12 月时间段，竖直虚线所在位置为美联储加息时点。

图4-3中，在2015年8月之前，由于每日银行间外汇市场美元兑人民币交易价在中国人民银行公布的中间价上下小幅波动，所以在这一阶段的人民币汇率样本外预测中，自适应变元货币模型、乘数自适应可变窗货币模型和随机游走模型均能较好地预测美元兑人民币汇率，但自适应变元货币模型具有显著优势。灰色区域起点为2015年8月人民币汇改，人民币具有明显贬值趋势，在这一区域内，自适应变元货币模型与乘数自适应可变窗货币模型相比于其他基准模型更能反映人民币汇率走向。在2015年12月向前3个月的预测，即对2016年2月的预测表现为具有升值预期。实际上，IMF于2015年12月宣布人民币于次年（2016年）10月正式加入SDR，将有助于世界各国央行增加人民币储备，导致市场对人民币汇率具有升值预期，在图4-3处对应位置表现为自适应变元货币模型预测人民币具有升值走势，并且相比于其他基准模型，自适应变元算法具有更加精准及时的预测能力。

自适应变元算法能及时识别最佳解释变量，剔除无效变量，利用最佳同质参数估计进行预测。为了更加精细地反映出最大化同质区间，我们将相互嵌套的一组区间修改为：嵌套区间$\{I^k\}_{k=1}^{K}$所包含的观测点个数按照如下进行设置，且满足在任意时刻t有$m_t^{(k)}=12+(k-1)M$，其中，$k=1$，…，K，$K=109$，$M=1$。在此嵌套区间的设定下，采用自适应变元算法进行美元兑人民币汇率预测。同质区间长度的突变均发生在具有重大汇率事件前后，如图4-4所示。

图4-4为自适应变元算法同质区间检测结果变迁图。同质性区间的长度代表了模型参数具有稳定性阶段的时间间隔长度。在2015年“811”汇改之前，同质性区间长度较长，模型参数具有较长时间的稳定性，人民币汇率受外界干扰较少，市场主体关注中长期风险。“811”汇改之后，人民币市场化程度加深。从2015年11月至2019年3月，其同质性区间相比于汇改之前显著下降，市场从关注长期风险转变为关注短期风险。其间，每一次同质性区间的突然坍塌和缩短

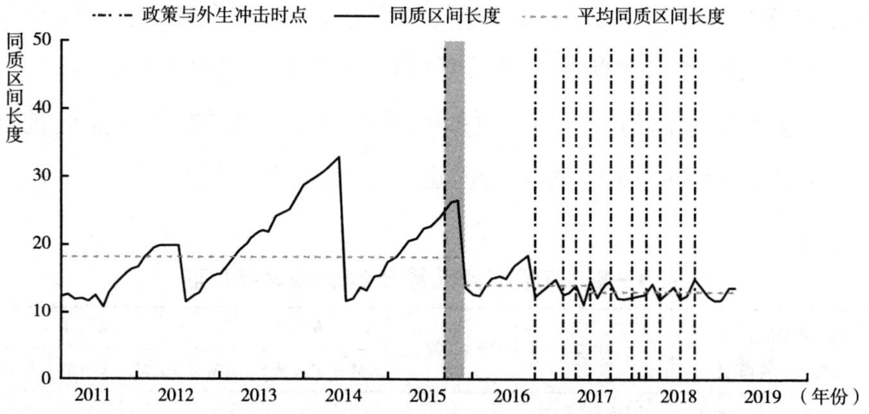

图 4－4　最大化同质区间与断点检测

注：阴影部分指代“811”汇改至 2015 年 12 月 IMF 宣布人民币可以于次年 10 月加入 SDR 货币篮。竖直虚线从左到右分别代表：2015 年 8 月人民币中间价改革，2016 年 10 月人民币加入 SDR，2017 年 1 月央行加息，2017 年 3 月美联储加息，2017 年 5 月央行启动逆周期因子，2017 年 9 月外汇风险准备金下调至 0，2017 年 12 月美联储加息，2018 年 1 月人民币暂停逆周期因子，2018 年 3 月美联储加息，2018 年 6 月中美贸易摩擦开始以及 2018 年 8 月央行重启逆周期因子事件点。

均对应同时期的政策变化或是外生冲击。例如“811”汇改后，2015 年 12 月中国发布 CFETS 指数以及美国加息等政策变化和外生冲击均对自适应体系在人民币汇率预测中的最大化同质区间产生显著影响。由于人民币市场化与国际化进程在“811”汇改后迅速加深，英国脱欧等外部重大事件均能对最大化同质性区间产生影响，表现出在该事件点上同质性区间的急剧缩短。随着 2017 年 3 月美联储加息落地，同质性区间缩短，外部因素诱发汇率风险上升，从图 4－4 来看，市场在这一事件之后更加关注短期汇率风险，外汇市场“追涨杀跌”等顺周期行为凸显。为稳定人民币汇率走势，过滤异常汇率波动，央行于 2017 年 5 月启动逆周期因子，市场因素对人民币汇率走势作用进一步加大。2018 年 3 月底，美联储加息，同年 6 月，中美贸易摩擦开始，同质性区间急速缩短，外汇市场风险凸显，人民币贬值压力增加。2018 年 8 月，央行重启逆周期因子，拉升了同质性区间长度，外汇市场风险得到降低，人民币贬值压力得到一定程度的缓解。

在实际汇率预测中，为了更加明晰各类方法对结构性断点的捕捉，我们与 Bai-Perron（BP）断点检验进行对比，对比结果如表 4－8 所示。

表 4－8　自适应变元算法断点检验与比较

政策调整与外生因素冲击	时点	BP 检验	$h=0$			$h=1$		
			LAM	MAM	PAM	LAM	MAM	PAM
人民币中间价改革	2015 年 8 月	√	√	√	√	√	√	√
人民币加入 SDR	2016 年 10 月	√	√	√	√	√	√	√
央行加息	2017 年 1 月	-	√	√	√	√	√	√
美联储加息	2017 年 3 月	√	√	√	√	√	√	√
逆周期因子	2017 年 5 月	—	—	√	√	—	√	√
外汇风险准备金下调至 0	2017 年 9 月	√	√	√	√	√	√	√
美联储加息	2017 年 12 月	—	√	√	√	√	√	√
暂停逆周期因子	2018 年 1 月	—	—	√	√	—	√	√
美联储加息	2018 年 3 月	—	—	—	√	—	—	√
中美贸易摩擦开始	2018 年 6 月	√	√	√	√	√	√	√
重启逆周期因子	2018 年 8 月	—	√	√	√	—	√	√

注：“√”表示识别出断点，“—”表示未能识别出断点。LAM 表示局部适应性算法，MAM 表示乘数自适应可变窗算法，PAM 则表示自适应变元算法；数据频率：月度。

人民币重大事件可从表 4－8 中获得，结合图 4－4 我们可以看到，2012 年 4 月、2014 年 3 月均有与人民币汇率关联的重大事件发生。同时，当没有重大事件发生时，自适应变元算法能尽可能多地囊括有效信息以提高模型参数的预测能力。当发生重大事件后，最大化同质区间长度急速下降以剔除无关信息保证参数估计的可靠性。自适应变元算法不仅可以监测参数的结构性断点，同时还能准确捕捉模型的同质区间，使用最佳信息以提高模型的信息使用效率。自适应建模无论是在样本内拟合还是在样本外预测时，均可以自动识别模型参数的结构性变化，其中，乘数自适应可变窗算法与自适应变元算法在结构性断点检测上具有最高精度。同时，三类自适应算法在自动进行模型参数断点识别的同时，也能对参数的最大化同质性区间进行探测，确认最长同质区间。

从同质区间的变化来看，“811”汇改之前，市场普遍关注中长期汇率风险，在这一阶段，市场预期往往关注平均24个月的中长期汇率变化，说明在这一阶段，市场预期人民币汇率具有极高的稳定程度；“811”汇改之后，市场转而关注短期汇率风险，在这一阶段，市场往往只关注平均14个月的短期汇率变化，说明在这一阶段内市场预期人民币汇率的稳定程度显著下降。“811”汇改之后，同质区间长度出现了显著性变化，市场从偏好关注中长期风险预期转向关注短期汇率风险预期，一方面说明“811”汇改从本质上推进了人民币汇率的市场化进程；另一方面，汇率市场化导致了汇率走势容易受到外来冲击的影响。在这一阶段中的“英国脱欧”、“特朗普当选”、“美联储加息”和“中美贸易摩擦”等事件均对同质区间长度产生了影响。这说明在这一阶段，人民币汇率预期对外生冲击也发生了显著变化，人民币汇率风险预期对内外政策变化都变得更为敏感。

从变量选择方面来看，美元、欧元、英镑、日元对人民币汇率走势的影响呈现阶段性特征。依据Kawai和Pontines（2016）的回归方程，我们将Fankel-Wei的回归方程拓展至包含CFETS篮子货币中24种货币情形，并采用自适应变元算法研究国际货币市场对人民币作用的重要性演变。回归方程为：

$$\Delta\log(rmb_{t+h}) = \alpha_0 + \alpha_1\Delta\log(USD_t) + \cdots + \alpha_{25}\Delta\log(MXN_t) + \zeta_{t+h}$$

并且满足$\zeta_{t+h} \backsim N(0, \sigma^2_{t+h})$，$\sum_{i=0}^{25}\alpha_i = 1$，$h = 0, 1, 3$。数据采用

CFETS 货币篮中各国货币的 SDR 月度平均价格，h 代表预测期限，其中 $h=0$ 为标准样本内拟合模型。自适应变元算法优势在于，其一，可以监测经济环境中的结构性断点，如表 4－3 所示，该算法能准确捕捉由外生冲击或者政策变化所导致的参数模型结构性断点位置；其二，自适应变元算法能够捕捉同质性参数空间，在该参数空间中，模型参数不包含显著的结构性变化，同时，在高维情形中也不存在显著的实时变元情况。自适应变元算法有助于分析国际货币市场对人民币作用的重要性演变。

表 4－9　美元、欧元、英镑、日元对人民币汇率的作用影响

单位：%

时间段	2010 年 1 月至 2012 年 4 月	2012 年 5 月至 2015 年 8 月	2015 年 9 月至 2017 年 12 月	2018 年 1 月至 2019 年 3 月
$h=0$				
变量选择比例				
美元	82	77	31	34
欧元＋英镑＋日元	4	6	22	32
MAE 拟合指标				
最优基准模型	3.76×10^{-4}	5.76×10^{-4}	6.76×10^{-4}	7.94×10^{-4}
自适应变元	2.47×10^{-5}	3.98×10^{-5}	9.12×10^{-5}	8.76×10^{-5}
$h=1$				
变量选择比例				
美元	85	79	32	35
欧元＋英镑＋日元	3	8	23	34
MAE 拟合指标				
最优基准模型	1.02×10^{-2}	1.76×10^{-2}	2.33×10^{-2}	2.95×10^{-2}
自适应变元	1.98×10^{-3}	2.57×10^{-3}	2.78×10^{-3}	2.43×10^{-3}

注：变量选择比例为采用自适应变元算法实时选择与计算得到的变量被选择比例。在 $h=0$（样本内拟合情形）时，最优基准模型不包含随机游走模型。

从表 4-9 的结果可以看到，自 2005 年汇改至 2015 年“811”汇改之前，人民币汇率走势极大程度受美元影响。从变量选择角度来看，美元对人民币汇率影响力度为 80% 左右。相比于美元对人民币汇率的作用，欧元、英镑、日元的作用微弱，人民币还处于影子货币区域，国际化程度不高。自 2015 年“811”汇改之后，人民币国际化程度大幅度加强。美元在人民币汇率走势中的作用被显著削弱，其影响力降至 30% ~40%，而欧元、英镑、日元的作用凸显，得到显著提高，三类货币对人民币综合影响力提升至 20% 以上。特别是 2017 年 5 月央行启动逆周期因子之后，欧元、英镑、日元对人民币汇率的作用进一步加强。人民币有效汇率逐步趋于均衡，为人民币发展为“锚货币”奠定了基础。2018 年 3 月美联储加息，2018 年 6 月，由于中美贸易摩擦，人民币快速贬值压力增大，外部环境加大了美元对人民币汇率走势的决定力量。不过，2018 年 8 月 6 日，央行将远期售汇业务外汇风险准备金率从 0 调整至 20%，增大做空人民币成本，并于 8 月 24 日重启逆周期因子，降低外汇市场顺周期性，导致美元对人民币汇率走势的决定力度仅为小幅提升(10% 以内)。中美贸易摩擦促使中国进一步强化了与欧盟、日本等国家的多边贸易关系，欧元、英镑、日元对人民币汇率的作用提升更为明显（提升 50% 左右)。

为了检验经济基本面因素在人民币汇率中的作用，我们将预测方程缩减为：

$$s_{t+h} = \lambda m_t - \lambda^* m_t^* + k^* y_t^* - k y_t + l^* i_t^* - l i_t + \alpha^* \pi_t^* - \alpha \pi_t + \gamma^* y_{g,t}^* - \gamma y_{g,t} + \rho q_t + \alpha_1 sdr_1 + \alpha_2 sdr_2 + \alpha_3 sdr_3 + \alpha_4 sdr_4 + v_{t+h}$$

其中，m_t、p_t、y_t、i_t分别为货币需求对数值、价格水平对数值、收入水平对数值和利率水平，* 代表国外对应变量，sdr_i，$i=1,2,\cdots,4$ 分别代表了美元、欧元、英镑与日元的 SDR 价格数据。

同时，为了刻画各个变量在样本外预测中的重要性，我们采用变量重要性占比来进行度量，变量重要性占比可以定义为：

$$某变量重要性占比 = \frac{某变量被选中次数}{总选择次数}$$

其中，变量被选中次数为模型在进行样本外预测中该变量被选择为解释变量的次数。总选择次数为模型所包含的全部变量被选择次数总和。计算结果如表 4 – 10 所示。

表 4 – 10　经济基本面因素占比

经济基本面变量	变量重要性占比	
时间	2011 年 1 月至 2015 年 8 月	2015 年 9 月至 2019 年 3 月
m_t	0. 047	0. 100
m_t^*	0. 041	0. 101
y_t	0. 020	0. 121
y_t^*	0. 028	0. 120
i_t	0. 036	0. 123
i_t^*	0. 032	0. 124
q_t	0. 300	0. 101
sdr_1	0. 490	0. 126
sdr_2	0. 004	0. 082
sdr_3	0. 001	0. 001
sdr_4	0. 001	0. 001

注：向前 3 个月样本外预测，其中q_t、π_t、y_{gt}、m_t、p_t、y_t、i_t分别为实际汇率、通货膨胀率、产出缺口、货币需求对数值、价格水平对数值、收入对数值、利率水平，* 代表国外相同对应变量，sdr_i，$i=1$，2，3 分别代表了美元、欧元、英镑与日元的 SDR 价格数据。

从表 4 – 10 中我们可以看到，自“811”汇改以后，人民币汇率的决定机制以货币需求量、收入水平、利率水平以及实际汇率水平为主。而在“811”汇改以前，美元的SDR价值以及实际汇率水平作为主要因素决定人民币汇率走势，美元的SDR价值占据着绝对优势。这说明自“811”汇改以后，我国的汇率市场化进程加深并发生了本质上的改变，美元在人民币汇率走势中的绝对性作用被打破，欧元的重要性逐渐显现出来，经济基本面因素决定了人民币汇率走势。

在汇率市场化进程中，相比于其他基本面因素，利率因素与收入因素占据了主导地位，体现在若国内经济企稳，投资收益提高，外部美元将会走弱；若国内经济下行将导致外部美元走强。

现有文献研究表明，汇率不稳定对中等收入国家经济跨越影响不容忽视。名义汇率变动不仅直接影响以美元表示的跨越速度，还对物价稳定产生冲击，也对以本币表示的实际经济增长产生较大的负面影响。因此，稳定汇率对经济发展至关重要，同时，中等收入国家汇率需要管理，自由浮动汇率并非最优。另外，从自适应变元算法的量化结果来看，在汇率市场化进程中，汇率走势容易受到两国经济基本面调整的冲击，所以，为稳定人民币汇率，有管制的浮动汇率制度将更为合理。为了获得更加丰富的经济信息，下文中本书将考虑各市场之间的相互影响，研究不同货币区与其他货币区之间的相互作用。

本书依然采用经济基本面对人民币汇率进行样本外预测，并将所有经济基本面变量写入回归方程，采用自适应变元算法识别参数的最大化同质区间，识别解释变量：

$$
\begin{aligned}
s_{j,t+h} = & \sum_{j=1}^{4}(\lambda_j m_{j,t} - \lambda_j^* m_{j,t}^*) + \sum_{j=1}^{4}(k_j^* y_{j,t}^* - k_j y_{j,t}) + \sum_{j=1}^{4}(l_j^* i_{j,t}^* - l_j i_{j,t}) \\
& + \sum_{j=1}^{4}(\alpha_j^* \pi_{j,t}^* - \alpha_j \pi_{j,t}) + \sum_{j=1}^{4}(\gamma_j^* y_{j,gt}^* - \gamma_j y_{j,gt}) + \sum_{j=1}^{4} \rho_j q_{j,t} + v_{j,t+h}
\end{aligned}
$$

其中，$j=1$，2，3，4分别代表美元、欧元、日元与英镑兑人民币汇率对数值。$\pi_{j,t}$、$y_{j,gt}$、$m_{j,t}$、$y_{j,t}$、$i_{j,t}$、$q_{j,t}$，$j=1$，2，3，4分别为美国、

欧元区、日本与英联邦的通货膨胀率、产出缺口、货币需求对数值、收入对数值、利率水平与实际汇率水平，*代表国外相同对应变量。

从测算结果看，中美经济基本面因素只占据了美元兑人民币汇率决定性因素的62.7%，而中国与其他发达经济体包括欧元区、日本与英国的经济基本面差异则同样能够决定美元兑人民币汇率的走向，且这占据了决定性因素的37.3%。

在浮动汇率制与利率市场化的情形中，一方面，单一中美利率差对美元兑人民币汇率的市场预期影响相对有限：中美汇率预期不仅受中美利差影响，同时还受到中国与其他发达经济体经济基本面因素差异的（包括利率差）左右。另一方面，利率对国际资本流动的影响较大，国际资本流动对利率传导相对较弱，而对汇率的影响却十分显著（陈创练等，2017）。中美利率产生的较大差异，虽然能影响汇率的市场预期，但若能保持中国与其他发达经济体在经济基本面上的相对稳定，势必能削弱中美汇率对利差的实际影响。由此可见，利率市场化的深入与有效的资本管制有助于稳定市场对人民币汇率的预期。

从经济结构性断点和变量选择的角度出发，本书也探讨了人民币汇率政策变化对其他区域和国家货币走势的影响是否具有阶段性特征。

依据 Kawai 和 Pontines（2016）回归方程的拓展形式，我们采用自适应变元算法研究美元、人民币、欧元、英镑、日元对港币、新加坡元、韩元、泰铢以及林吉特的影响力变迁。由于欧元、英镑、日元在亚洲区域的单体影响力不高，我们考察欧元、英镑、日元的整体综合影响力。其中，货币 A 对另一货币 B 的综合影响力为货币 A 在货币篮子中参与其他货币对货币 B 的走势进行拟合或预测时被选择的频率。

从表 4－11 的自适应变元算法结果来看，针对港币、新加坡元、韩元、泰铢、林吉特的样本拟合与向前 1 步预测结果来看，自适应变元算法具有最佳的拟合与预测能力。针对 SDR 货币篮子中的其他货币，自适应变元算法依然具有较高的实用性。

表 4-11　美元、人民币、欧元、英镑与日元对其他货币的作用影响

单位：%

时间段	2010 年 1 月至 2012 年 4 月	2012 年 5 月至 2015 年 8 月	2015 年 9 月至 2017 年 12 月	2018 年 1 月至 2019 年 3 月
美元、人民币、欧元、英镑、日元对港币汇率的作用影响				
美元	92	90	84	79
人民币	0.5	1	8	11
欧元 + 英镑 + 日元	2	3	6	6
美元、人民币、欧元、英镑、日元对新加坡元汇率的作用影响				
美元	62	67	52	50
人民币	12	10	21	27
欧元 + 英镑 + 日元	21	20	23	20
美元、人民币、欧元、英镑、日元对韩元汇率的作用影响				
美元	49	41	33	37
人民币	8	23	30	29
欧元 + 英镑 + 日元	33	30	31	32
美元、人民币、欧元、英镑、日元对泰铢汇率的作用影响				
美元	40	41	39	40
人民币	21	24	26	27
欧元 + 英镑 + 日元	30	31	32	30
美元、人民币、欧元、英镑、日元对马来西亚林吉特汇率的作用影响				
美元	48	42	35	33
人民币	17	23	27	31
欧元 + 英镑 + 日元	33	30	33	30

注：作用影响由相关变量选择比例决定。变量选择比例为采用自适应变元算法实时选择与计算得到的变量被选择比例。

对于港币、新加坡元、韩元、泰铢、林吉特，人民币在这些货币中的决定性作用正在加强，表现为人民币对这些货币走势作用的逐步增强，而同时美元的作用有减弱趋势。在这些区域，美元依然为这些区域货币走势的主导，美元的国际地位仍在，但人民币“锚货币”区域正在逐渐形成。相比于“811”汇改之前人民币在这些货币走势决定中的作用，“811”汇改之后，人民币对港币、新加坡元、韩元、泰铢、林吉特走势的决定作用明显提升，并且显现出挤压美元趋势。由于受中美贸易摩擦的影响，金融机构做空人民币的可能性增加，投资者避险情绪提高，在 2018 年 1 月至 2019 年 3 月中，美元对韩元、新加坡元、泰铢走势决定作用有微弱回升，人民币的决定性作用增幅回落，但人民币“锚货币”区域形成走势并未发生根本性转变。

在中国香港、新加坡、韩国与泰国，美元的重要性占绝对优势。由于港币汇率依赖于美元，所以虽然人民币在香港的重要性提升最为显著，但相比于美元，其重要性依然差距巨大。在韩国，得益于“一带一路”建设政策发挥作用，2017 年韩国与中国贸易额显著提高，中国早已成为韩国第一大贸易伙伴国，人民币的重要性显著增加。针对泰国，由于中国是泰国最大的贸易伙伴国，而美国是泰国最大的贸易顺差来源地，所以平均而言，泰铢对美元的依赖程度最高，而人民币在决定泰铢走势的过程中占据了重要地位。在马来西亚，美元依然占据主导地位，但中国已连续 10 年成为马来西亚最大的贸易伙伴国，2018 年双边贸易额增长率达到 13%，中国亦连续成为马来西亚制造业最大的投资来源地，加之 2015 年人民币国际化步伐加快，人民币对林吉特走势的主导地位增强，并快速挤压美元。总之，美元依然为亚洲区域的主导货币，人民币“锚货币”地位在亚洲逐步形成，且逐步挤压美元，欧元、英镑、日元三种货币的总影响力未发生根本性改变。中美贸易摩擦并未削弱人民币成为亚洲“锚货币”的趋势，人民币地位逐步凸显。

从自适应变元算法惩罚性系数图4－5与图4－6来看，其一，人民币最优惩罚性系数λ低于全球货币最优惩罚性系数λ。一方面，说明人民币汇率风险低于全球平均水平；另一方面，当惩罚性系数λ升高时，模型对解释变量系数的惩罚力度加大，模型参数的稀疏性加强，解释变量数目减少；当惩罚性系数λ降低时，模型对解释变量系数的惩罚力度减小，模型参数的稀疏性变弱，解释变量数目增加。相比于全球平均水平，人民币最优惩罚性系数λ较低，说明人民币汇率与多方货币关联，并非仅由少数种类的货币决定。

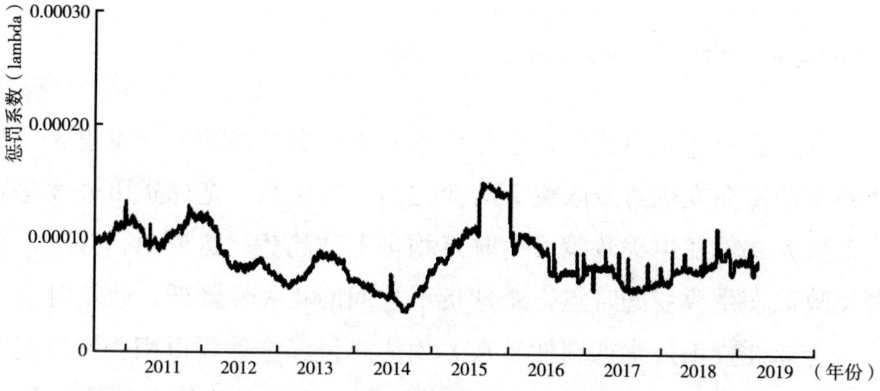

图4－5　人民币向前1步预测（$h=1$）最优惩罚性系数

资料来源：数据研究区间为2010年8月18日至2019年3月31日各货币SDR价格日度数据，采用自适应变元算法提取。

其二，每一次汇率政策推行以及美联储加息等货币政策实施均会对人民币最优惩罚性系数λ产生正向影响，推高最优惩罚性系数λ取值（除2017年1月24日央行加息政策之外）。在汇率政策推行以及美联储加息发生时点，人民币与其他货币的关联性降低。自2015年8月以后，外生因素对人民币汇率冲击频率加强，最优惩罚性系数λ周期性明显。

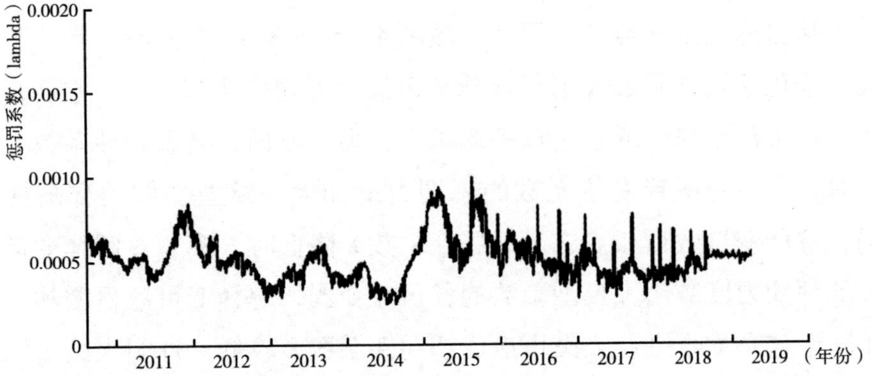

图4－6　全球各货币向前1步预测（$h=1$）最优惩罚性系数均值

资料来源：数据研究区间为2010年8月18日至2019年3月31日各货币SDR价格日度数据，采用自适应变元算法提取。

在自适应变元算法中，全球货币最优惩罚性系数λ均值也表现为随外生冲击而发生对应改变。从变化图谱上可见，全球货币最优惩罚性系数λ均值在中美政策发生时点均呈上升趋势。这说明，其一，在中美政策发生改变的时点，全球货币之间的相关性降低，政策时点之后，全球性货币最优惩罚性系数λ均值降低，全球货币相关性再度升高。其二，“811”汇改之后，每一次人民币汇率政策变动均能推高全球货币平均惩罚性系数λ，说明人民币汇率政策逐渐在全球范围内产生影响，人民币国际影响力凸显。

二　分样本检验

为了检验模型在不同样本条件下是否具有稳定的预测能力，我们检验自适应弹性货币模型在2009年1月至2015年7月和2015年8月至2019年3月两时间段内对人民币兑美元汇率的预测能力。一方面，结果显示了自适应变元算法在不同样本段内具有稳定的预测能力；另一方面，自适应变元货币模型在分段样本短、中、长期预测中的显著稳定优势也说明了美元兑人民币汇率短、中、长期内均由经济基本面所决定，遵循以“市场供求为基础”的汇率形成机制。(见表4－12)

表4－12　自适应变元货币模型分样本预测能力比较（美元兑人民币）

预测模型	$h=1$	$h=3$	$h=6$	$h=9$	$h=12$	$h=18$	$h=24$
2009年1月至2015年7月							
最优经济基本面	−4.324***	−2.531**	−3.305***	−3.207***	−3.916***	−4.990***	−5.378***
局部适应性	−2.965***	−2.977***	−2.809***	−2.819***	−2.949***	−2.911***	−2.991***
乘数自适应可变窗	−1.105	−1.112	−1.207	−1.196	−1.275	−1.229	−1.303
EWA机器学习	−1.756*	−2.344**	−2.356**	−2.251**	−2.371**	−2.243**	−2.512**
SRidge机器学习	−1.356	−1.454	−1.556	−1.571	−1.771*	−2.003**	−2.621***
随机森林树	−1.313	−1.507	−1.982**	−2.009**	−2.010**	−2.219**	−2.137**
马尔科夫机制转移	−2.323**	−2.349**	−2.351**	−2.351**	−2.389**	−2.317**	−2.412**
贝叶斯门限向量误差修正	−2.413**	−2.517**	−2.512**	−2.403**	−2.413**	−2.459**	−2.536**
非参数最优窗选择	−2.633***	−2.665***	−2.603***	−2.605***	−2.665***	−2.675***	−2.687***
非线性泰勒规则	−1.887*	−1.751*	−1.780*	−1.787*	−1.868*	−1.994**	−1.949**
2015年8月至2019年3月							
最优经济基本面	−2.513**	−1.446	−1.908**	−2.401**	−1.979**	−1.735*	−1.694*

续表

预测模型	$h=1$	$h=3$	$h=6$	$h=9$	$h=12$	$h=18$	$h=24$
局部适应性	-1.686*	-1.784*	-1.791*	-1.732*	-1.771*	-1.791*	-1.800*
乘数自适应可变窗	-1.556	-1.598	-1.589	-1.578	-1.598	-1.611	-1.742*
EWA机器学习	-1.156	-1.502	-1.449	-1.607	-1.668*	-1.734*	-1.758*
SRidge机器学习	-1.451	-1.554	-1.551	-1.556	-1.607	-1.664*	-1.652*
随机森林树	-1.663	-1.607	-1.612	-1.697*	-1.651*	-1.700*	-1.723*
马尔科夫机制转移	-2.562**	-2.553**	-2.710***	-2.599***	-2.691***	-2.658***	-2.735***
贝叶斯门限向量误差修正	-1.640*	-1.311	-1.472	-1.722*	-1.924*	-1.963**	-2.007**
非参数最优窗选择	-2.401**	-2.480**	-2.452**	-2.483**	-2.490**	-2.602***	-2.653***
非线性泰勒规则	-1.507	-1.601	-1.500	-1.630	-1.532	-1.724*	-1.579

注：表中结果为 DM 检验值，其中，“*”、“**”和“***”分别表示在 10%、5% 和 1% 的显著性水平上显著。负值代表自适应变元货币模型优于基准模型，正值代表基准模型优于自适应变元货币模型。经济基本面模型采用窗宽为 60 个观测值的滚动窗技术。最优经济基本面模型为购买力平价模型、弹性货币模型、利率平价模型、泰勒规则模型、偏移型泰勒规则模型中具有最优预测能力的模型。

结　论

自适应变元算法弥补了现有研究的不足，不仅考虑了参数的结构性变化，还可以选择实时最佳解释变量，以提高货币模型对人民币汇率样本外的预测能力。从 SDR 货币篮中美元、欧元、英镑与日元兑人民币汇率的样本外预测来看，自适应变元货币模型相比于局部适应性算法与乘数自适应可变窗算法要更优。

从经济层面看，自“811”汇改以后，人民币汇率的决定机制中，货币需求量、收入水平、利率水平以及实际汇率水平起主要决定作用。美元在人民币汇率走势中的绝对性作用被打破，欧元等其他货币的重要性逐渐显现出来，经济基本面因素决定了人民币汇率走势。从全球性范围来看，人民币“锚货币”区域显现。

从自适应变元算法的量化结果来看，人民币汇率政策以及中国贸易政策均能显著推高惩罚性平均系数 lambda 取值，给全球货币体系带来冲击与周期性影响，同时由于人民币在亚洲区域具有的“锚货币”属性，稳定的人民币汇率政策以及贸易政策对稳定全球性货币体系，维护多边贸易利益，特别是亚洲区域的货币体系与贸易体系具有深远意义。由于自适应变元算法临界值的校准并不依赖于历史观测，不存在滞后效应，实用性较强。自适应变元算法为数据驱动型算法，可以与包含或不包含结构性变化的参数模型进行结合，运用于多元回归、平稳或非平稳时间序列，有较广的运用空间。

附录1：欧元、英镑、日元兑人民币汇率样本外预测比较

表 1　自适应变元货币模型预测能力比较（欧元兑人民币）

预测模型	$h=1$	$h=3$	$h=6$	$h=9$	$h=12$	$h=18$	$h=24$
随机游走	-1.404	-1.961^{**}	-1.978^{**}	-2.013^{**}	-3.170^{***}	-4.812^{***}	-6.613^{***}
局部适应性	-1.523	-1.500	-1.554	-1.524	-1.771^{*}	-1.503	-1.516

续表

预测模型	$h=1$	$h=3$	$h=6$	$h=9$	$h=12$	$h=18$	$h=24$
乘数自适应可变窗	-1.303	-1.401	-1.452	-1.442	-1.456	-1.667*	-1.702*
其他最优基准模型	-1.272	-1.215	-1.295	-1.337	-1.434	-1.602	-1.669*

注：表中结果为DM检验值，其中“*”、“**”和“***”分别表示在10%、5%和1%的显著性水平上显著。负值代表自适应变元货币模型优于基准模型，正值代表基准模型优于自适应变元货币模型。其他基准模型为马尔科夫机制转换模型、误差修正模型、其他经济基本面模型（包括弹性货币模型、购买力平价模型、利率平价模型、泰勒规则模型、偏移型泰勒规则模型）、最新发展的汇率预测模型（包括门限向量误差修正模型、贝叶斯门限向量误差修正模型、非线性泰勒规则模型、两类混合数据模型、非参数最优窗选择模型、变系数模型平均）、神经网络模型、随机森林树模型等机器学习算法等传统与新兴汇率预测方法。

表2　自适应变元货币模型预测能力比较（英镑兑人民币）

预测模型	$h=1$	$h=3$	$h=6$	$h=9$	$h=12$	$h=18$	$h=24$
随机游走	-1.323	-1.391	-1.698*	-1.907*	-2.137**	-3.726***	-4.172***
局部适应性	-1.483	-1.490	-1.498	-1.489	-1.432	-1.499	-1.814*
乘数自适应可变窗	-1.333	-1.431	-1.393	-1.391	-1.425	-1.979**	-1.902*
其他最优基准模型	-1.179	-1.238	-1.442	-1.609	-1.640*	-1.667*	-1.703*

注：表中结果为DM检验值，其中“*”、“**”和“***”分别表示在10%、5%和1%的显著性水平上显著。负值代表自适应变元货币模型优于基准模型，正值代表基准模型优于自适应变元货币模型。其他基准模型为马尔科夫机制转换模型、误差修正模型、其他经济基本面模型（包括弹性货币模型、购买力平价模型、利率平价模型、泰勒规则模型、偏移型泰勒规则模型）、最新发展的汇率预测模型（包括门限向量误差修正模型、贝叶斯门限向量误差修正模型、非线性泰勒规则模型、两类混合数据模型、非参数最优窗选择模型、变系数模型平均）、神经网络模型、随机森林树模型等机器学习算法等传统与新兴汇率预测方法。

表 3　自适应变元货币模型预测能力比较（日元兑人民币）

预测模型	$h=1$	$h=3$	$h=6$	$h=9$	$h=12$	$h=18$	$h=24$
随机游走	0.072	0.103	−1.645*	−1.991**	−2.932***	−3.476***	−6.639***
局部适应性	−1.444	−1.467	−1.482	−1.502	−1.672*	−1.991**	−1.629
乘数自适应可变窗	−1.303	−1.411	−1.311	−1.363	−1.468	−1.872*	−1.967**
其他最优基准模型	−1.201	−1.237	−1.334	−1.402	−1.553	−1.644*	−1.683*

注：表中结果为 DM 检验值，其中“*”、“**”和“***”分别表示在 10%、5% 和 1% 的显著性水平上显著。负值代表自适应变元货币模型优于基准模型，正值代表基准模型优于自适应变元货币模型。其他基准模型为马尔科夫机制转换模型、误差修正模型、其他经济基本面模型（包括弹性货币模型、购买力平价模型、利率平价模型、泰勒规则模型、偏移型泰勒规则模型）、最新发展的汇率预测模型（包括门限向量误差修正模型、贝叶斯门限向量误差修正模型、非线性泰勒规则模型、两类混合数据模型、非参数最优窗选择模型、变系数模型平均）、神经网络模型、随机森林树模型等机器学习算法等传统与新兴汇率预测方法。

附录2：定理证明

引理 1 ［Čížek 等（2009），定理 2.1］：假设$\beta_{i,t}\in\Theta$，其中 Θ 为紧集，$X_{i,t}$满足遍历性。对于任意的平滑函数f（·），存在$f^*>0$，使得对于任意的区间 $I=(t-n+1,\ t]$，满足：

$$E_{\beta^o_{i,t}}\left|\sum_I \{f(X_{i,t})-E_{\beta^o_{i,t}}f(X_{i,t})\}\right|^2\leqslant nf^*,\beta_{i,t}\in\Theta,$$

且对于任意的时点t，存在$\aleph>0$与$c(\aleph)>0$，使得$E\exp\{\aleph(\varepsilon^2_{i,t}-1)\mid F_{t-1}\}\leqslant c(\aleph)$，$\varepsilon_{i,t}$服从均值为零的正态分布。那么存在 $d(v,\ \beta^o_{i,t})>0$ 使得对于任意的区间I，对于任意$\zeta>0$，满足：

$$P_{\beta^o_{i,t}}(L(\tilde{\beta}_{i,t},\beta^o_{i,t},I)>\zeta)\leqslant\exp\{d(v,\beta^o_{i,t})-v\zeta\}$$

其中，$Q(\tilde{\beta}_{i,t}, \beta^o_{i,t}, I) = Q(\boldsymbol{Y}_{i,t}; I, \boldsymbol{X}_{i,t}, \tilde{\beta}_{i,t}) - Q(\boldsymbol{Y}_{i,t}; I, \boldsymbol{X}_{i,t}, \beta^o_{i,t})$。

定理 1 证明：

由 $Q(Y_{i,t};I,\boldsymbol{X}_{i,t},\beta_{i,t}) = L(\boldsymbol{Y}_{i,t+h};I,\boldsymbol{X}_{i,t},\beta_{i,t}) - n\sum_{s=1}^{p} p'_\lambda(|\beta^o_{i,s,t}|)|\beta|_{i,s,t}$，可知：$P_{\beta^o_{i,t}}(Q(\tilde{\beta}_{i,t},\beta^o_{i,t},I) > \zeta) \leqslant P_{\beta^o_{i,t}}\left(L\ \tilde{\beta}_{i,t},\beta^o_{i,t},I > \frac{\zeta}{2}\right) + P_{\beta^o_{i,t}}\left(p(\tilde{\beta}_{i,t},\beta^o_{i,t},I) > \frac{\zeta}{2}\right) = M_1 + M_2$

其中，$p(\tilde{\beta}_{i,t}, \beta^o_{i,t},I) = n\sum_{s=1}^{p} p'_\lambda(|\beta^o_{i,s,t}|)|\beta^o_{i,s,t}| - n\sum_{s=1}^{p} p'_\lambda(|\beta^o_{i,s,t}|)|\tilde{\beta}_{i,s,t}|$。

基于引理 1，我们可知：

$$M_1 \leqslant \exp\left\{d(v,\beta^o_{i,t}) - \frac{v\zeta}{2}\right\} \tag{A.4.1}$$

另外，$p(\tilde{\beta}_{i,t}, \beta^o_{i,t}, I) = n\sum_{s=1}^{p}p'_\lambda(|\beta^o_{i,s,t}|)(|\beta^o_{i,s,t}| - |\tilde{\beta}_{i,s,t}|)$，其中，$p'_\lambda(|\beta|) = \lambda I(|\beta| \leqslant \lambda) + \frac{(a\lambda - |\beta|)_+}{a-1}I(|\beta| > \lambda)$，当 $|\beta^o_{i,s,t}| = 0$ 时，$p'_\lambda(|\beta^o_{i,s,t}|) = 0$；当 $|\beta^o_{i,s,t}| \neq 0$ 时，$\lambda \to 0$ 当 $n \to \infty$，存在某一给定的 $N > 0$，使得 $p'_\lambda(|\beta^o_{i,s,t}|) = 0$。由此，我们可以得到：$p(\tilde{\beta}_{i,t},\beta^o_{i,t},I) \leqslant NC\ ||\ \tilde{\beta}_{i,t} - \beta^o_{i,t}\ ||$。同时，$M_2 = P_{\beta^o_{i,t}}(n\sum_{s=1}^{p} p_\lambda(|\beta^o_{i,s,t}|) - n\sum_{s=1}^{p} p_\lambda(|\tilde{\beta}_{i,s,t}|) > \frac{\zeta}{2}) \leqslant P_{\beta^o_{i,t}}(NC||\ \tilde{\beta}_{i,t} - \beta^o_{i,t}|| > \frac{\zeta}{2})$。依据假设 2，可得：

$$P_{\beta^o_{i,t}}\left(NC||\tilde{\beta}_{i,t} - \beta^o_{i,t}|| > \frac{\zeta}{2}\right) \leqslant \exp\{g(l,\beta^o_{i,t}) - l\zeta 2NC\} \tag{A.4.2}$$

基于（A.4.1）式与（A.4.2）式可知，存在 $e(l, \beta^o_{i,t}) > 0$，使得对于任意的区间 I，对于任意 $\zeta > 0$，满足：

$$P_{\beta^o_{i,t}}(Q(\tilde{\beta}_{i,t},\beta^o_{i,t},I)>\zeta)\leqslant\exp\{e(l,\beta^o_{i,t})-l\zeta\}\qquad(A.4.3)$$

同时，基于（A. 4. 3）式，我们有：

$$\begin{aligned}E_{\beta^o_{i,t}}|Q(\tilde{\beta}_{i,t},\beta^o_{i,t},I)|^r&\leqslant-\int_0^\infty\zeta^r d(\boldsymbol{P}_{\beta^o_{i,t}}(Q(\tilde{\beta}_{i,t},\beta^o_{i,t},I)>\zeta))\\&\leqslant r\int_0^\infty\zeta^{r-1}\boldsymbol{P}_{\beta^o_{i,t}}(Q(\tilde{\beta}_{i,t},\beta^o_{i,t},I)>\zeta)d\zeta\\&\leqslant r\int_0^\infty\zeta^{r-1}\exp\{e(l,\beta^o_{i,t})-l\zeta\}d\zeta\\&=R_r(\beta^o_{i,t})\end{aligned}$$

性质证明：$P_{\beta^o_{i,t}}(\beta^o_{i,t}\in\Lambda_I(\zeta_\alpha))=P_{\beta^o_{i,t}}(Q(\tilde{\beta}_{i,t},\beta^o_{i,t},I)\leqslant\zeta_\alpha)>1-\exp\{\log(\alpha)\}=1-\alpha$。

定理 2 证明：

考虑集合$\boldsymbol{B}_k=\{\widehat{I}=I_{k-1}\}$，$k\leqslant K$。即集合$\boldsymbol{B}_k$意味着$I_{k-1}$被接受为同质区间，而同时$I_k$则被拒绝接受为同质区间，其中：$I_k=[t-m_k+1,t]$。那么存在$\tau\in J(I_k)$，使得$T^{(k)}_{i,t}=\sup_{\tau\in J(I^{(k)}_i)}T_{i,I^{(k)}_i,\tau}>\zeta_k$。针对任意给定的$\tau\in J(I_k)$以及$J=I_k\setminus[\tau+1,t]$，$J^c=[\tau+1,t]$，依据定义有如下的不等式：

$$T^{(k)}_{i,t}\leqslant Q(\tilde{\beta}_J,J)+Q(\tilde{\beta}_{J^c},J^c)-Q(\beta^o_{i,t},J)=Q(\tilde{\beta}_J\beta^o_{i,t},J)+Q(\tilde{\beta}_{J^c},\beta^o_{i,t},J^c)$$

那么，$P_{\beta^o_{i,t}}(T^{(k)}_{i,t}>\zeta)\leqslant P_{\beta^o_{i,t}}(Q(\tilde{\beta}_J,\beta^o_{i,t},J)+Q(\tilde{\beta}_{J^c},\beta^o_{i,t},J^c)>\zeta)$

$$\leqslant P_{\beta^o_{i,t}}(Q(\tilde{\beta}_J,\beta^o_{i,t},J)>\frac{\zeta}{2})+P_{\theta^o_{i,t}}(Q(\tilde{\beta}_{J^c},\beta^o_{i,t},J^c)>\frac{\zeta}{2})$$

由定理 1 可知，

$$P_{\beta^o_{i,t}}\left(Q(\tilde{\beta}_J,\beta^o_{i,t},J)>\frac{\zeta}{2}\right)\leqslant\exp\left\{e(l,\beta^o_{i,t})-l\frac{\zeta}{2}\right\}$$

$$P_{\beta^o_{i,t}}\left(Q(\tilde{\beta}_{J^c},\beta^o_{i,t},J^c) > \frac{\zeta}{2}\right) \leqslant \exp\left\{e(l,\beta^o_{i,t}) - l\frac{\zeta}{2}\right\}$$

那么，遵循Čížek 等（2009），我们有：

$$\begin{aligned} P_{\beta^o_{i,t}}(\boldsymbol{B}_k) &\leqslant \sum_{t'=t-m_t+1}^{t-m_0}\sum_{\tau=t'+1}^{t-m_0+1} 2\exp\{e(l,\beta^o_{i,t}) - l\zeta_k/2\} \\ &\leqslant 2\frac{m_k^2}{2}\exp\{e(l,\beta^o_{i,t}) - l\zeta_k/2\} \end{aligned}$$

由 Cauchy - Schwartz 不等式可知：

$$\begin{aligned} E_{\beta^o_{i,t}}|Q(\tilde{\beta}^{(K)}_{i,t},\hat{\beta}_{i,t},I^{(K)}_t)|^r &= \sum_{k=1}^{K} E_{\beta^o_{i,t}}\{|Q(\tilde{\beta}^{(K)}_{i,t},\tilde{\beta}^{(k-1)}_{i,t},I^{(k)}_t)|^r \mathrm{I}(B_k)\} \\ &\leqslant \sum_{k=1}^{K} E^{\frac{1}{2}}_{\beta^o_{i,t}}|Q(\tilde{\beta}^{(K)}_{i,t},\tilde{\beta}^{(k-1)}_{i,t},I^{(k)}_t)|^{2r} P^{\frac{1}{2}}_{\beta^o_{i,t}}(B_k) \end{aligned}$$

其中，I（·）为示性函数。

由Čížek 等（2009）可知，存在一个给定的常数R^o_{2r}（$\beta^o_{i,t}$）>0，使得：

$$E_{\beta^o_{i,t}}|L(\tilde{\beta}^{(K)}_{i,t},\tilde{\beta}^{(k-1)}_{i,t},I^{(k)}_t)|^{2r} \leqslant \left(\frac{m_K}{m_{k-1}}\right)^{2r} R^o_{2r}(\beta^o_{i,t}) \qquad (\mathrm{A}.4.4)$$

基于（A.4.4）式与假设1、2、3，由定理2的证明步骤可知，存在一个给定的常数R^*_{2r}（$\beta^o_{i,t}$）>0，使得：

$$E_{\beta^o_{i,t}}|Q(\tilde{\beta}^{(K)}_{i,t},\tilde{\beta}^{(k-1)}_{i,t},I^{(k)}_t)|^{2r} \leqslant \left(\frac{m_K}{m_{k-1}}\right)^{2r} R^*_{2r}(\beta^o_{i,t})$$

那么：

$$E_{\beta^o_{i,t}}|Q(\tilde{\beta}^{(K)}_{i,t},\hat{\beta}_{i,t},I^{(K)}_t)|^r \leqslant R^*_{2r}(\beta^o_{i,t})^{\frac{1}{2}}\sum_{k=1}^{K} m_k\left(\frac{m_K}{m_{k-1}}\right)^r \exp\{e(l,\beta^o_{i,t})/2 - l\zeta_k/4\}$$

此时，只需要$a_1 l>4$；$a_2 l>8$，那么（A.4.4）式就可以得到满足。

引理2，假设定理3条件成立，那么我们有如下引理：

$$Q(\tilde{\beta}_{n1})-Q(\beta_n^*)=\frac{1}{2}\|D_{Q1}(\tilde{\beta}_{n1}-\beta_{n1}^*)\|^2+O_p(1) \quad (A.4.5)$$

证明：将 Q（β_n^*）在 $\tilde{\beta}_n$ 通过泰勒展开得到：

$$Q(\tilde{\beta}_n)-Q(\beta_n^*)=\frac{1}{2}(\beta_n^*-\tilde{\beta}_n)^{\mathrm{T}}\{-\nabla^2 Q(\beta_n^+)\}(\beta_n^*-\tilde{\beta}_n) \quad (A.4.6)$$

其中，向量 β_n^+ 位于向量 β_n^* 与向量 $\tilde{\beta}_n$ 之间。

针对足够大的样本量 n，向量 $\beta_n^*-\tilde{\beta}_n$ 中包含有 p_n 个以概率为 1 趋近为零的参变量（Kwon and Kim，2012）。由此我们可以假设，SCAD 惩罚函数进行参数估计后，我们得到的估计值 $\tilde{\beta}_n$ 中包含有对应于真实模型参数 β_n^* 的 p_n 个相同位置上的零元素。那么式（A.4.6）可以写为：

$$Q(\tilde{\beta}_n)-Q(\beta_n^*)=\frac{1}{2}(\beta_{n1}^*-\tilde{\beta}_{n1})^{\mathrm{T}}\{-\nabla_1^2 Q(\beta_n^+)\}(\beta_{n1}^*-\tilde{\beta}_{n1})$$

其中，$\nabla_1^2 Q$（β_n^+）为 $q_n\times q_n$ 矩阵；β_{n1}^*、$\tilde{\beta}_{n1}$ 分别对应于 β_n^* 与 $\tilde{\beta}_n$ 的非零部分。更进一步，我们可以将 $\nabla_1^2 Q$（β_n^+）写为：

$$\begin{aligned}\nabla_1^2 Q(\beta_n^+) &= \nabla_1^2 L(\beta_n^+)-n\nabla_1^2 p_{\lambda_n}(\beta_n^+)-\nabla_1^2 L(\beta_n^*)+\nabla_1^2 L(\beta_n^*)\\ &\quad -E\nabla_1^2 Q(\beta_n^*)+E\nabla_1^2 Q(\beta_n^*)\\ &=\{\nabla_1^2 L(\beta_n^+)-\nabla_1^2 L(\beta_n^*)\}+\{\nabla_1^2 L(\beta_n^*)-E\nabla_1^2 L(\beta_n^*)\}\\ &\quad +\{n\nabla_1^2 p_{\lambda_n}(\beta_n^*)-n\nabla_1^2 p_{\lambda_n}(\beta_n^+)\}+E\nabla_1^2 Q(\beta_n^*)\\ &\overset{def}{=} I_1+I_2+I_3+D_{Q_1}^2\end{aligned}$$

令 β_n^{++} 为 β_n^* 与 β_n^+ 之间的某一点并且满足：

$$\|I_1\|^2=\|(\beta_{n1}^+-\beta_{n1}^*)^{\mathrm{T}}\nabla_1\{\nabla_1^2 L(\beta_n^{++})\}\|^2$$

$$\leqslant \sum_{j,k,l=1}^{q_n}\left\{\frac{\partial^3 L(\beta_n^{++})}{\partial \beta_{nj}\partial \beta_{nk}\partial \beta_{nl}}\right\}^2 \| \beta_n^{+} - \beta_n^{*} \|^2$$

$$\leqslant \sum_{j,k,l=1}^{q_n}\left\{\sum_{i=1}^{n} U_{njlk}(Y_{ni})\right\}^2 O_p\left(\frac{q_n}{n}\right) = O_p(q_n^3 n^2)\, O_p\left(\frac{q_n}{n}\right) = O_p(q_n^4 n)$$

其中，U_{njlk}（Y_{ni}）满足假设 8。更进一步，若满足假设 5，我们可以得到：

$$\frac{1}{2}(\beta_{n1}^{*} - \tilde{\beta}_{n1})^{\mathrm{T}} I_1(\beta_{n1}^{*} - \tilde{\beta}_{n1}) \leqslant \| I_1 \| \| \beta_n^{*} - \tilde{\beta}_n \|^2 = O_p(q_n^2\sqrt{n})\, O_p\left(\frac{q_n}{n}\right) = o_p(1) \tag{A.4.7}$$

实际上I_2可以通过 Chebyshev 不等式得到：

$$P\left\{ \left\| \frac{1}{n}\nabla_1^2 L(\beta_n^{*}) - \frac{1}{n}\nabla_1^2 L(\beta_n^{*}) \right\| \geqslant \frac{\varepsilon}{q_n^2}\right\}$$

$$\leqslant \frac{q_n^4}{n^2\varepsilon^2} E \sum_{j,k=1}^{q_n}\left\{\frac{\partial^2 L(\beta_n^{*})}{\partial \beta_{nj}\partial \beta_{nk}} - E\frac{\partial^2 L(\beta_n^{*})}{\partial \beta_{nj}\partial \beta_{nk}}\right\}^2$$

$$= \frac{q_n^4}{n^2\varepsilon^2} O(q_n^2 n) = o(1)$$

并且：

$$\left\| \frac{1}{n}\nabla_1^2 L(\beta_n^{*}) - \frac{1}{n} E\,\nabla_1^2 L(\beta_n^{*}) \right\| = o_p\left(\frac{1}{q_n^2}\right) \tag{A.4.8}$$

更进一步，我们可以得到如下不等式：

$$\frac{1}{2}(\beta_{n1}^{*} - \tilde{\beta}_{n1})^{\mathrm{T}} I_2(\beta_{n1}^{*} - \tilde{\beta}_{n1}) \leqslant \| I_2 \| \| \beta_n^{*} - \tilde{\beta}_1 \|^2$$

$$= o_p\left(\frac{n}{q_n^2}\right) O_p\left(\frac{q_n}{n}\right)$$

$$= o_p\left(\frac{1}{n}\right) = o_p(1)$$

因为对所有的$q_n+1\leqslant j\leqslant p_n$，满足$p''_{\lambda_n}(\beta_{nj})=0$，那么$n^{-1}I_3$有：

$$\|\nabla_1^2 p_{\lambda_n}(\beta_n^*)-\nabla_1^2 p_{\lambda_n}(\beta_n^+)\| = \left[\sum_{j=1}^{q_n}\{p''_{\lambda_n}(\beta_{nj}^*)-p''_{\lambda_n}(\beta_{nj}^+)\}^2\right]^{1/2}$$

由于满足 Fan 和 Peng（2004）中的平滑性条件 D，等式右边为一有界变量。如果假设 1 成立，那么我们可以假设存在两个正数M_8与M_9且满足，如果β_1，$\beta_2>M_8\lambda_n$，那么$|p''_{\lambda_n}(\beta_1)-p''_{\lambda_n}(\beta_2)|\leqslant M_9|\beta_1-\beta_2|$。所以，当 n 足够大时，我们有：

$$\begin{aligned}\left[\sum_{j=1}^{q_n}\{p''_{\lambda_n}(\beta_{nj}^*)-p''_{\lambda_n}(\beta_{nj}^+)\}^2\right]^{1/2} &\leqslant \left[\sum_{j=1}^{q_n}\{M_9|\beta_{nj}^*-\beta_{nj}^+|\}^2\right]^{1/2}\\ &= M_9\|\beta_n^*-\beta_n^+\|\\ &= O_p\left(\sqrt{\frac{q_n}{n}}\right)=o_p\left(\frac{1}{q_n^{5/2}}\right)\end{aligned}$$

更进一步：

$$\frac{1}{2}(\beta_{n1}^*-\tilde{\beta}_{n1})^{\mathrm T}I_3(\beta_{n1}^*-\tilde{\beta}_{n1})\leqslant\frac{1}{2}\|I_3\|\|\beta_n^*-\tilde{\beta}_n\|^2=o_p\left(\frac{n}{q_n^{5/2}}\right)O_p\left(\sqrt{\frac{q_n}{n}}\right)=o_p(1)\tag{A.4.9}$$

综合（A.4.7）式、（A.4.8）式、（A.4.9）式，我们有：

$$\frac{1}{2}(\beta_{n1}^*-\tilde{\beta}_{n1})^{\mathrm T}\{-\nabla_1^2Q(\beta_n^+)\}(\beta_{n1}^*-\tilde{\beta}_{n1})=\frac{1}{2}(\beta_{n1}^*-\tilde{\beta}_{n1})^{\mathrm T}\{-E\nabla_1^2Q(\beta_n^*)\}(\beta_{n1}^*-\tilde{\beta}_{n1})+o_p(1)$$

引理 3，在定理 3 的假设条件下，我们有：

$$D_{Q1}(\tilde{\beta}_{n1}-\beta_{n1}^*)=D_{Q1}^{-1}\nabla_1Q(\beta_n^*)+o_p\left(\frac{1}{\sqrt{q_n}}\right)$$

证明：因为$\nabla_1Q(\tilde{\beta}_n)=\nabla_1L(\tilde{\beta}_n)-n\nabla_1p_{\lambda_n}(\tilde{\beta}_n)=0$，并且可

以在β_n^*处进行泰勒展开。于是我们可以得到如下结论：

$$0 = \nabla_1 L(\beta_n^*) + (\tilde{\beta}_{n1} - \beta_{n1}^*)^{\mathrm{T}} \nabla_1^2 L(\beta_n^*)$$

$$+ \frac{1}{2}(\tilde{\beta}_{n1} - \beta_{n1}^*)^{\mathrm{T}} \nabla_1^2 \{\nabla_1 L(\beta_n^+)\}(\tilde{\beta}_{n1} - \beta_{n1}^*)$$

$$- n \nabla_1 p_{\lambda_n}(\beta_n^*) - n(\tilde{\beta}_{n1} - \beta_{n1}^*)^T \nabla_1^2 P_{\lambda_n}(\beta_n^{++})$$

其中，β_n^+与β_n^{++}位于$\tilde{\beta}_n$与β_n^*之间，上述表达式还可以写成：

$$(\tilde{\beta}_{n1} - \beta_{n1}^*)^{\mathrm{T}} \{\nabla_1^2 L(\beta_n^*) - E\nabla_1^2 L(\beta_n^*) + n\nabla_1^2 P_{\lambda_n}(\beta_n^*) - n\nabla_1^2 p_{\lambda_n}(\beta_n^{++}) + E\nabla_1^2 Q(\beta_n^*)\}$$

$$= -\nabla_1 Q(\beta_n^*) - \frac{1}{2}(\tilde{\beta}_{n1} - \beta_{n1}^*)^{\mathrm{T}} \nabla_1^2 \{\nabla_1 L(\beta_n^+)\}(\tilde{\beta}_{n1} - \beta_{n1}^*) \qquad (A.4.10)$$

即，$(\tilde{\beta}_{n1} - \beta_{n1}^*)^{\mathrm{T}} \{I_2 + I_3 - D_{Q1}^2\} = -\nabla_1 Q(\beta_n^*) - I_4$。对$I_2$及$I_3$，我们有：

$$(\tilde{\beta}_{n1} - \beta_{n1}^*)^{\mathrm{T}} I_2 \leqslant \|\tilde{\beta}_n - \beta_n^*\| \|I_2\| = O_p(\sqrt{\frac{q_n}{n}})\, o_p\left(\frac{n}{q_n^2}\right) = o_p(\sqrt{\frac{n}{q_n^3}}) \qquad (A.4.11)$$

并且：

$$(\tilde{\beta}_{n1} - \beta_{n1}^*)^{\mathrm{T}} I_3 \leqslant \|\tilde{\beta}_n - \beta_n^*\| \|I_3\| = O_p(\sqrt{\frac{q_n}{n}})\, o_p\left(\frac{n}{q_n^{52}}\right) = o_p(\sqrt{\frac{n}{q_n^4}}) \qquad (A.4.12)$$

根据定理 3 的假设条件，我们有：

$$\left\|\frac{1}{n} I_4\right\|^2 \leqslant \frac{1}{n^2} \sum_{j,k,l=1}^{q_n} \left\{\frac{\partial^3 L(\beta_n^+)}{\partial \beta_{nj} \partial \beta_{nk} \partial \beta_{nl}}\right\}^2 \|\tilde{\beta}_n - \beta_n^*\|^4$$

$$\leqslant \frac{1}{n^2}\sum_{i=1}^{n} n \sum_{j,k,l=1}^{q_n} U_{njkl}^2(Y_{ni}) \| \tilde{\beta}_n - \beta_n^* \|^4$$

$$= O_p(q_n^3)\, O_p\left(\frac{q_n^2}{n^2}\right) = o_p\left(\frac{1}{n q_n}\right)$$

那么：

$$\| I_4 \| = o_p(\sqrt{\frac{n}{q_n}}) \tag{A.4.13}$$

综合（A. 4. 10）式、（A. 4. 11）式、（A. 4. 12）式和（A. 4. 13）式我们有：

$$\{-E\nabla_1^2 Q(\beta_n^*)\}(\tilde{\beta}_{n1} - \beta_{n1}^*) = D_{Q1}^2(\tilde{\beta}_{n1} - \beta_{n1}^*) = \nabla_1 Q(\beta_n^*) + o_p(\sqrt{\frac{n}{q_n}})$$

从假设 7 可知：$D_{Q1}(\tilde{\beta}_{n1} - \beta_{n1}^*) = D_{Q1}^{-1}\nabla_1 Q(\beta_n^*) + o_p\left(\frac{1}{\sqrt{q_n}}\right)$。接下来，我们将对定理 3 进行证明。

定理 3 证明：

将$Q(\tilde{\beta}_n)$在β_n^*处进行泰勒展开，那么可以得到：

$$\begin{aligned} Q(\tilde{\beta}_n) &= Q(\beta_n^*) + (\tilde{\beta}_n - \beta_n^*)^{\mathrm{T}} \nabla Q(\beta_n^*) \\ &\quad + \frac{1}{2}(\tilde{\beta}_n - \beta_n^*)^{\mathrm{T}} \nabla^2 Q(\beta_n^*)(\tilde{\beta}_n - \beta_n^*) \\ &\quad + \frac{1}{6}\nabla^{\mathrm{T}}\{(\tilde{\beta}_n - \beta_n^*)^{\mathrm{T}} \nabla^2 Q(\beta_n^+)(\tilde{\beta}_n - \beta_n^*)\}(\tilde{\beta}_n - \beta_n^*) \\ &\overset{\text{def}}{=} Q(\beta_n^*) + (\tilde{\beta}_n - \beta_n^*)^{\mathrm{T}} \nabla Q(\beta_n^*) + I_5 + I_6 \end{aligned}$$

其中，β_n^+位于$\tilde{\beta}_n$与β_n^*之间，针对I_5，我们有如下等式：

$$\nabla^2 Q(\beta_n^*) - E\nabla^2 Q(\beta_n^*) + E\nabla^2 Q(\beta_n^*) = \nabla^2 L(\beta_n^*) - E\nabla^2 L(\beta_n^*) + E\nabla^2 Q(\beta_n^*)$$

并且：

$$\begin{aligned}
&\frac{1}{2}(\tilde{\beta}_n - \beta_n^*)^{\mathrm{T}} \nabla^2 Q(\beta_n^*)(\tilde{\beta}_n - \beta_n^*) \\
&= \frac{1}{2}(\tilde{\beta}_{n1} - \beta_{n1}^*)^{\mathrm{T}} \nabla_1^2 Q(\beta_n^*)(\tilde{\beta}_{n1} - \beta_{n1}^*) \\
&\leqslant \frac{1}{2}\| \nabla_1^2 L(\beta_n^*) - \nabla_1^2 EL(\beta_n^*)\| \, \| \tilde{\beta}_n - \beta_n^* \|^2 \\
&+ \frac{1}{2}(\tilde{\beta}_{n1} - \beta_{n1}^*)^T E\nabla_1^2 Q(\beta_n^*)(\tilde{\beta}_{n1} - \beta_{n1}^*) \\
&\leqslant \frac{1}{2}(\tilde{\beta}_{n1} - \beta_{n1}^*)^T E\nabla_1^2 Q(\beta_n^*)(\tilde{\beta}_n - \beta_{n1}^*) + o_p(1) \\
&= \frac{1}{2}\| D_{Q1}(\tilde{\beta}_{n1} - \beta_{n1}^*)\|^2 + o_p(1)
\end{aligned} \tag{A.4.14}$$

其中，第二步不等式可以由（A.4.7）得到。

针对I_6，使用 Cauchy – Schwarz 不等式便可知：

$$\begin{aligned}
|I_6| &\leqslant \left| \frac{1}{6}\nabla^{\mathrm{T}}\{(\tilde{\beta}_n - \beta_n^*)^{\mathrm{T}} \nabla^2 L(\beta_n^+)(\tilde{\beta}_n - \beta_n^*)\}(\tilde{\beta}_n - \beta_n^*) \right| \\
&= \left| \frac{1}{6}\sum_{j,k,l=1}^{q_n} \frac{\partial^3 L(\beta_n^+)}{\partial\beta_{nj}\partial\beta_{nk}\partial\beta_{nl}}(\tilde{\beta}_{nj} - \beta_{nj}^*)(\tilde{\beta}_{nk} - \beta_{nk}^*)(\tilde{\beta}_{nl} - \beta_{nl}^*) \right| \\
&\leqslant \frac{1}{6}\left[\sum_{j,k,l=1}^{q_n}\left\{\frac{\partial^3 L(\beta_n^+)}{\partial\beta_{nj}\partial\beta_{nk}\partial\beta_{ml}}\right\}^2\right]^{1/2} \| \tilde{\beta}_n - \beta_n^* \|^3 \\
&\leqslant \frac{1}{6}\left[\sum_{i=1}^{n}\sum_{j,k,l=1}^{q_n} U_{njkl}^2(Y_{ni})\right]^{1/2} \| \tilde{\beta}_n - \beta_n^* \|^3 \\
&= O_p(n\, q_n^{3/2})\, O_p\left(\sqrt{\frac{q_n^3}{n^3}}\right)
\end{aligned}$$

$$= O_p(\sqrt{\frac{q_n^6}{n}}) = o_p(1) \tag{A.4.15}$$

使用（A. 4. 13）式与（A. 4. 14）式我们可以得到：

$$o_p(1) = Q(\tilde{\beta}_n) - Q(\beta_n^*) - (\tilde{\beta}_{n1} - \beta_{n1}^*)^{\mathrm{T}} \nabla_1 Q(\beta_n^*) + \frac{1}{2} \| D_{Q1}(\tilde{\beta}_{n1} - \beta_{n1}^*) \|^2$$

$$= Q(\tilde{\beta}_n) - Q(\beta_n^*) - \frac{1}{2} \| D_{Q1}^{-1} \nabla_1 Q(\beta_n^*) \|^2 + \frac{1}{2} \| D_{Q1}^{-1} \nabla_1 Q(\beta_n^*) \|^2$$

$$- (\tilde{\beta}_{n1} - \beta_{n1}^*)^{\mathrm{T}} D_{Q1} D_{Q1}^{-1} \nabla_1 Q(\beta_n^*) + \frac{1}{2} \| D_{Q1}(\tilde{\beta}_{n1} - \beta_{n1}^*) \|^2$$

$$\geqslant Q(\tilde{\beta}_n) - Q(\beta_n^*) - \frac{1}{2} \| D_{Q1}^{-1} \nabla_1 Q(\beta_n^*) \|^2$$

$$+ \frac{1}{2} \| D_{Q1}(\tilde{\beta}_{n1} - \beta_{n1}^*) - D_{Q1}^{-1} \nabla_1 Q(\beta_n^*) \|^2 \tag{A.4.16}$$

依据引理 2，（A. 4. 16）式最后一项为o_p（1）。至此，定理 3 得证。

定理 4 证明：

令 $\alpha_n = \sqrt{q_n/n}$，向量 $\omega \in \mathbb{R}^{p_n}$，并且对于所有的 $q_n < j \leqslant p_n$ 满足 $\omega_j = 0$。那么，令 $\| \omega \| = C$。如果我们能够证明，对于足够大的 n，并且针对所有的ε，存在一个给定的 C，满足：

$$\boldsymbol{P}\{ \sup_{\| \omega \| = C} L^{\circ}(\beta_n^* + \alpha_n \omega) < L^{\circ}(\beta_n^*) \} \geqslant 1 - \varepsilon$$

那么，在求$\{\beta_n^* + \alpha_n \omega,\ \| \omega \| \leqslant C\}$中将存在一个全局最优解$\widehat{\beta}_n^0$，以概率趋近于 1 满足 $\| \widehat{\beta}_n^0 - \beta_n^* \| = O_p(\sqrt{q_n/n})$。

定义，$V_n(\omega) = L^{\circ}(\beta_n^* + \alpha_n \omega) - L^{\circ}(\beta_n^*)$。对 $V_n(\omega)$ 进行泰勒展开：

$$V_n(\omega) = \alpha_n \nabla^{\mathrm{T}} L^{\circ}(\beta_n^*)\omega + \frac{1}{2}\omega^{\mathrm{T}} \nabla^2 L^{\circ}(\beta_n^*)\omega\, \alpha_n^2 + \frac{1}{6}\nabla^{\mathrm{T}}\{\omega^{\mathrm{T}} \nabla^2 L^{\circ}(\beta_n^+)\omega\}\omega\, \alpha_n^3 \stackrel{\mathrm{def}}{=} I^{\circ}{}_1 + I^{\circ}{}_2 + I^{\circ}{}_3$$

其中，β_n^+ 位于β_n^* 与$\beta_n^* + \alpha_n\omega$ 之间。

由于$\partial L(\beta_n^*)/\partial \beta_{nj} = O_p(\sqrt{n})$，并且$u_i$相互独立取值，我们也可以证明$\partial L^{\circ}(\beta_n^*)/\partial \beta_{nj} = O_p(\sqrt{n})$。那么进一步我们可知：

$$|I^{\circ}{}_1| = |\nabla^{\mathrm{T}} L^{\circ}(\beta_n^*)\omega| \leqslant \alpha_n \|\nabla_1^{\mathrm{T}} L^{\circ}(\beta_n^*)\| \|\omega\| = O_p(\alpha_n \sqrt{n\, q_n})\|\omega\| = O_p(\alpha_n^2 n)\|\omega\|$$

针对$I^{\circ}{}_2$，我们有：

$$\begin{aligned}\frac{1}{n} I^{\circ}{}_2 = &\frac{1}{2}\omega^{\mathrm{T}}\left\{\frac{1}{n}\nabla^2 L^{\circ}(\beta_n^*) - \frac{1}{n}E^{\circ}\nabla^2 L^{\circ}(\beta_n^*)\right\}\omega\, \alpha_n^2 \\ &+ \frac{1}{2}\omega^{\mathrm{T}}\left\{\frac{1}{n}E^{\circ}\nabla^2 L^{\circ}(\beta_n^*) - \frac{1}{n}E\,\nabla^2 L(\beta_n^*)\right\}\omega\, \alpha_n^2 \\ &+ \frac{1}{2}\omega^{\mathrm{T}}\left\{\frac{1}{n}E\,\nabla^2 L(\beta_n^*)\right\}\omega\, \alpha_n^2\end{aligned} \tag{A.4.17}$$

同时：

$$P\left\{\left\|\frac{1}{n}\nabla_1^2 L^{\circ}(\beta_n^*) - \frac{1}{n}E^{\circ}\nabla_1^2 L^{\circ}(\beta_n^*)\right\| \geqslant \frac{\varepsilon}{q_n^2}\right\}$$

$$\leqslant \frac{q_n^4}{\varepsilon^2}\sum_{j,k=1}^{q_n} \mathrm{Var}^{\circ}\left\{\frac{1}{n}\sum_{i=1}^{n}\frac{\partial^2 \log f_n(Y_{ni},\beta_n^*)\, u_i}{\partial \beta_{nj}\partial \beta_{nk}}\right\}$$

$$= \frac{q_n^4}{\varepsilon^2 n^2} O(q_n^2 n) = o_p(1)$$

或者：

$$\left\| \frac{1}{n} \nabla_1^2 L^\circ(\beta_n^*) - \frac{1}{n} E^\circ \nabla_1^2 L^\circ(\beta_n^*) \right\| = o_p\left(\frac{1}{q_n^2}\right) \qquad (A.4.18)$$

那么：

$$\begin{aligned} I^\circ_2 &= \frac{1}{2} n \alpha_n^2 o_p\left(\frac{1}{q_n^2}\right) \| \omega \|^2 + \frac{1}{2} \alpha_n^2 \omega^{\mathrm{T}} \{ E \nabla_1^2 L(\beta_n^*) \} \omega \\ &= -\frac{1}{2} n \alpha_n^2 \omega^{\mathrm{T}} I_n(\beta_n^*) \omega + o_p(1) n \alpha_n^2 \| \omega \|^2 \end{aligned}$$

接着，针对I°_3，我们能得到：

$$\begin{aligned} | I^\circ_3 | &= \left| \frac{1}{6} \nabla^{\mathrm{T}} \{ \omega^{\mathrm{T}} \nabla^2 L^\circ(\beta_n^*) \omega \} \omega \alpha_n^3 \right| \\ &= \left| \frac{1}{6} \sum_{j,k,l=1}^{q_n} \frac{\partial^3 L^\circ(\beta_n^*)}{\partial \beta_{nj} \partial \beta_{nk} \partial \beta_{nl}} \omega_j \omega_k \omega_l \alpha_n^3 \right| \\ &\leqslant \frac{1}{6} \sum_{i=1}^{n} \left[\sum_{j,k,l=1}^{q_n} \left\{ \frac{\partial^3 \log f_n(Y_{ni}, \beta_n^*) u_i}{\partial \beta_{nj} \partial \beta_{nk} \partial \beta_{nl}} \right\}^2 \right]^{1/2} \| \omega \|^3 \alpha_n^3 \\ &\leqslant \frac{1}{6} \sum_{i=1}^{n} \left\{ \sum_{j,k,l=1}^{q_n} U_{njkl}^2(Y_{ni}) u_i^2 \right\}^{1/2} \| \omega \|^3 \alpha_n^3 \\ &= O_p(q_n^{3/2} \alpha_n) n \alpha_n^2 \| \omega \|^3 \\ &= o_p(n \alpha_n^2) \| \omega \|^3 \end{aligned}$$

$$(A.4.19)$$

依据 Kwon 和 Kim（2012）的基本结论，我们可以得到：

$$\boldsymbol{P}\{ \max_{\beta_n \in \Omega_n} Q^\circ(\beta_n) \leqslant Q^\circ(\widehat{\beta}_n^0) \} \to 1, \text{当 } n \to \infty \text{。} \qquad (A.4.20)$$

首先，我们需要证明$\widehat{\beta}_n^0$满足：

$$\boldsymbol{P}\left\{ \max_{q_n < j \leqslant p_n} \left| \frac{\partial L^\circ(\widehat{\beta}_n^0)}{\partial \beta_{nj}} \right| \leqslant n \lambda_n \right\} \to 1, \text{当 } n \to \infty \qquad (A.4.21)$$

在β_n^*处进行泰勒展开，$q_n < j \leqslant p_n$，

$$\frac{\partial L^{\circ}(\widehat{\beta}_n^0)}{\partial \beta_{nj}} = \frac{\partial L^{\circ}(\beta_n^*)}{\partial \beta_{nj}} + (\widehat{\beta}_{n1}^0 - \beta_{n1}^*)^{\mathrm{T}} \nabla_1 \frac{\partial L^{\circ}(\beta_n^*)}{\partial \beta_{nj}} + \frac{1}{2}(\widehat{\beta}_{n1}^0 - \beta_{n1}^*)^{\mathrm{T}} \nabla_1^2 \frac{\partial L^{\circ}(\beta_n^+)}{\partial \beta_{nj}}(\widehat{\beta}_{n1}^0 - \beta_{n1}^*)$$

其中，β_n^+位于β_n^*与$\widehat{\beta}_n^0$之间，依据β_n^*与$\widehat{\beta}_n^0$的性质，我们可以得到：

$$\begin{aligned}
&\boldsymbol{P}\Big\{\max_{q_n < j \leqslant p_n} \Big| \frac{\partial L^{\circ}(\widehat{\beta}_n^0)}{\partial \beta_{nj}} \Big| > n\lambda_n\Big\} \\
&\leqslant \boldsymbol{P}\Big\{\max_{q_n < j \leqslant p_n} \Big| \frac{\partial L^{\circ}(\beta_n^*)}{\partial \beta_{nj}} \Big| > \frac{n\lambda_n}{5}\Big\} \\
&+ \boldsymbol{P}\Big\{\max_{q_n < j \leqslant p_n} \Big\| \nabla_1 \frac{\partial L^{\circ}(\beta_n^*)}{\partial \beta_{nj}} - E^{\circ} \nabla_1 \frac{\partial L^{\circ}(\beta_n^*)}{\partial \beta_{nj}} \Big\| \, \| \widehat{\beta}_n^0 - \beta_n^* \| > \frac{n\lambda_n}{5}\Big\} \\
&+ \boldsymbol{P}\Big\{\max_{q_n < j \leqslant p_n} \Big\| \nabla_1 \frac{\partial L(\beta_n^*)}{\partial \beta_{nj}} - E\, \nabla_1 \frac{\partial L^{\circ}(\beta_n^*)}{\partial \beta_{nj}} \Big\| \, \| \widehat{\beta}_n^0 - \beta_n^* \| > \frac{n\lambda_n}{5}\Big\} \\
&+ \boldsymbol{P}\Big\{\max_{q_n < j \leqslant p_n} \Big\| E\, \nabla_1 \frac{\partial L^{\circ}(\beta_n^*)}{\partial \beta_{nj}} \Big\| \, \| \widehat{\beta}_n^0 - \beta_n^* \| > \frac{n\lambda_n}{5}\Big\} \\
&+ \boldsymbol{P}\Big\{\max_{q_n < j \leqslant p_n} \Big\| \nabla_1^2 \frac{\partial L^{\circ}(\beta_n^+)}{\partial \beta_{nj}} \Big\| \, \| \widehat{\beta}_n^0 - \beta_n^* \|^2 > \frac{2n\lambda_n}{5}\Big\} \\
&\overset{\text{def}}{=} P_1 + P_2 + P_3 + P_4 + P_5
\end{aligned}$$

依据 Kwon 和 Kim（2012）引理 A. 1，P_1、P_2、P_3、P_4、P_5有界。根据假设 6、假设 9，我们可以得到：

$$\boldsymbol{P}\Big\{\Big| \frac{\partial L^{\circ}(\beta_n^*)}{\partial \beta_{nj}} \Big| > \sqrt{n}\kappa\Big\} \leqslant (\sqrt{n}\kappa)^{-2} \boldsymbol{E}\left(\frac{\partial L^{\circ}(\beta_n^*)}{\partial \beta_{nj}}\right)^2 = O(\kappa^{-2})$$

针对 $j \leqslant p_n$，有：$P_1 \leqslant \sum_{j=q_n+1}^{p_n} \boldsymbol{P}\left\{ \Big| \frac{\partial L^{\circ}(\beta_n^*)}{\partial \beta_{nj}} \Big| > \frac{n\lambda_n}{5}\right\} = O\left\{\frac{p_n}{(\sqrt{n}\lambda_n)^2}\right\} \to 0$

对第二部分，我们需要证明对于所有的$j \leqslant p_n$：

$$\boldsymbol{P}\{ \| \nabla_1 \frac{\partial L^{\circ}(\boldsymbol{\beta}_n^*)}{\partial \boldsymbol{\beta}_{nj}} - \boldsymbol{E}^{\circ} \nabla_1 \frac{\partial L^{\circ}(\boldsymbol{\beta}_n^*)}{\partial \boldsymbol{\beta}_{nj}} \| > \sqrt{n q_n} \boldsymbol{\kappa}\} = O(\boldsymbol{\kappa}^{-2})$$

实际上利用 Chebyshev 不等式与假设 9，我们可以得到对任意的$\boldsymbol{\kappa} > 0$：

$$\begin{aligned}
&\boldsymbol{P}\{ \| \nabla_1 \frac{\partial L^{\circ}(\boldsymbol{\beta}_n^*)}{\partial \boldsymbol{\beta}_{nj}} - \boldsymbol{E}^{\circ} \nabla_1 \frac{\partial L^{\circ}(\boldsymbol{\beta}_n^*)}{\partial \boldsymbol{\beta}_{nj}} \| > \sqrt{n q_n} \boldsymbol{\kappa}\} \\
&\leqslant (\sqrt{n q_n} \boldsymbol{\kappa})^{-2} \operatorname{Var}^{\circ} \sum_{k=1}^{q_n} \sum_{i=1}^{n} \frac{\partial^2 \log f_n(Y_{ni,\boldsymbol{\beta}_n^*}) u_i}{\partial \boldsymbol{\beta}_{nk} \partial \boldsymbol{\beta}_{nk}} \\
&= O(\boldsymbol{\kappa}^{-2}),
\end{aligned}$$

我们得到：

$$\begin{aligned}
P_2 &\leqslant \boldsymbol{P}\left(\| \widehat{\boldsymbol{\beta}}_n^0 - \boldsymbol{\beta}_n^* \| > \frac{q_n}{\sqrt{n}} \right) \\
&\quad + \boldsymbol{P}\left\{ \max_{q_n < j \leqslant p_n} \| \nabla_1 \frac{\partial L^{\circ}(\boldsymbol{\beta}_n^*)}{\partial \boldsymbol{\beta}_{nj}} - \boldsymbol{E}^{\circ} \nabla_1 \frac{\partial L^{\circ}(\boldsymbol{\beta}_n^*)}{\partial \boldsymbol{\beta}_{nj}} \| > \frac{n\sqrt{n}\,\boldsymbol{\lambda}_n}{5 q_n} \right\} \\
&= o(1) + O\left[\frac{p_n}{\{ n \boldsymbol{\lambda}_n / (q_n \sqrt{q_n}) \}^2} \right] \to 0
\end{aligned}$$

由 Kwon 和 Kim（2012）中的定理 3 结论可知，$P_3 \to 0$、$P_4 \to 0$。接下来我们对P_5进行分析。

$$\boldsymbol{P}\{ \| \nabla_1^2 \frac{\partial L^{\circ}(\boldsymbol{\beta}_n^+)}{\partial \boldsymbol{\beta}_{nj}} \| > n q_n \boldsymbol{\kappa}\} = O(\boldsymbol{\kappa}^{-2})$$

依照假设 8 和假设 9 及 Markov 不等式，我们可以得到：

$$\begin{aligned}
&\boldsymbol{P}\left\{ \| \nabla_1^2 \frac{\partial L^{\circ}(\boldsymbol{\beta}_n^+)}{\partial \boldsymbol{\beta}_{nj}} \| > n q_n \boldsymbol{\kappa} \right\} \\
&\leqslant (n q_n \boldsymbol{\kappa})^{-2} E \left\{ \| \nabla_1^2 \frac{\partial L^{\circ}(\boldsymbol{\beta}_n^+)}{\partial \boldsymbol{\beta}_{nj}} \| \right\}^2
\end{aligned}$$

$$= (nq_n\kappa)^{-2}\sum_{k,l=1}^{q_n}E\left\{\sum_{i=1}^{n}\frac{\partial^3\log f_n(Y_{ni},\beta_n^+)u_i}{\partial\beta_{nj}\partial\beta_{nk}\partial\beta_{nl}}\right\}^2$$

$$= O(\kappa^{-2})$$

进一步，$n\to\infty$：

$$P_5 \leqslant \boldsymbol{P}\left(\|\widehat{\beta_n^0}-\beta_n^*\|^2 > \frac{q_n\sqrt{q_n}}{n}\right)$$

$$+\boldsymbol{P}\left\{\max_{q_n<j\leqslant p_n}\|\nabla_1^2\frac{\partial L^\circ(\beta_n^+)}{\partial\beta_{nj}}\| > \frac{2n^2\lambda_n}{5q_n\sqrt{q_n}}\right\}$$

$$= o(1)+O\left[\frac{p_n}{\{n\lambda_n/(q_n^2\sqrt{q_n})\}^2}\right]\to 0$$

至此我们证明了（A. 4. 21）式。

接下来，我们证明（A. 4. 20）式，通过泰勒展开，我们有：

$$L^\circ(\beta_n)-L^\circ(\widehat{\beta_n^0}) = (\beta_n-\widehat{\beta_n^0})^{\mathrm{T}}\nabla L^\circ(\widehat{\beta_n^0})+\frac{1}{2}(\beta_n-\widehat{\beta_n^0})^{\mathrm{T}}\nabla^2L^\circ(\beta_n^+)(\beta_n-\widehat{\beta_n^0})$$

其中，β_n^+位于β_n^*与$\widehat{\beta_n^0}$之间。通过（A. 4. 20）式及$\widehat{\beta_n^0}$的定义我们可知：

$$(\beta_n-\widehat{\beta_n^0})^{\mathrm{T}}\nabla L^\circ(\widehat{\beta_n^0}) = \sum_{j=1}^{p_n}\frac{\partial L^\circ(\widehat{\beta_n^0})}{\partial\beta_{nj}}(\beta_{nj}-\widehat{\beta_{nj}^0}) \leqslant \sum_{j=q_n+1}^{p_n}o_p(n\lambda_n)|\beta_{nj}|$$

更进一步，由假设 5 ~ 10 可知，存在$M_{10}>0$，满足：

$$\frac{1}{2}(\beta_n-\widehat{\beta_n^0})^{\mathrm{T}}\nabla^2L^\circ(\beta_n^+)(\beta_n-\widehat{\beta_n^0}) \leqslant -nM_{10}\|\beta_n-\widehat{\beta_n^0}\|^2$$

进一步，$Q^\circ(\beta_n)-Q^\circ(\widehat{\beta_n^0}) \leqslant \sum_{j=1}^{p_n}nw_{nj}$，其中，$w_{nj}=o_p(\lambda_n)|\beta_{nj}|\mathbf{I}(j>q_n)-M_{10}(\beta_{nj}-\widehat{\beta_{nj}^0})^2+n^{-1}\sum_{i=1}^{n}u_i\sum_{j=1}^{p_n}p_{\lambda_n}(|\widehat{\beta_{nj}^0}|)-n^{-1}\sum_{i=1}^{n}u_i\sum_{j=1}^{p_n}p_{\lambda_n}(|\beta_{nj}|)$

依据 Kwon 和 Kim（2012）定理 2 的证明，及其$n^{-1}\sum_{i=1}^{n}u_i=O_p(1)$，$\sum_{j=1}^{p_n}w_{nj}\leqslant 0$，我们可以证明（A. 4. 20）式。

假设定理 3 条件满足，那么有以下结论：

$$D_{Q1}(\tilde{\beta}_{n1}^{0}-\beta_{n1}^{*})=D_{Q1}^{-1}\nabla_1 Q^{\circ}(\beta_n^{*})+o_p\left(\frac{1}{\sqrt{q_n}}\right)$$

证明：将$\nabla_1 Q^{\circ}(\tilde{\beta}_n^{0})$在$\beta_n^{*}$位置上进行泰勒展开，

$$\begin{aligned}0&=\nabla_1 Q^{\circ}(\tilde{\beta}_n^{0})=\nabla_1 L^{\circ}(\tilde{\beta}_n^{0})-\sum_{i=1}^{n}u_i\nabla_1 p_{\lambda_n}(\tilde{\beta}_n^{0})\\&=\nabla_1 L^{\circ}(\beta_n^{*})+(\tilde{\beta}_{n1}^{0}-\beta_{n1}^{*})^{\mathrm{T}}\nabla_1^2 L^{\circ}(\beta_n^{*})\\&+\frac{1}{2}(\tilde{\beta}_{n1}^{0}-\beta_{n1}^{*})^{\mathrm{T}}\nabla_1^2\{\nabla_1 L^{\circ}(\beta_n^{+})\}(\tilde{\beta}_{n1}^{0}-\beta_{n1}^{*})\\&-\sum_{i=1}^{n}u_i\nabla_1 p_{\lambda_n}(\beta_n^{*})-(\tilde{\beta}_{n1}^{0}-\beta_{n1}^{*})^{\mathrm{T}}\sum_{i=1}^{n}u_i\nabla_1^2 p_{\lambda_n}(\beta_n^{++})\end{aligned}$$

其中，β_n^{+}和β_n^{++}位于$\tilde{\beta}_n^{0}$和β_n^{*}之间。整理上式得到：

$$\begin{aligned}&(\tilde{\beta}_{n1}^{0}-\beta_{n1}^{*})^{\mathrm{T}}\{\nabla_1^2 L^{\circ}(\beta_n^{*})-\sum_{i=1}^{n}u_i\nabla_1^2 p_{\lambda_n}(\beta_n^{++})\}\\&=-\nabla_1 Q^{\circ}(\beta_n^{*})-\frac{1}{2}(\tilde{\beta}_{n1}^{0}-\beta_{n1}^{*})^{\mathrm{T}}\nabla_1^2\{\nabla_1 L^{\circ}(\beta_n^{+})\}(\tilde{\beta}_{n1}^{0}-\beta_{n1}^{*})\end{aligned}\tag{A. 4. 22}$$

那么我们可以得到：

$$\nabla_1^2 L^\circ(\beta_n^*) - \sum_{i=1}^{n} u_i \nabla_1^2 p_{\lambda_n}(\beta_n^{++}) = \nabla_1^2 L^\circ(\beta_n^*) - E^\circ \nabla_1^2 L^\circ(\beta_n^*)$$
$$+ \nabla_1^2 L(\beta_n^*) - E \nabla_1^2 L(\beta_n^*)$$
$$+ n \nabla_1^2 p_{\lambda_n}(\beta_n^*) - \sum_{i=1}^{n} u_i \nabla_1^2 p_{\lambda_n}(\beta_n^{++})$$
$$+ E \nabla_1^2 Q(\beta_n^*)$$
$$\overset{def}{=} I^\circ{}_4 + I_2 + I^\circ{}_5 - D_{Q1}^2$$

其中，$\| I^\circ{}_4 \| = o_p\ (n/q_n^2)$，$\| I_2 \| = o_p\ (n/q_n^2)$，$\| I^\circ{}_5 \| = o_p\ (1)$。

$$(\tilde{\beta}_{n1}^0 - \beta_{n1}^*)^{\mathrm{T}} \{\nabla_1^2 L^\circ(\beta_n^*) - \sum_{i=1}^{n} u_i \nabla_1^2 p_{\lambda_n}(\beta_n^{++})\} = (\tilde{\beta}_{n1}^0 - \beta_{n1}^*)^{\mathrm{T}} D_{Q1}^2 + o_p\left(\sqrt{\frac{n}{q_n^3}}\right)$$

针对足够大的 n，

$$(\tilde{\beta}_{n1}^0 - \beta_{n1}^*)^{\mathrm{T}} \{\nabla_1^2 L^\circ(\beta_n^*) - \sum_{i=1}^{n} u_i \nabla_1^2 p_{\lambda_n}(\beta_n^{++})\}$$
$$= (\tilde{\beta}_{n1}^0 - \beta_{n1}^*)^{\mathrm{T}} D_{Q1}^2 + o_p\left(\sqrt{\frac{n}{q_n^3}}\right)$$
$$\leqslant \left\| \frac{1}{2n} (\tilde{\beta}_{n1}^0 - \beta_{n1}^*)^{\mathrm{T}} \nabla_1^2 \{\nabla_1 L^\circ(\beta_n^+)\} (\tilde{\beta}_{n1}^0 - \beta_{n1}^*) \right\|^2$$
$$\leqslant \frac{1}{n^2} \sum_{j,k,l=1}^{q_n} \left\{ \frac{\partial^3 L^\circ(\beta_n^+)}{\partial \beta_{nj} \partial \beta_{nk} \partial \beta_{nl}} \right\}^2 \| \tilde{\beta}_{n1}^0 - \beta_n^* \|^4$$
$$\leqslant \frac{1}{n^2} \sum_{i=1}^{n} n \sum_{j,k,l=1}^{q_n} \{U_{njkl}^2(Y_{ni})\, u_i^2\} \| \tilde{\beta}_n^0 - \beta_n^* \|^4$$
$$= O_p(q_n^3)\, O_p\left(\frac{q_n^2}{n^2}\right) = o_p\left(\frac{1}{n\, q_n}\right)$$

那么，结合（A. 4. 22）式我们可以得到：$D_{Q1}^2\ (\tilde{\beta}_{n1}^0 - \beta_{n1}^*) = \nabla_1 Q^\circ\ (\beta_n^*)$

$+o_p\left(\sqrt{\frac{n}{q_n}}\right)$，更进一步，$D_{Q1}\ (\tilde{\beta}^0_{n1}-\beta^*_{n1})\ =D^{-1}_{Q1}\nabla_1 Q^\circ\ (\beta^*_n)\ +o_p\left(\frac{1}{\sqrt{q_n}}\right)$，则以上结论得证。

同样，我们也可得到关于 SCAD 惩罚估计系数及其对应自举估计系数的结论：

$$D_{Q1}(\tilde{\beta}^0_{n1}-\tilde{\beta}_{n1}) = D^{-1}_{Q1}\{\nabla_1 Q^\circ(\beta^*_n) - \nabla_1 Q(\beta^*_n)\} + o_p\left(\frac{1}{\sqrt{q_n}}\right) \tag{A. 4. 23}$$

引理 4，在定理 3 条件成立下，我们有如下结论：

$$Q^\circ(\tilde{\beta}^0_n) - Q^\circ(\tilde{\beta}_n) = \frac{1}{2}\| D_{Q1}(\tilde{\beta}^0_{n1}-\tilde{\beta}_{n1})\|^2 + o_p(1)$$

证明：将$Q^\circ\ (\tilde{\beta}_n)$在$\tilde{\beta}^0_n$处进行泰勒展开得到：

$$Q^\circ(\tilde{\beta}^0_n) - Q^\circ(\tilde{\beta}_n) = \frac{1}{2}(\tilde{\beta}_n-\tilde{\beta}^0_n)^{\mathrm{T}}\{-\nabla^2 Q^\circ(\beta^+_n)\}(\tilde{\beta}_n-\tilde{\beta}^0_n),$$

其中，β^+_n 位于$\tilde{\beta}_n$与$\tilde{\beta}^0_n$之间。假设 n 足够大，我们可以得到，

$$Q^\circ(\tilde{\beta}^0_n) - Q^\circ(\tilde{\beta}_n) = \frac{1}{2}(\tilde{\beta}_{n1}-\tilde{\beta}^0_{n1})^{\mathrm{T}}\{-\nabla^2_1 Q^\circ(\beta^+_n)\}(\tilde{\beta}_{n1}-\tilde{\beta}^0_{n1}) \tag{A. 4. 24}$$

那么：

$$\begin{aligned}\nabla^2_1 Q^\circ(\beta^+_n) = {} & \nabla^2_1 L^\circ(\beta^+_n) - \nabla^2_1 L^\circ(\beta^*_n) + \sum_{i=1}^n u_i \nabla^2_1 p_{\lambda_n}(\beta^*_n) - \sum_{i=1}^n u_i \nabla^2_1 p_{\lambda_n}(\beta^+_n) \\ & + \nabla^2_1 L^\circ(\beta^*_n) - E^\circ \nabla^2_1 L^\circ(\beta^*_n) + \sum_{i=1}^n (1-u_i)\nabla^2_1 p_{\lambda_n}(\beta^*_n) \\ & + \nabla^2_1 L(\beta^*_n) - E\nabla^2_1 L(\beta^*_n) + E\nabla^2_1 L(\beta^*_n)\end{aligned}$$

$$\overset{def}{=} I^{\circ}_{6} + n^{-1}\sum_{i=1}^{n} u_i I_3 + I^{\circ}_{4} + I^{\circ}_{7} + I_2 - D^2_{Q1}$$

根据（A.4.4）式、（A.4.6）式与（A.4.16）式，我们可以得到：

$$\frac{1}{2}(\tilde{\beta}_{n1} - \tilde{\beta}^{0}_{n1})^{\mathrm{T}}(n^{-1}\sum_{i=1}^{n} u_i I_3 + I^{\circ}_{4} + I_2)(\tilde{\beta}_{n1} - \tilde{\beta}^{0}_{n1}) = o_p(1) \tag{A.4.25}$$

现在，针对I°_{6}，我们有：

$$\begin{aligned}\| I^{\circ}_{6} \|^2 &= \| (\beta^{+}_{n1} - \beta^{*}_{n1})^{\mathrm{T}} \nabla^{\mathrm{T}}_{1}\{\nabla^2_1 L^{\circ}(\beta^{++}_{n})\} \|^2 \\ &\leqslant \sum_{j,k,l=1}^{q_n} \left\{\frac{\partial^3 L^{\circ}(\beta^{++}_{n})}{\partial \beta_{nj}\partial \beta_{nk}\partial \beta_{nl}}\right\}^2 \| \beta^{+}_{n} - \beta^{*}_{n} \|^2 \\ &\leqslant O_p\left(\frac{q_n}{n}\right)\sum_{j,k,l=1}^{q_n} n \sum_{i=1}^{n} U^2_{njkl}(Y_{ni})\, u^2_i = O_p(q^4_n n)\end{aligned}$$

那么，若假设 5 成立，根据定理 3 ~4 可知：

$$\frac{1}{2}(\tilde{\beta}_{n1} - \tilde{\beta}^{0}_{n1})^{\mathrm{T}} I^{\circ}_{6}(\tilde{\beta}_{n1} - \tilde{\beta}^{0}_{n1}) \leqslant \frac{1}{2} \| I^{\circ}_{6} \| \| \tilde{\beta}_{n} - \tilde{\beta}^{0}_{n} \|^2 = O_p(q^2_n\sqrt{n})\, O_p\left(\frac{q_n}{n}\right) = o_p(1), \tag{A.4.26}$$

针对I°_{7}，对于满足条件的 λ 我们有：

$$\frac{1}{2}(\tilde{\beta}_{n1} - \tilde{\beta}^{0}_{n1})^{\mathrm{T}} I^{\circ}_{7}(\tilde{\beta}_{n1} - \tilde{\beta}^{0}_{n1}) \xrightarrow{P} 0, \text{当 } n \to \infty$$

综合（A.4.24）式、（A.4.25）式、（A.4.26）式及定理 4 的结论，引理 3 得证。

定理 5 证明：

依据泰勒展开，我们有：

$$Q^{\circ}(\tilde{\beta}^{0}) = Q^{\circ}(\tilde{\beta}_{n}) + (\tilde{\beta}_{n}^{0} - \tilde{\beta})^{T} \nabla Q^{\circ}(\tilde{\beta}_{n})$$
$$+ \frac{1}{2}(\tilde{\beta}_{n}^{0} - \tilde{\beta}_{n})^{T} \nabla^{2} Q^{\circ}(\tilde{\beta}_{n})(\tilde{\beta}_{n}^{0} - \tilde{\beta}_{n})$$
$$+ \frac{1}{6} \nabla^{T}\{(\tilde{\beta}_{n}^{0} - \tilde{\beta}_{n})^{T} \nabla^{2} Q^{\circ}(\beta_{n}^{+})(\tilde{\beta}_{n}^{0} - \tilde{\beta}_{n})\}(\tilde{\beta}_{n}^{0} - \tilde{\beta}_{n}) \tag{A.4.27}$$

其中，β_{n}^{+}位于$\tilde{\beta}_{n}$与$\tilde{\beta}_{n}^{0}$之间。

通过 SCAD 惩罚函数性质及（A.5.24）式、（A.5.27）式我们可知：

$$\frac{1}{6} \nabla^{T}\{(\tilde{\beta}_{n}^{0} - \tilde{\beta}_{n})^{T} \nabla^{2} Q^{\circ}(\beta_{n}^{+})(\tilde{\beta}_{n}^{0} - \tilde{\beta}_{n})\}(\tilde{\beta}_{n}^{0} - \tilde{\beta}_{n}) = o_{p}(1)$$

我们有：

$$o_{p}(1) = Q^{\circ}(\tilde{\beta}_{n}^{0}) - Q^{\circ}(\tilde{\beta}_{n}) - (\tilde{\beta}_{n1}^{0} - \tilde{\beta}_{n1})^{T} \nabla_{1} Q^{\circ}(\tilde{\beta}_{n})$$
$$+ \frac{1}{2} \| D_{Q1}(\tilde{\beta}_{n1}^{0} - \tilde{\beta}_{n1}) \|^{2}$$
$$= Q^{\circ}(\tilde{\beta}_{n}^{0}) - Q^{\circ}(\tilde{\beta}_{n}) - (\tilde{\beta}_{n1}^{0} - \tilde{\beta}_{n1})^{T}\{\nabla_{1} Q^{\circ}(\tilde{\beta}_{n}) - \nabla_{1} Q(\tilde{\beta}_{n})\}$$
$$+ \frac{1}{2} \| D_{Q1}(\tilde{\beta}_{n1}^{0} - \tilde{\beta}_{n1}) \|^{2}$$
$$= Q^{\circ}(\tilde{\beta}_{n}^{0}) - Q^{\circ}(\tilde{\beta}_{n}) - (\tilde{\beta}_{n1}^{0} - \tilde{\beta}_{n1})^{T} D_{Q1} D_{Q1}^{-1}\{\nabla_{1} Q^{\circ}(\tilde{\beta}_{n}) - \nabla_{1} Q(\tilde{\beta}_{n})\}$$
$$- \frac{1}{2} \| D_{Q1}^{-1}\{\nabla_{1} Q^{\circ}(\tilde{\beta}_{n}) - \nabla_{1} Q(\tilde{\beta}_{n})\} \|^{2}$$
$$+ \frac{1}{2} \| D_{Q1}^{-1}\{\nabla_{1} Q^{\circ}(\tilde{\beta}_{n}) - \nabla_{1} Q(\tilde{\beta}_{n})\} \|^{2} + \frac{1}{2} \| D_{Q1}(\tilde{\beta}_{n1}^{0} - \tilde{\beta}_{n1}) \|^{2}$$
$$\geqslant Q^{\circ}(\tilde{\beta}_{n}^{0}) - Q^{\circ}(\tilde{\beta}_{n}) - \frac{1}{2} \| D_{Q1}^{-1}\{\nabla_{1} Q^{\circ}(\tilde{\beta}_{n}) - \nabla_{1} Q(\tilde{\beta}_{n})\} \|^{2}$$
$$+ \frac{1}{2} \| D_{Q1}(\tilde{\beta}_{n1}^{0} - \tilde{\beta}_{n1}) - D_{Q1}^{-1}\{\nabla_{1} Q^{\circ}(\tilde{\beta}_{n}) - \nabla_{1} Q(\tilde{\beta}_{n})\} \|^{2} + o_{p}(1)$$

依照（A. 4. 23）式结论可知，上述推导中最后一项为高阶无穷小量。定理 5 得证。

定理 6 证明：

依据定理 3 的结论，我们知道：

$$Q(\tilde{\beta}_n) - Q(\beta_n^*) = \frac{1}{2}\| D_{Q1}^{-1} \nabla_1 Q(\beta_n^*) \|^2 + o_p(1)$$

令$D_L^2 = -E\nabla^2 L(\beta_n^*)$，$D_{L1}^2$与$D_{L1}^{-2}$分别代表了前$q_n \times q_n$子矩阵及其逆矩阵。如果假设 5 成立，于是我们有，$Q(\tilde{\beta}_n) - Q(\beta_n^*) = \frac{1}{2}\| D_{L1}^{-1}\nabla_1 L(\beta_n^*) \|^2 + o_p(1)$，对应的自举模式为，$Q^\circ(\tilde{\beta}_n^0) - Q^\circ(\tilde{\beta}_n) = \frac{1}{2}\| D_{L1}^{-1}\{\nabla_1 L^\circ(\beta_n^*) - \nabla_1 L(\beta_n^*)\} \|^2 + o_p(1)$。

由于$D_{L1}^{-1}\nabla_1 L(\beta_n^*) \xrightarrow{L} N(0, I_{q_n})$，由 Fan 和 Peng（2004）可以得到：

$$2\{Q(\tilde{\beta}_n) - Q(\beta_n^*)\} \xrightarrow{L} \chi_{q_n}^2,$$

针对$D_{L1}^{-1}\{\nabla_1 L^\circ(\beta_n^*) - \nabla_1 L(\beta_n^*)\}$，我们可以有：

$$E^\circ[D_{L1}^{-1}\{\nabla_1 L^\circ(\beta_n^*) - \nabla_1 L(\beta_n^*)\}] = E^\circ \sum_{i=1}^{n} D_{L1}^{-1} \nabla_1 \log f_n(Y_{ni}, \beta_n^*)(u_i - 1) = 0$$

证明定理 6 的关键在于证明$G^\circ(\cdot)$的方差依概率收敛至I_{q_n}。首先，类似于（A. 4. 8）式，我们可以得到：

$$\left\| \frac{1}{n}\nabla_1 L(\beta_n^*)\nabla_1^{\mathrm{T}} L(\beta_n^*) + \frac{1}{n}E\nabla_1^2 L(\beta_n^*) \right\| = o_p\left(\frac{1}{q_n^2}\right)$$

更进一步：

$$
\begin{aligned}
& \mathrm{Var}^{\circ}[D_{L1}^{-1}\{\nabla_1 L^{\circ}(\beta_n^*) - \nabla_1 L(\beta_n^*)\}] \\
&= \mathrm{Var}^{\circ}[\sum_{i=1}^{n} D_{L1}^{-1} \nabla_1 \log f_n(Y_{ni}, \beta_n^*)(u_i - 1)] \\
&= \sum_{i=1}^{n} D_{L1}^{-1} \nabla_1 \log f_n(Y_{ni}, \beta_n^*) \nabla_1^{\mathrm{T}} \log f_n(Y_{ni}, \beta_n^*) D_{L1}^{-1} \\
&= D_{L1}^{-1}\{\sum_{i=1}^{n} \nabla_1 \log f_n(Y_{ni}, \beta_n^*) \nabla_1^{\mathrm{T}} \log f_n(Y_{ni}, \beta_n^*) - D_{L1} + D_{L1}\} D_{L1}^{-1} \\
&\leqslant \gamma_{\max}\{I_{n1}(\beta_n^*)\} \| \frac{1}{n} \nabla_1 L(\beta_n^*) \nabla_1^{\mathrm{T}} L(\beta_n^*) + \frac{1}{n} E \nabla_1^2 L(\beta_n^*) \| + I_{q_n} \\
&= I_{q_n} + o_p(1)
\end{aligned}
$$

类似于 Fan 和 Peng（2004），我们可以证明$D_{L1}^{-1}\nabla_1 \log f_n$（$Y_{ni}$，$\beta_n^*$）（$u_i -1$）依然满足 Lindeberg 条件。依据中心极限定理，我们有，

$$
D_{L1}^{-1}\{\nabla_1 L^{\circ}(\beta_n^*) - \nabla_1 L(\beta_n^*)\} \xrightarrow{L} N(0, I_{q_n})
$$

即，$2\{Q^{\circ}(\tilde{\beta}_n^0) - Q^{\circ}(\tilde{\beta}_n)\} \xrightarrow{L} \chi_{q_n}^2$，定理 6 得证。

第五章　汇率期限结构建模

基于现有汇率预测实证研究（Cheung et al.，2005；Cao et al.，2019），可知汇率的预测具有很大困难，在短期汇率预测过程中也很难超越随机游走模型。如 Rossi（2013）指出，汇率模型的预测能力取决于用于预测的模型解释变量、预测期限与预测模型的选择等相关因素。在这一章中，我们提出一种汇率期限结构建模方法，重点关注模型的结构与模型解释变量的构建。

从汇率建模所采用的解释变量类型来看，汇率预测模型可以分为采用宏观基本面变量进行的建模方式（Engel et al.，2007；Sarno amd Sojli，2009）与采用具有时变特征的汇率基本面变量（Bacchetta amd Van Wincoop，2013；Fratzscher en al.，2015）对汇率进行预测。但是，上面两种建模方式都依赖宏观经济信息，对汇率市场本身所隐含的微观信息关注较少，从而削弱了相关模型对汇率的样本外预测能力。而正如 Evans（2010）指出，汇率预测模型不仅仅需要关注宏观经济基本面的信息变化，还需要对汇率市场的微观结构予以考虑。Cao 等（2019）基于 NS 模型提出了一种结合宏观基本信息与微观市场结构的汇率期限建模方法，并采用了 VAR 建模方式对相应因子进行预测，不过该建模方式忽略了对应因子在建模过程中可能存在的模型参数的结构性变化。根据抵补利率平价理论，在某个观测时点上，利率期限结构的变动影响了不同到期期限的远期汇率，因此远期汇率也应该呈现相应的期限结构特征。这一章中，我们通过远期汇率的定价公式推导汇率的期限结构模型，依据远期汇率的定价公式，我们便可推导即期汇率的期限结构。

从本章的创新点来看，首先是构建了一种汇率的期限结构模型；其次是将适应性建模方法与即期汇率的期限结构模型相结合，构建汇率期限结构模型，结果显示，此方法能显著提高即期汇率的短期预测精度；最后是将汇率的期限结构模型与马尔科夫机制转换模型相结合，发现，自“811”汇改之后，外生冲击对美元兑人民币汇率的影响有明显的作用，在“811”汇改之前，外生冲击对美元兑人民币汇率的影响主要体现在2008年全球金融危机与2010~2012年的欧债危机阶段。

第一节　汇率的三因子理论模型

假设模型的状态变量是即期汇率 S，国内利率 r 和国外利率 r^*，我们可假设即期汇率服从 Ornstein-Uhlenbeck 形式的几何布朗运动（Amin，1991；Hilliard et al.，1998；冯芸等，2011）：

$$dr = a_1(b_1 - r(t))dt + \sigma_r dW_r$$
$$dr^* = a_2(b_2 - r^*(t))dt + \sigma_{r^*} dW_{r^*}$$
$$dS/S = (\mu_s - r^*(t))dt + \sigma_s dW_s$$

其中，σ_r与σ_{r^*}分别代表即期汇率回报的方差。那么可以证明，远期汇率的价格可表达为①：

$$F(t,T) = \frac{S(t)\alpha(\tau)\,e^{-\gamma \cdot r^*(t)}}{P(t,T)}$$

① 具体推导过程可见本章附录1。

其中：

$$\alpha(\tau,t) = \exp\left[\frac{(\gamma-\tau)(b_2(a_2)^2-(\sigma_{r^*})^2/2+a_2\rho_{r,r^*}\sigma_{r^*}\sigma_s)}{(a_2)^2}-\frac{(\sigma_{r^*})^2\gamma^2}{4a_2}\right]$$

$$\gamma = \frac{1-e^{-a_2\tau}}{a_2}$$

$$\tau = T-t$$

$$P(t,T) = E_t[e^{-\int_t^T r(t)ds}]$$

进一步，若假设 τ 取值足够小，那么 $\gamma=\frac{1-e^{-a_2\tau}}{a_2}=\tau$，$\alpha(\tau,t)=\exp\left[-\frac{(\sigma_{r^*})^2\tau^2}{4a_2}\right]$，且 $r(t)$ 与 $r^*(t)$ 在对应时间间隔 $[0,\tau]$ 内，到期限为 τ 的国债到期收益率分别记为 $r_\tau(t)$ 与 $r_\tau^*(t)$，令 $\bar{r}_\tau$ 为使得 $E_t[e^{-\int_t^T(r(t)-\bar{r}_\tau(t))ds}]=1$ 的到期期限为 τ 的国债平均收益率。

$$F(t,T)=\frac{S(t)\alpha(\tau)e^{-\tau\cdot r_\tau^*(t)}}{E_t[e^{-\int_t^T(r(t)-\bar{r}_\tau)ds}]e^{-\tau\cdot\bar{r}_\tau}}=S(t)\alpha(\tau)e^{\tau\cdot(\bar{r}_\tau(t)-r_\tau^*(t))} \tag{5.1}$$

$$F(t+\tau,T)=\frac{S(t+\tau)\alpha(0)e^{-0\cdot r^*(t+\tau)}}{E_t[e^{-\int_T^T(r(s)-\bar{r}_\tau)ds}]e^{-0\cdot\bar{r}_\tau}}=S(t+\tau) \tag{5.2}$$

令，$s_{t+\tau}=\ln[S(t+\tau)]$，$s_t=\ln[S(t)]$。

$$\Delta s_t=\ln[S(t+\tau)]-\ln[S(t)]=F_{1,t}+F_{2,t}+F_{3,t} \tag{5.3}$$

其中：

$$F_{1,t}=\ln[F(t+\tau,T)]-\ln[F(t,T)]$$

$$F_{2,t}=\ln[\alpha(\tau,t)]=-\frac{(\sigma_{r^*})^2\tau^2}{4a_2}$$

$$F_{3,t}=\tau\cdot(\bar{r}_\tau(t)-r_\tau^*(t))$$

特别的，若假设 $r_\tau(t)$ 与 $r_\tau^*(t)$ 在时间间隔 $[0,\tau]$ 为常数，那么

可以得到连续时间的利率评价公式：

$$F(t,T) = \frac{S(t)\, e^{-\tau \cdot r_{\tau}^{*}(t)}}{P(t,T)} \approx S(t)\, e^{(r_{\tau} - r_{\tau}^{*})\tau} \tag{5.4}$$

从而可知：

$$\ln(S(t+\tau)) - \ln(S(t)) = [\ln[F(t+\tau,T)] - \ln[F(t,T)]] + \tau \cdot (r_{\tau}^{*} - r_{\tau}) \tag{5.5}$$

在时间间隔［0，τ］内，根据 Diebold 和 Li（2006）的基本设置，到期期限为 τ 的国外国债到期收益率 r_{τ}^{*}（t）与国内到期期限为 τ 的国债平均到期收益率 $\bar{r}_{\tau}$（t）可以表示为：

$$r_{\tau}^{*}(t) = b_{r_{\tau}^{*},1,t} + b_{r_{\tau}^{*},2,t}\left(\frac{1-e^{-\lambda\tau}}{\lambda\tau}\right) + b_{r_{\tau}^{*},3,t}\left(\frac{1-e^{-\lambda\tau}}{\lambda\tau} - e^{-\lambda\tau}\right) + w_{r_{\tau}^{*},t,\tau}$$

$$\bar{r}_{\tau}(t) = b_{\bar{r}_{\tau},1,t} + b_{\bar{r}_{\tau},2,t}\left(\frac{1-e^{-\lambda\tau}}{\lambda\tau}\right) + b_{\bar{r}_{\tau},3,t}\left(\frac{1-e^{-\lambda\tau}}{\lambda\tau} - e^{-\lambda\tau}\right) + w_{\bar{r}_{\tau},t,\tau}$$

那么基于式（5.3），Δs_t 可以写为具有 NS 结构的表述式：

$$\Delta s_t = \Gamma_{1,t+\tau} + \Gamma_{2,t+\tau}\left(\frac{1-e^{-\lambda\tau}}{\lambda\tau}\right) + \Gamma_{3,t+\tau}\left(\frac{1-e^{-\lambda\tau}}{\lambda\tau} - e^{-\lambda\tau}\right) + \xi_{t+\tau} \tag{5.6}$$

其中：

$$\Gamma_{1,t+\tau} = F_{1,t} - \frac{(\sigma_{r^{*}})^{2}\,\tau^{2}}{4\,a_{2}} + \tau \cdot (b_{r_{\tau}^{*},1,t} - b_{\bar{r}_{\tau},1,t})$$

$$\Gamma_{2,t+\tau} = \tau \cdot (b_{r_{\tau}^{*},2,t} - b_{\bar{r}_{\tau},2,t})$$

$$\Gamma_{3,t+\tau} = \tau \cdot (b_{r_{\tau}^{*},3,t} - b_{\bar{r}_{\tau},3,t})$$

（5.6）式构建了 NS 形式的即期汇率的期限结构模型，NS 建模形式可将汇率的微观信息在汇率期限结构的水平因子 $\Gamma_{1,t+\tau}$，斜率因子 $\Gamma_{2,t+\tau}$ 与曲率因子 $\Gamma_{3,t+\tau}$ 上得到体现。从水平因子的构成来看，可知即期汇率水平因子受到远期汇率价格、国外利率波动与即期汇率水平的影响。

第二节　汇率期限结构模型

一　基本模型

基于式（5.6）我们有如下的汇率期限结构模型：

$$s_{t+h}-s_t=\bar{\Gamma}_{1,t+h}+\bar{\Gamma}_{2,t+h}\left(\frac{1-e^{-\lambda h}}{\lambda h}\right)+\bar{\Gamma}_{3,t+h}\left(\frac{1-e^{-\lambda h}}{\lambda h}-e^{-\lambda h}\right)+\xi_{t+h} \tag{5.7}$$

令$\Gamma_t=[\bar{\Gamma}_{1,t},\ \bar{\Gamma}_{2,t},\ \bar{\Gamma}_{3,t}]^{\mathrm{T}}$，那么写成状态空间模式为：

$$Y_{t+1}=A\,\Gamma_{t+1}+\xi_{t+1} \tag{5.8}$$

$$\Gamma_{t+1}=\Phi_t\,\Gamma_t+\theta_t\,X_t+\nu_{t+1} \tag{5.9}$$

其中$X_t=[le_t,\ le_t^*,\ SDR_t]^{\mathrm{T}}$为宏观经济变量，包含了国内经济领先指数、国外经济领先指数与本币在SDR货币篮子中的价格指数，并且：

$$Y_t=[s_t-s_{t-1},s_t-s_{t-2},\cdots,s_t-s_{t-d}]^{\mathrm{T}}$$

$$A=\begin{bmatrix}1 & \dfrac{1-e^{-\lambda}}{\lambda} & \dfrac{1-e^{-\lambda}}{\lambda}-e^{-\lambda}\\ 1 & \dfrac{1-e^{-2\lambda}}{2\lambda} & \dfrac{1-e^{-2\lambda}}{2\lambda}-e^{-2\lambda}\\ \vdots & \vdots & \vdots\\ 1 & \dfrac{1-e^{-d\lambda}}{d\lambda} & \dfrac{1-e^{-d\lambda}}{d\lambda}-e^{-d\lambda}\end{bmatrix}$$

二　适应性建模

在这一部分，我们将针对（5.9）式进行适应性建模，构建汇率期限结构模型UTSE（Unified Term Structure of Exchange）模型。处于现实世界的经济模型因受经济政策与外生事件的冲击，模型参数往往存在结构性变化，因此在时间点 t，本书将已知样本分成一组相互嵌套的多个子区间，$I_t^{(1)} \subset I_t^{(2)} \subset$，…，$\subset I_t^{(K)}$，每个区间中包含有 $m^{(k)}$，$k=1$，2，…，K 个观测点，$I_t = [t - m^{(k)} + 1,\ t]$，并采用适应性建模方法对模型参数进行估计。不妨令 $\tilde{\beta}_{i,t}^{(k)} = \underset{\beta_i}{\operatorname{argmax}} L\ (Y_{i,t};\ I_t^{(k)},\ X_{i,t},\ \beta_{i,t})$，其中 $L\ (Y_{i,t};\ I_t^{(k)},\ X_{i,t},\ \beta_{i,t})$ 代表了（5.9）式所对应的对数似然方程，待估参数 $\beta_{i,t} = [\Phi_t,\ \theta_t]$，对数似然比可以写为：

$$T_{i,t}^{(k)} = \left| L(Y_{i,t+h}; I_t^{(k)}, X_{i,t}, \tilde{\beta}_{i,t}^{(k)}) - L(Y_{i,t+h}; I_t^{(k)}, X_{i,t}, \tilde{\beta}_{i,t}^{(k-1)}) \right|^{1/2}$$

当 $T_{i,t}^{(k-1)} \leqslant \zeta_{i,k-1,t}$，$T_{i,t}^{(k)} > \zeta_{i,k,t}$ 时，即似然比统计量 $T_{i,t}^{(k)}$ 高于某一个给定的临界值 $\zeta_{i,k,t}$ 时，则说明参数估计值 $\tilde{\beta}_{i,t}^{(k)}$ 与 $\tilde{\beta}_{i,t}^{(k-1)}$ 存在显著差异，区间 $I_t^{(k)}$ 并非同质化区间，此时的自适应参数估计值为 $\hat{\beta}_{i,t}^{(k)} = \tilde{\beta}_{i,t}^{(k-1)}$，其中 $\hat{\beta}_{i,t}^{(k-1)}$ 为在时刻 t 时 $\beta_{i,t}$ 的适应性参数估计，$I_t^{(k-1)}$ 为 t 时刻的最大化同质区间，使用最大化同质区间估计参数 $\beta_{i,t}$，基于（5.9）式：

$$\hat{\Gamma}_{t+1} = \hat{\Phi}_t \Gamma_t + \hat{\theta}_t X_t$$

此时 $\hat{Y}_{t+1} = A\hat{\Gamma}_{t+1}$，由此可以得到汇率预测取值。

三　美元兑人民币汇率的实证分析

本节实证分析所使用的数据来自 Wind 数据库、ICEC 数据库、世界银行与 Bloomberg 数据终端，样本外拟合区间为 2011 年 1 月至 2019 年 3 月。数据内容主要包括美元兑人民币、美元兑欧元、美元兑英镑与美元兑日元的月度数据；其他宏观经济变量包含了美国、中国、日本、英国与欧元区域的经济领先指数，以及美元、人民币、日元、欧元的 SDR 货币篮子中的相应价格。

基于图 5 - 1 的直观表现，汇率期限结构模型 UTSE 的样本外拟合效果相比于泰勒规则模型有较为优良的表现。同时，从表 5 -

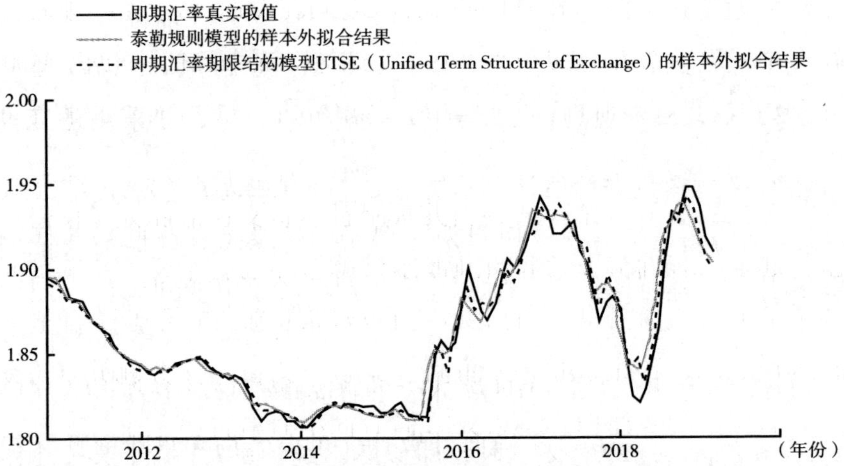

图 5-1　美元兑人民币向前 1 步预测结果

1 的预测误差和实际样本外拟合结果来看，汇率期限结构模型 UTSE 在短期样本外的预测效果中相比于随机游走模型、非线性泰勒规则模型、泰勒规则模型与非线性 PPP 模型具有较为优良的表现。

UTSE 能提高短期汇率样本外预测的精度主要表现在两方面。一方面，UTSE 将汇率分解成三个微观因子（水平因子、斜率因子、曲率因子）与相应载荷乘积的和，而这三个因子分别能从水平方面、斜率方面与曲率方面对汇率走势进行刻画。另一方面，UTSE 将汇率的期限结构模型与适应性算法相结合，使用适应性建模方法对水平因子、斜率因子与曲率因子进行预期，适应性建模方法在对水平因子、斜率因子与曲率因子的预测上具有相比于传统预测方法较小的预测误差，同时在适应性算法部分，我们还考虑了相关的宏观经济基本面因素。总体来看，汇率期限结构模型 UTSE 将宏观与微观信息进行了结合，并考虑到了相关参数的结构性变化，因此提高了模型对汇率的预测能力。

表 5 -1 各模型预测能力比较（美元兑人民币）

对应模型	$h=1$	
	RMSE	MAE
UTSE	**0.0069**	**0.0045**
RW	0.0086	0.0055
TS	0.0080	0.0050
NTaylor	0.0089	0.0057
LTaylor	0.0092	0.0061
NPPP	0.0090	0.0058

注：NTaylor 代表了非线性泰勒规则模型；LTaylor 代表了 Molodtsova 和 Papell（2009）提出的泰勒规则模型；NPPP 代表了 Cheung 等（2018）所提出的非线性 PPP 模型，TS 代表了 Cao 等（2019）所提出的汇率期限结构模型，UTSE（Unified Term Structure of Exchange）代表了汇率期限结构模型。表中黑色字体代表了具有最小预测误差的模型。

如Evans（2010）指出的，当模型能同时将汇率市场微观结构与宏观基本面因素相结合时，将有助于提高模型对汇率的预测能力。TS（Term Structure）建模与 UTSE（Unified Term Structure of Exchange）建模的相同点在于两模型不仅考虑了汇率市场的微观结构，同时在因子预测过程中也考虑了宏观基本面变量。在表 5 -1 中，我们可以关注到 TS 与 UTSE 在样本外预测中相比于随机游走模型具有更小的预测误差。UTSE 比 TS 模型具有更小的预测误差，一个主要原因来源于 UTSE 能在因子预测过程中考虑到由微观结构与宏观基本面变化带来的参数结构性变化。关于美元兑欧元、美元兑日元与美元兑英镑的预测结果见附录2。

第三节　汇率的状态空间转移模型

一　理论模型

基于 Wang 等（2019）的理论，即期汇率可以通过以下的泰勒模型进行建模，即：

$$s_{t+h} - s_t = c_t + \alpha_t(r_{t,h} - r_{t,h}^*) + \varepsilon_{t+h}$$

由此，我们将汇率变动表示为：

$$s_{t+h} - s_t = f_{1,t} + f_{2,t} + f_{3,t+h}$$

其中，$f_{1,t}$代表了水平趋势，$f_{2,t}$代表了周期性因素，$f_{3,t+h}$则代表了外生冲击。那么模型可以写为如下的表达形式：

$$\begin{aligned} s_{t+h} - s_t &= f_{1,t} + f_{2,t} + f_{3,t+h} \\ f_{1,t} &= f_{1,t-1} \\ f_{2,t} &= \vartheta_f f_{2,t-1} + \gamma_{f,t} \\ f_{3,t} &= \theta_f f_{3,t-1} + \mu_{f,t} \end{aligned}$$

接下来，我们可以使用状态空间模型来刻画汇率的变动趋势，那么有：

$$\begin{aligned} s_{t+h} - s_t &= M x_t + \varepsilon_t \\ x_t &= \Phi x_{t-1} + \zeta_t \end{aligned}$$

其中，

$$\Phi = \begin{bmatrix} \vartheta_f & 0 & 0 & 0 \\ 1 & 0 & 0 & 0 \\ 0 & 0 & \theta_f & 0 \\ 0 & 0 & 0 & 1 \end{bmatrix}$$

$$x_t = [f_{2,t}, f_{2,t-1}, f_{3,t}, f_{1,t}]^{\mathrm{T}}$$

为了检验汇率变动是受周期性因素影响还是受外生冲击因素影响，我们可以设置 $M_1 = [1,0,1,1]$，或者 $M_2 = [1,0,0,1]$。当 $M = M_1$ 时，汇率受周期性因素影响；当 $M = M_2$ 时，汇率受外生冲击因素影响。

二　汇率的状态转移实证

在这一部分，我们将讨论美元兑人民币、欧元兑美元的状态转移情形。基于理论模型的分解，我们可将汇率走势分解成周期波动部分与外生冲击部分，并讨论外生冲击部分的影响因素。

我们令 $P_1(t) = P_r(M_t = M_1)$，$P_2(t) = P_r(M_t = M_2)$ 分别代表汇率受周期性因素影响与受外生冲击因素影响，那么，$\hat{y}(t+1 \mid t) = M_{j*,t}\hat{x}_{t+1}$。其中：

$$j* = \underset{j}{\operatorname{argmax}}\{P_j(t+1 \mid t) \mid j = 1,2\}$$

并假设：$P_1(1 \mid 0) = P_2(1 \mid 0) = 0.5$。

（一）美元兑人民币

基于理论模型，在这一节中我们研究美元兑人民币与欧元兑美元汇率的状态转移的分解，如图 5－2 与图 5－3 所示。在状态转移的分解过程中，将汇率变动的走势过程分解成外生冲击带来的突然上升或是突然下降的变动与周期性的波动。其中，周期性的驱动因素来源于汇率的期限结构，受汇率市场的微观结构所影响；外生冲击由宏观经济因素等变动引起，在一定程度上加剧了汇率的变动。

从图 5－2 可知，人民币汇率在“811”汇改之前较少受到外生冲击的影响，其波动主要来自周期性的汇率因素，外生冲击产生的波动出现在 2008 年金融危机期间与 2010～2012 年的欧债危机期间。自“811”汇改之后，外生冲击对人民币汇率走势的影响显著加剧，人

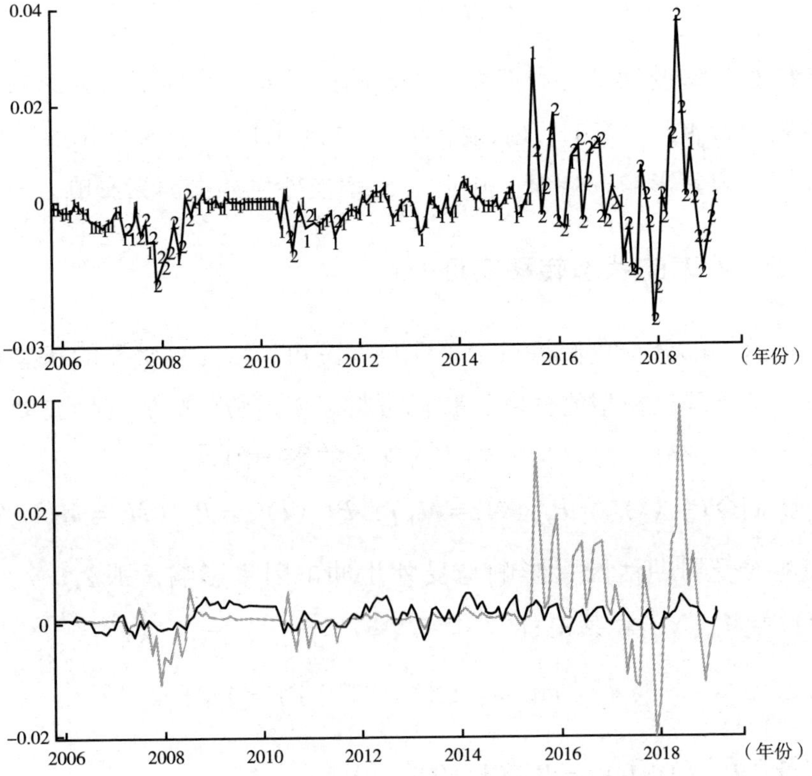

图 5－2　美元兑人民币的状态转移分解

注：上图中的标识为“2”的点或是下图中的浅色虚线曲线代表了美元兑人民币汇率走势中受到冲击引发的极速上升或是极速下降，上图中的标识为“1”的点或是下图中的深色实践则代表了周期性的驱动因素。

民币汇率受到宏观经济波动的影响明显。直观上可见“811”汇改显著推动了人民币的国际化进程。

在理论模型中，$\Delta f_{3,t}$代表了来自外生冲击对美元兑人民币汇率的影响，这种影响通过图 5－2 中的标识为“2”的点或浅色虚线得以体现。我们将$\Delta f_{3,t}$与国内经济领先指数、国外经济领先指数与本国货币在 SDR 货币篮子中的价格指数进行如下回归：

$$\Delta f_{3,t} = \alpha_1 \Delta le_t + \alpha_2 \cdot le_t^* + \alpha_3 \Delta SDR_t + \varepsilon_t$$

其中，Δle_t为美国经济领先指数，Δle_t^*为欧元区经济领先指数，ΔSDR_t为美元在 SDR 货币篮子中的价格指数。

表 5-2　外生冲击的影响因素分析（美元兑人民币）

变量	Δle_t	Δle_t^*	ΔSDR_t
平稳性	是	是	是
参数取值	-0.0017*	0.0017*	-0.0111***
标准差	0.0009	0.0009	0.0008
Adj. R^2	0.0751		

注：Δle_t为美国经济领先指数，Δle_t^*为欧元区经济领先指数，ΔSDR_t为美元在 SDR 货币篮子中的价格指数。

（二）美元兑欧元

我们分析影响汇率的极速上升或是极速下降的相关因素。由表 5-2可知，中、美两国的经济先行指标的变动，以及人民币在 SDR 货币篮子中的价格变动能影响美元兑人民币汇率的极速上升或是极速下降。宏观基本面与汇率基本面因素的变动是引发汇率发生突然波动的原因。

将汇率的状态空间转移模型应用到美元兑欧元汇率的建模之上，结果则由图 5-3 所示。在美元兑欧元汇率的走势中，冲击引发的汇率的极速上升或是极速下降与汇率的周期性因素具有较多重叠，在大多数时候周期性因素占据了主导地位，并且波动方向在多数时间也是相同的。2008 年金融危机与 2010～2012 年的欧债危机对美元兑欧元汇率的外生冲击影响较大。同样，我们将$\Delta f_{1,3,t}$与欧元区经济领先指数、美国经济领先指数与美元在 SDR 货币篮子中的价格指数进行如下回归：

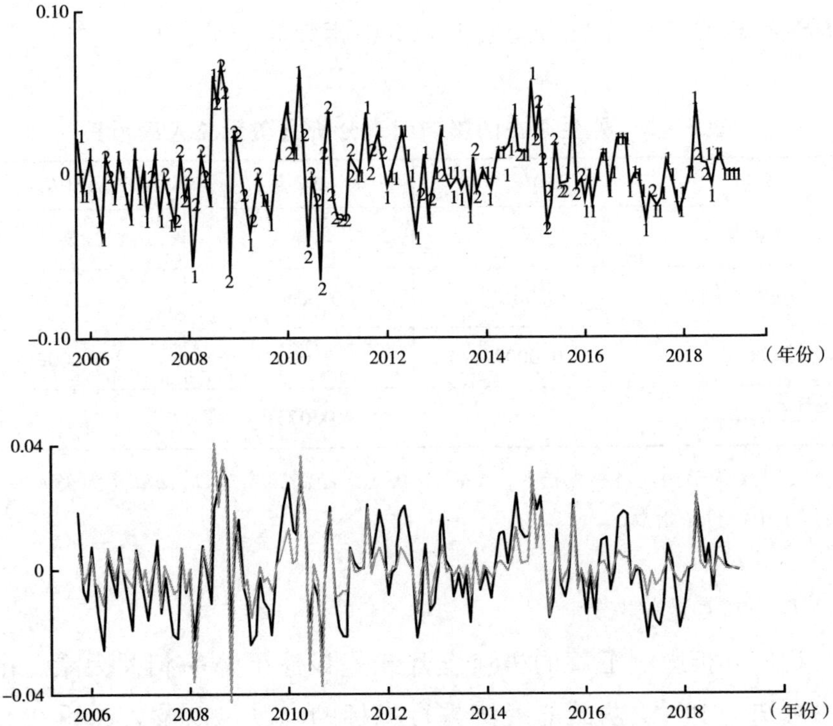

图 5－3　美元兑欧元的状态转移分解

注：其中上图中的标识为“2”的点或是下图中的浅色虚线代表了美元兑欧元汇率走势中受到冲击引发的极速上升或是极速下降，上图中的黑色标识为“1”的点或是下图中的深色实线则代表了周期性的驱动因素。

$$\Delta f_{3,t} = \alpha_1 \Delta le_t + \alpha_2 \Delta le_t^* + \alpha_3 \Delta SDR_t + \varepsilon_t$$

其中，Δle_t 为美国经济领先指数，Δle_t^* 为欧元区经济领先指数，ΔSDR_t 为美元在 SDR 货币篮子中的价格指数。

进一步，我们分析影响美元兑欧元汇率突然上升或是突然下降的相关因素。与美元兑人民币汇率相类似，由表 5－3 可知，欧元区域与美国的经济先行指标、欧元在 SDR 货币篮子中的价格都能左右欧元兑美元汇率的突然上升或是突然下降。由此可见，宏观经济基本面与汇率基本面因素的变动是引起汇率不断波动的原因，也是汇率走势的冲击来源之一。

表 5－3　外生冲击的影响因素分析（欧元兑美元）

变量	Δle_t	Δle_t^*	ΔSDR_t
平稳性	是	是	是
参数取值	－0.0131*	0.0102	－0.7150***
标准差	0.0070	0.0133	0.0748
Adj. R^2	0.3511		

注：Δle_t为美国经济领先指数，Δle_t^*为欧元区经济领先指数，ΔSDR_t为美元在 SDR 货币篮子中的价格指数。

结　论

在本章中，首先我们基于 NS 模型构建了一种汇率的期限结构模型，将汇率分解成了三个微观因子与对应载荷乘积的和的形式，将汇率市场的微观结构纳入了汇率的建模中来。其次是将适应性建模方法与汇率的期限结构模型相结合，借助适应性方法能及时探测参数的结构性变化这一特征，构建了适应性汇率期限结构模型，从美元兑人民币、美元兑欧元、美元兑日元、美元兑英镑汇率的样本外预测结果来看，此方法能显著提高即期汇率的短期预测精度；最后是将汇率的状态空间期限结构模型与马尔科夫机制转换相结合，我们发现宏观经济基本面因素与汇率基本面因素能影响汇率的外生冲击，推动汇率走势的极速变化。在美元兑人民币汇率的研究中，我们看到自“811”汇改之后，外生冲击对美元兑人民币汇率有显著的影响，汇改之后，人民币汇率的走势主要受宏观外生冲击的影响，周期性影响趋缓。但在“811”汇改之前，汇率的浮动主要来源于周期性因素的影响，外生冲击对美元兑人民币汇率的影响主要体现在2008年全球金融危机与2010~2012年的欧债危机阶段。由此可见，“811”汇改是一个关键节点，此次汇改显著提升了人民币汇率与宏观经济因素的关联。

附录1：远期汇率价格公式的证明

假设 $X = s - \int_t^T r(u)\,du$，由Ito公式可知：

$$dX = \left(r - r^* - \frac{1}{2}\sigma_s^2\right)dt + \sigma_s d W_s - d\left(\int_t^T r(u)\,du\right)$$

由此可得，$X(T) = \ln(S(T)) - \frac{1}{2}\sigma_s^2\tau - \int_t^T r^*(v)\,dv + \sigma_s\int_t^T d W_s(u)$，并在此等式两边同时求期望得到：

$X(T) = ln(S(T)) - \frac{1}{2}\sigma_s^2\tau - \int_t^T r^*(v)\,dv$。求解国外利率的风险中性随机微分方程：$d r^* = a_2(b_2 - r^*(t))\,dt + \sigma_{r^*} d W_{r^*}$，得到：

$$r^* - b_2 = e^{-a_2 t}(r^*(0) - b_2) + \int_0^t e^{a_2(u-t)}\sigma(u)\,d W_s(u)$$

进一步：$r^*(v) = b_2(1 - e^{a_2(t-v)}) + e^{a_2(t-v)} r^*(t) + \sigma\int_t^v e^{a_2(u-t)}\sigma(u)\,d W_s(u)$

由此我们可知：

$$E_t[X(T)] = ln(S(T)) - \frac{1}{2}\sigma_s^2\tau - r^* C^* - b_2(\tau - C^*) \quad (A.5.1)$$

$$\mathrm{var}[X(T)] = -(C^* - \tau)\frac{\sigma_{r^*}^2}{a_2^2} - \frac{\sigma_{r^*}^2 C^*}{2a_2} + \sigma_s^2\tau + \frac{2\rho_{r,r^*}\sigma_s\sigma_{r^*}}{a_1}(C^* - \tau)$$

(A.5.2)

其中，$C^* = \frac{1 - e^{-a_1\tau}}{a_1}$，基于抵补利率平均，远期汇率价格可以表

示为：

$$F(t,T)=\frac{E_t[e^{-\int_t^T r(s)ds}S_T]}{E_t[e^{-\int_t^T r(s)ds}]}=\frac{E_t[e^{X(T)}]}{E_t[e^{-\int_t^T r(s)ds}]}=\frac{e^{E_t[X(T)]+\frac{1}{2}var[X(T)]}}{E_t[e^{-\int_t^T r(s)ds}]}$$

代入（A. 5. 1）式与（A. 5. 2）式可得正文公式。

附录2：美元兑欧元、美元兑日元、美元兑英镑的样本外实证预测结果

从这些结果中可以看到，模型 UTSE 都具有较为优良的预测能力，可见模型 UTSE 在汇率建模中也适用于其他汇率，具有一定的普遍性。

（一）美元兑欧元样本外预测结果

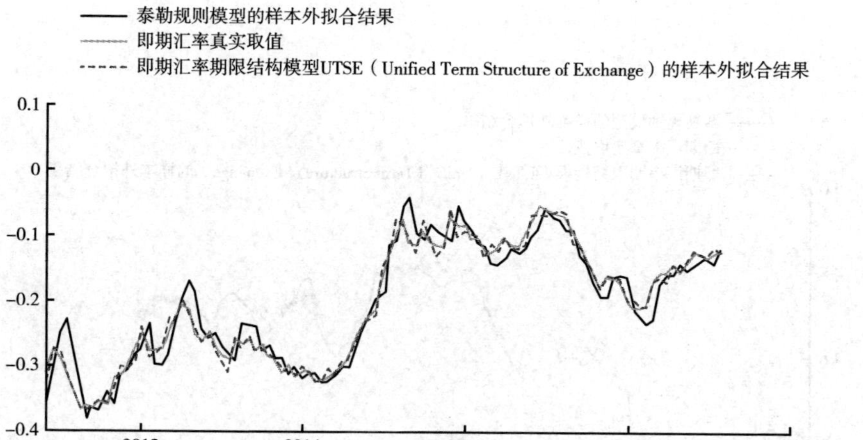

图1　美元兑欧元向前1步预测结果

表 1　各模型预测能力比较（美元兑欧元）

对应模型	h = 1	
	RMSE	MAE
UTSE	**0.0086**	**0.0069**
RW	0.0104	0.0087
TS	0.0096	0.0082
NTaylor	0.0186	0.0145
LTaylor	0.0242	0.0188
NPPP	0.0192	0.0148

注：NTaylor 代表了非线性泰勒规则模型；LTaylor 代表了 Molodtsova 和 Papell（2009）提出的泰勒规则模型；NPPP 代表了 Cheung 等（2018）所提出的非线性 PPP 模型，TS 代表了 Cao 等（2019）所提出的汇率期限结构模型，UTSE（Unified Term Structure of Exchange）代表了汇率期限结构模型。表中黑色字体代表了具有最小预测误差的模型。

（二）美元兑日元样本外预测结果

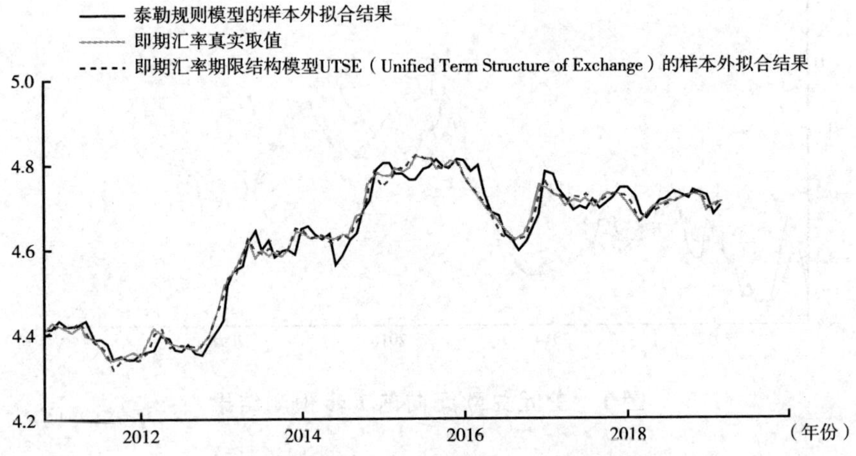

图 2　美元兑日元向前 1 步预测结果

表 2　各模型预测能力比较（美元兑日元）

对应模型	h = 1	
	RMSE	MAE
UTSE	**0.0192**	**0.0141**
RW	0.0222	0.0167
TS	0.0226	0.0161
NTaylor	0.0238	0.0185
LTaylor	0.0262	0.0204
NPPP	0.0228	0.0170

注：NTaylor 代表了非线性泰勒规则模型；LTaylor 代表了 Molodtsova 和 Papell（2009）提出的泰勒规则模型；NPPP 代表了 Cheung 等（2018）所提出的非线性 PPP 模型，TS 代表了 Cao 等（2019）所提出的汇率期限结构模型，UTSE（Unified Term Structure of Exchange）代表了汇率期限结构模型。表中黑色字体代表了具有最小预测误差的模型。

（三）美元兑英镑样本外预测结果

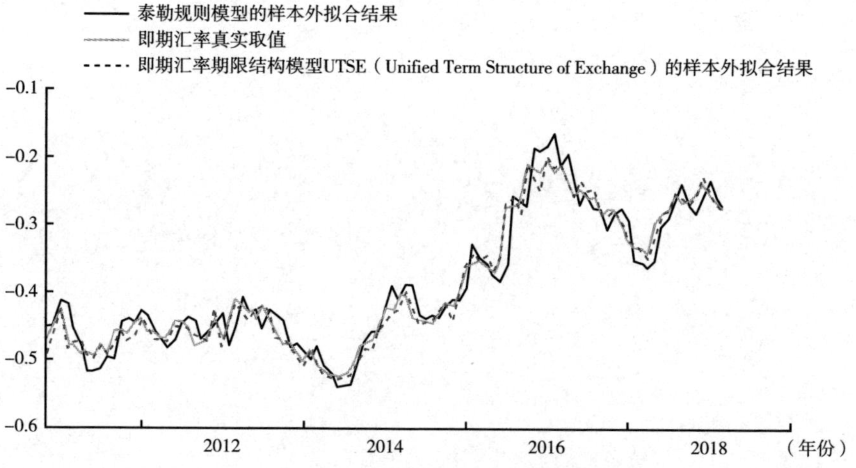

图 3　美元兑英镑向前 1 步预测结果

表 3　各模型预测能力比较（美元兑英镑）

对应模型	$h=1$	
	RMSE	MAE
UTSE	**0. 0162**	**0. 0123**
RW	0. 0192	0. 0143
TS	0. 0182	0. 0140
NTaylor	0. 0204	0. 0150
LTaylor	0. 0247	0. 0193
NPPP	0. 0193	0. 0145

注：NTaylor 代表了非线性泰勒规则模型；LTaylor 代表了 Molodtsova 和 Papell（2009）提出的泰勒规则模型；NPPP 代表了 Cheung 等（2018）所提出的非线性 PPP 模型，TS 代表了 Cao 等（2019）所提出的汇率期限结构模型，UTSE（Unified Term Structure of Exchange）代表了汇率期限结构模型。表中黑色字体代表了具有最小预测误差的模型。

结　语

在本书中，我们提出了三种自适应算法：局部适应性算法、乘数自适应可变窗算法与自适应变元算法。这三种算法本质上均为数据驱动型算法，不仅适用于平稳时间序列，也适用于非平稳时间序列。

局部适应性多元货币模型的构建是为了解决本书提出的第一个问题，即如何及时识别样本同质性区间以使用最佳信息估计模型参数的问题。但局部适应性算法临界值的校准依赖于历史信息，其临界值本身具有滞后效应，从而降低了该算法的适用范围。

针对局部适应性算法的缺陷，我们构建了乘数自适应可变窗算法，在该算法中，我们推导了临界值的表达式，重构了临界条件判别式，解决了局部适应性算法依赖于历史信息调校临界值的问题，在参数结构时变的情形下，该算法能够解决如何及时识别参数的同质空间的问题，提高了模型对参数结构识别的及时性，扩大了算法的适用范围。在人民币汇率预测的实证分析中，乘数自适应可变窗算法能够显著超越局部适应性算法、非参数最优窗选择模型与其他经济基本面建模，具有优良的预测能力。然而，该算法仅适用于模型解释变量给定的情况，对变元情形并未考虑。

在自适应变元算法中，我们回答了本书所提的第二个问题，即如何在识别参数的结构性时变特征的同时，还能及时对模型解释变量的更迭进行勾勒并实时选择最佳解释变量。自适应变元算法不仅能实时检测模型参数的结构性变化，探测参数的同质区间，还能对变量进行实时识别以选择最为合适的模型解释变量来提高模型的预测能力。自适应变元算法不但可用于各类参数结构性变化情形，也可同时用于不仅含有参数结构性变化还具有高维稀疏变量的情形。与局部适应性算法、乘数自适应可变窗算法相比，由于自适应变元算法不仅可以识别参数的同质区间，同时还能识别有效变量，所以其在数值模拟与实际运用中均具有显著优势。

在人民币汇率预测的实证分析中，我们看到自适应变元算法能在短、中、长期（1～24 个月）的样本外预测中显著超越随机游走模型、局部适应性算法、乘数自适应可变窗算法、马尔科夫机制转移模型、误差修正模型、非参数最优宽选择模型、经济基本面建模以及机器学习等 24 类传统与新兴预测方法。

本书中所构建的算法不仅可以运用到对人民币汇率的预测中，也可以运用于其他经济变量的预测；不仅可以分析经济变量参数的时变特征、自动检测模型参数的结构性突变，分析政策的变迁与外部因素冲击影响，也能对经济变量的实时更迭做出及时反馈，对经济宏观变量监测具有重要意义。

“811”汇改之后，同质区间长度出现了显著性变化，市场从偏好关注中长期风险预期转向关注短期汇率风险预期，一方面，说明“811”汇改从本质上推进了人民币汇率的市场化进程；另一方面，汇率走势将容易受到外来冲击的左右。在这一阶段中的“英国脱欧”、“特朗普当选”和“美联储加息”等事件均对同质区间长度产生了影响。这说明在这一阶段，人民币汇率预期对外生冲击也发生了显著变化，人民币汇率风险预期对内外政策变化都变得更为敏感，实行带管制的浮动汇率政策对汇率预期监管具有实际意义。

从变量选择的结果中我们可以看到，自“811”汇改之后，人民币汇率的决定机制中以货币需求量、收入水平、利率水平以及实际汇率水平为主导。而在“811”汇改之前，美元的SDR价值及其实际汇率水平作为主要因素决定着人民币汇率走势，美元的SDR价值占据着绝对优势。这说明自“811”汇改之后，我国的汇率市场化进程加深并发生了本质上的改变，美元在人民币汇率走势中的绝对性作用被打破，欧元的重要性逐渐显现出来，经济基本面因素决定了人民币汇率走势。

中美经济基本面因素只占据了美元兑人民币汇率决定性因素的62.7%，而中国与其他发达经济体（包括欧元区、日本与英国）的经济基本面差异则同样能够在一定程度上决定美元兑人民币汇率的走向，且这占据了37.3%的决定性因素。

在浮动汇率制与利率市场化的情形中，单一中美利率差对美元兑人民币汇率的市场预期影响相对有限：市场对中美汇率的预期不仅受中美利差的影响，同时还受到中国与其他发达经济体经济基本面因素差异的左右。实际上，我国汇率对国际资本流动的影响较为顺畅；国际资本流动对利率传导相对较弱，而对汇率的影响却十分显著（陈创练等，2017）。所以，中美利率产生较大差异的时候，虽然能影响汇率的市场预期，但保持中国与其他发达经济体在经济基本面上的相对稳定，势必能削弱中美利差对汇率的实际影响。由此可见，利率市场化的深入与有效的资本管制有助于稳定市场对人民币汇率的预期。

从亚洲区域来看，美元依然为亚洲区域的主导货币，人民币“锚货币”地位在亚洲已经基本形成。欧元、英镑、日元三种货币的总影响力未发生根本性改变。中美贸易摩擦并未影响人民币成为亚洲“锚货币”的趋势，人民币地位逐步凸显。从自适应变元算法结果看来，全球货币最优惩罚性系数λ均值会随着人民币汇率政策的变动而发生变动，人民币汇率政策已能在全球范围内产生影响，国际影响力凸显。

参考文献

[1] Ang, A. , Boivin, J. , Dong, S. , Lookung, R. , 2011, "Monetary Policy Shifts and the Term Structure," *Review of Economic Studies*, 78 (2): 429 - 457.

[2] Ang, A. , Bekaert, G. and Wei, M. , 2007, "Do Macro Variables, Asset Markets, or Surveys Forecast Inflation Better?", *Journal of Monetary Economics*, 54 (4): 1163 - 1212.

[3] Amat, C. , Michalski, Tomasz. , Stoltz, G. , 2018, "Fundamentals and Exchange Rate Forecasting with Simple Machine Learning Methods," *Journal of International Money and Finance*, 88: 1 - 24.

[4] Amin, K. , I. , Jarrow, K. , R. , 1991, "Pricing Foreign Currency Options under Stochastic Interest Rates," *Journal of International Money and Finance*, 10 (3): 310 - 329.

[5] Bauwens, L. , Koop, G. , Korobilis, D. , Rombouts, J. V. K. , 2015, "The Contribution of Structural Break Models to Forecasting Macroeconomic Series," *Journal of Applied Econometrics*, 30 (4): 596 - 620.

[6] Bianco, D. M. , Camacho, M. , Quiros, G. P. , 2012, "Short - run Forecasting of the Euro - dollar Exchange Rate with Economic

Fundamentals," *Journal of International Money and Finance*, 31 (2): 377 -396.

[7] Baumeister, C. , Peersman, G. , 2013, "Time - Varying Effects of Oil Supply Shocks on the US Economy ," *American Economic Journal - macroeconomics*, 5 (4): 1 -28.

[8] Bai, J. , Ng, S. , 2008, "Forecasting Economic Time Series Using Targeted Predictors," *Journal of Econometrics*, 146 (2): 304 -317.

[9] Bai, J. , Perron, P. , 1998, "Estimating and Testing Linear Models with Multiple Structural Changes," *Econometrica*, 66 (1): 47 -78.

[10] Bräuning, F. , Koopman, S. J. , 2014, "Forecasting Macroeconomic Variables using collapsed dynamic factor analysis," *International Journal of Forecasting*, 30 (3): 572 -584.

[11] Bacchetta, P. , Van Wincoop, E. , 2013, "On the unstable relationship between exchange rates and macroeconomic fundamentals," *Journal of International Economics*, 91 (1): 18 -26.

[12] Chen, S. T. , Kuo, H. I. and Chen, C. C. , 2007, "The relationship between GDP and electricity consumption in 10 Asian countries," *Energy Policy*, 35 (4): 2611 -2621.

[13] Chen, Y. , Härdle, W. K. and Pigorsch, U. , 2010, "Localized Realized Volatility Modeling," *Journal of the American Statistical Association*, 105 (492): 1376 -1393.

[14] Chen, Y. and Spokoiny, V. , 2015, "Modeling Nonstationary and Leptokurtic Financial Time Series," *Econometric Theory*, 31 (4): 703 -728.

[15] Cheung, Y. W. , Chinn, M. D. , Pascual, A. G. , 2005, "Empirical Exchange Rate Models of the Nineties: Are Any Fit to Survive?" *Journal of International Money and Finance*, 24 (7):

1150 - 1175.

[16] Cheng, Y. W., Chinn, M. D., Pasual, A. G., Zhang, Y., 2019, "Exchange Rate Prediction Redux: New Models, New Data, New Currencies," *Journal of International Money and Finance*, 95: 332 - 362.

[17] Chen, Y., Niu, L., 2014, "Adaptive dynamic Nelson - Siegel term structure model with application," *Journal of Econometrics*, 180 (1): 98 - 115.

[18] Chand, S., 2012, "On Tuning Parameter Selection of Lasso - Type Methods - A Monte Carlo Study," *Proceedings of 9th International Bhurban Conference on Applied Sciences & Technology*, 120 - 129.

[19] Chatterjee, A. and Lahiri, S. N., 2011, "Bootstrapping Lasso Estimators," *Journal of the American Statistical Association*, 106 (494): 608 - 625.

[20] Chatterjee, A. and Lahiri, S. N., 2013, "Rates of Convergence of the Adaptive Lasso Estimators to the Oracle Distribution and Higher Order Refinements by the Bootstrap," *The Annals of Statistics*, 41 (3): 1232 - 1259.

[21] Chernozhukov, V., Härdle, W. K., Huang, C. and Wang, W., 2018, "LASSO Driven Inference in Time and Space," *arXiv preprint arXiv*: 1806.05081.

[22] Cochrane, J. H. and Piazzesi, M., 2005, "Bond Risk Premia," *American Economic Review*, 95 (1): 138 - 160.

[23] Catania, C., Grassi, S., Ravazzolo, F., 2019, "Forecasting cryptocurrencies under model and parameter instability," *International Journal of Forecasting*, 35: 485 - 501.

[24] Čížek, P., H ärdle, W. K., Spokoiny, V., 2009, "Adaptive pointwise

estimation in time-inhomogeneous conditional heteroscedasticity models," *Econometrics Journal*, 12: 248 – 271.

[25] Cao, S., Huang, H., Liu, R., MacDonald, R., 2019, "The term structure of exchange rate predictability: Commonality, scapegoat, and disagreement," *Journal of International Money and Finance*, 2019 (95): 379 – 401.

[26] Diebold, X. F., Mariano, S. R., 1995, "Comparing Predictive Accuracy," *Journal of Business and Economic Statistics*, 20 (1): 134 – 144.

[27] Diebold, F. X. and Li, C., 2006, "Forecasting the term structure of government bond yields," *Journal of Econometrics*, 130 (2): 337 – 364.

[28] Dangl, T., Halling, M., 2012, "Predictive regression with time – varying coefficients", *Journal of Financial Economics*, 106: 157 – 181.

[29] Eicher, T. S. and Schreiber, T., 2010, "Structural policies and growth: Time series evidence from a natural experiment," *Journal of Development Economics*, 91 (1): 169 – 179.

[30] Engle, C., West, K. D., 2005, "Exchange rate and fundamentals," *Journal of Political Economy*, 113: 485 – 517.

[31] Engel, C., Mark, N. C., West, K. D., 2007, "Exchange Rate Models Are Not as Bad as You Think," *NBER Working Paper*, No. 10723.

[32] Engel, C., Mark, N. C., West, K. D., 2015, "Factor model forecasts of exchange rates," *Econometric Reviews*, 34 (1 – 2): 32 – 55.

[33] Evans, M., 2010, "Order flows and the exchange rate disconnect puzzle," *Journal of International Economics*, 80 (1): 58 – 71.

[34] Fankel, J., Wei, S. J., 1994, "Yen Bloc or Dollar Bloc? Exchange Rate Policies of the East Asian Economies," *NBER Chapters*, *in*:

Macroeconomic Linkage: Savings, Exchange Rates, and Capital Flows, 295 - 333.

[35] Frankel, J. A., 1979, "On the Mark: A Theory of Floating Exchange Rates Based on Real Interest Differentials," *American Economic Review*, 69 (4): 610 - 622.

[36] Favero, C. A., Niu, L. and Sala, L., 2012, "Term Structure Forecasting: NoArbitrage Restrictions versus Large Information Set," *Journal of Forecasting*, 31 (2): 124 - 156.

[37] Fama, E. F. and Bliss, R. R., 1987, "The Information in Long - Maturity Forward Rates," *American Economic Review*, 77 (4): 680 - 692.

[38] Fan, J. and Li, R., 2001, "Variable Selection via Nonconcave Penalized Likelihood and its Oracle Properties," *Journal of the American Statistical Association*, 96 (456): 1348 - 1360.

[39] Fan, J. and Peng, H., 2004, "Nonconcave Penalized Likelihood with a Diverging Number of Parameters," *The Annals of Statistics*, 32 (3): 928 - 961.

[40] Friedman, J., Hastie, T., Tibshirani, R., 2010, "Regularization Paths for Gen eralized Linear Models via Coordinate Descent," *Journal of Statistical Software*, 33 (1): 1 - 22.

[41] Fratzscher, M., Rime, D., Sarno, L., Zinna, G., 2015, "The scapegoat theory of exchange rates: the first tests," *Journal of Monetary Economics*, 70: 1 - 21.

[42] Galeshchuk, S., 2016, "Neural networks performance in exchange rate prediction," *Neurocomputing*, 172, 446 - 452.

[43] Gorgi, P., Koopman, S. J., Li, M., 2019, "Forecasting economic time series using score - driven dynamic models with mixed - data

sampling," *International Journal of Forecasting*, https: //doi. org/10. 1016/j. ijforecast. 2018. 11. 005.

[44] Groen, J. J. J. , 2005, "Exchange Rate Predictability and Monetary Fundamentals in A Small Multi - country Panel," *Journal of Money, Credit and Banking*, 37 (3): 495 - 516.

[45] Gali mberti, J. K. , Moura, M. L. , 2013, "Taylor Rules and Exchange Rate Predictability in Emerging Economies," *Journal of International Money and Finance*, 32: 1008 - 1031.

[46] Giacomini, R. and Rossi, B. , 2009, "Detecting and Predicting Forecast Breakdowns," *The Review of Economic Studies*, 76 (2): 669 - 705.

[47] Giraitis, L. , Kapetanios, G. and Price, S. , 2013, "Adaptive forecasting in the presence of recent and ongoing structural change," *Journal of Econometrics*, 177 (2): 153 - 170.

[48] Granger, C. W. J. , 1980, "Long Memory Relationships And The Aggregation of Dynamic Models," *Journal of Econometrics*, 14 (2): 227 - 238.

[49] Guidolin, M. and Timmermann, A. , 2009, "Forecasts of US short - term interests: A flexible forecast combination approach," *Social Science Electronic Publishing*, 150 (2): 297 - 311.

[50] Hosking, J. R. M. , 1981, "Fractional diff erencing," *Biometrika*, 68 (1): 165 - 176.

[51] Härdle, W. K. and Mammen, E. , 1993, "Comparing Nonparametric versus Para metric Regression Fits," *Annals of Statistics*, 21 (4): 1926 - 1947.

[52] Härdle, W. K. , Wang, W. and Yu, L. , 2016, "TENET: Tail - Event driven NET work risk," *Journal of Econometrics*, 192 (2):

499 – 513.

[53] Hansen, B. E., Seo, B., 2002, "Testing for two – regime threshold cointegration in vector error – correction models," *Journal of Econometrics*, 110 (2): 293 – 318.

[54] Huber, F., Zörner, T. O., 2019, "Thershold cointegration in international exchange rates: A Bayesian approach," *International Journal of Forecasting*, 35 (2): 458 – 473.

[55] Hilliard, J. E., Reis, J., 1998, "Valuation of Commodity Futures and Options under Stochastic Convenience Yields, Interest Rates and Jump – Diffusions in the Spot," *Journal of Financial and Quantiative Analysis*, 33 (1): 61 – 86.

[56] Ince, O., Molodtsova, T., Papell, D. H., 2016, "Taylor rule deviations and out – of – sample exchange rate predictability," *Journal of International Money and Finance*, 69: 22 – 44.

[57] Inoue, A., Jin, L., Rossi, B., 2017, "Rolling window selection for out – of – sample forecasting with time – varying parameters," *Journal of Econometrics*, 196 (1): 55 – 67.

[58] Jurado, K., Ludvigson, S. C., Ng, S., 2015, "Measuring Uncertainty," *American Economic Review*, 105 (3): 1177 – 1216.

[59] Kastner, G., Huber, F., 2017, "Sparse Bayesian vector autoregressions in huge dimensions," *arXiv preprint arXiv*: 1704.03239.

[60] Kaufmann, S., 2015, "K – state switching models with time – varying transition distributions – does loan growth signal stronger effects of variables on inflation?" *Journal of Econometrics*, 187 (1): 82 – 94.

[61] Kim, Y., Choi, H., Oh, H. S., 2008, "Smoothly Clipped Absolute Deviation in High Dimensions," *Journal of the American*

Statistical Association, 103 (484): 1665 - 1673.

[62] Kwon, S. and Kim, Y., 2012, "Large Sample Properties of the SCAD - Penalized Maximum Likelihood Estimation on High Dimensions," *Statistica Sinica*, 22 (2): 629 - 653.

[63] Kawai, M., Pontines, V., 2016, "Is there really a renminbi bloc in Asia?: A modified Frankel - Wei approach," *Journal of International Money and Finance*, 62 (C), 72 - 97.

[64] Li, C., Tao, Y., Ao, W., Yang, S., Bai, Y., 2018, "Improving forecasting accuracy of daily enterprise electricity consumption using a random forest based on ensemble empirical mode decomposition," *Energy*, 165: 1220 - 1227.

[65] Meese, R. A., Rogoff, K., 1983, "Empirical exchange rate predictability with Taylor rule fundamentals," *Journal of International Economics*, 14 (1 - 2): 3 - 24.

[66] Molodtsova, T., Papell, D. H., 2009, "Out - of - Sample Exchange Rate Predictability with Taylor Rule Models," *Journal of International Economics*, 77 (2): 167 - 180.

[67] Molodtsova, T., Papell, D. H., 2013, "Taylor Rule Exchange Rate Forecasting during the Financial Crisis," *NBER International Seminar on Macroeconomics*, 9 (1): 55 - 97.

[68] Mercurio, D., Spokoiny, V., 2004, "Statistical Inference for Time - Inhomogeneous Volatility Models," *Annals of Statistics*, 32 (2): 577 - 602.

[69] Narayan, P. K., Narayan, S. and Prasad, A., 2008, "A structural VAR analysis of electricity consumption and real GDP: Evidence from the g7 countries," *Energy Policy*, 36 (7): 2765 - 2769.

[70] Niu, L., Xu, X., Chen, Y., 2018, "An adaptive approach to

forecasting three key macroeconomic variables for transitional China," *Economic Modeling*, 66: 201 - 213.

[71] Önder, E., Bayir, F., Hepsen, A., 2013, "Forecasting macroeconomic variables using artificial neural network and traditional smoothing techniques," *Journal of Applied Finance & Banking*, 3 (4): 73 - 104.

[72] Park, C., Park, S., 2013, "Exchange Rate Predictability and a Monetary Model with Time - varying Cointegration Coefficients," *Journal of International Money and Finance*, 37 (7): 394 - 410.

[73] Polzehl, J., Spokoiny, V., 2005, "Spatially Adaptive Regression Estimation: Propagation - Separation Approach," *WIAS Preprint*, No. 218.

[74] Polzehl, J., Spokoiny, V., 2006, "Propagation - Separation Approach for Local Likelihood Estimation," *Probability Theory and Related Fields*, 135 (3): 335 - 362.

[75] Pa ye, B. S., Timmermann, A., 2006, "Instability of return prediction models," *Journal of Empirical Finance*, 13 (3): 274 - 315.

[76] Pesaran, M. H., Timmermann, A., 2004, "Small sample properties of forecasts from autoregressive models under structural breaks," *Journal of Econometrics*, 129 (1): 183 - 217.

[77] Pesaran, M. H., Timmermann, A., 2007, "Selection of estimation window in the presence of breaks," *Journal of Econometrics*, 137 (1): 134 - 161.

[78] Qin, T., Enders, W., 2008, "In sample and out - of - sample properties of linear and non - linear Taylor rules," *Journal of Macroeconomics*, 30: 428 - 443.

[79] Rossi, B., Inoue, A., 2012, "Out - of - sample forecast tests robust to the choice of window size," *Journal of Business & Economic Statistics*, 30 (3): 432 - 453.

[80] Rossi, B., Sekhposyan, T., 2011, "Understanding models' forecasting performance," *Journal of Econometrics*, 164 (1): 158 - 172.

[81] Rossi, B., 2013, "Exchange rate predictability," *Journal of Economic Literature*, 51 (4): 1063 - 1119.

[82] Rossi. B., Inoue, A., 2012, "Out - of - sample forecast tests robust to the choice of window size," *Journal of Business & Economic Statistics*, 30 (3): 432 - 453.

[83] Rzhevskyy, N. A., Prodan, R., 2012, "Markov switching and exchange rate predictability," *International Journal of Forecasting*, 28: 353 - 365.

[84] Stock, J. H., Watson, M. W., 1996, "Evidence on Structural Instability in Macroeconomic Time Series Relations," *Journal of Business & Economic Statistics*, 14 (1): 11 - 30.

[85] Stock, J. H., Watson, M. W., 2001, "Forecasting Output and Inflation: The Role of Asset Prices," *Journal of Economic Literature*, 41 (3): 788 - 829.

[86] Stock, J. H., Watson, M. W., 2007, "Why Has U. S. Inflation Become Harder to Forecast. Journal of Money," *Credit and Banking*, 39: 3 - 33.

[87] Stock, J. H., Watson, M. W., 2014, "Estimating turning points using large data sets," *Journal of Econometrics*, 178 (1): 368 - 381.

[88] Spokoiny, V., 2017, "Penalized Maximum Likelihood Estimation and Effective Dimension," *Annales de l'Institut Henri Poincar'e*,

Probabilit'es et Statistiques, 53 (1): 389 – 429.

[89] Spokoiny, V., Zhilova, M., 2015, "Bootstrap Confidence Sets Under Model Misspecification," *The Annals of Statistics*, 43 (6): 2653 – 2675.

[90] Suvorikova, A., Spokoiny, V. and Buzun, N., 2015, "Multiscale Parametric Approach for Change Point Detection," *Information Technology and Systems*, 2015: 979 – 996.

[91] Sarno, L., Sojli, E., 2009, "The feeble link between exchange rates and fundamentals: can we blame the discount factor?" *Journal of Money, Credit and Banking*, 41 (2 – 3): 437 – 442.

[92] Tibshirani, R., 1996, "Regression Shrinkage and Selection via the Lasso," *Journal of the Royal Statistical Society: Series B*, 58 (1): 267 – 288.

[93] Taylor, J. B., 1993, "Discretion versus policy rules in practice," *Carnegie – Rochester Conference Series on Public Policy*, 39: 195 – 214.

[94] Wang, R., Morley, B., Stamatogiannis, M. P., 2019, "Forecasting the exchange rate using nonlinear Taylor rule based models," *International Journal of Forecasting*, 35: 429 – 442.

[95] Wang, H., Leng, C., 2007, "Unified LASSO Estimation by Least Squares Approximation," *Journal of the American Statistical Association*, 102 (479): 1039 – 1048.

[96] Wright, J., 2008, "Bayesian Model Averaging and Exchange Rate Forecasting," *Journal of Econometrics*, 146: 329 – 341.

[97] Yin, W., Li, J., 2014, "Macroeconomic Fundamentals and the Exchange Rate Dynamics: A No – arbitrage Macro – finance Approach," *Journal of International Money and Finance*, 41 (1): 46 – 64.

[98] Zhao, P., Yu, B., 2006, "On Model Selection Consistency of Lasso," *Journal of Machine Learning Research*, 7: 2541 – 2563.

[99] Zou, H., 2006, "The Adaptive Lasso and Its Oracle Properties," *Journal of the American Statistical Association*, 101 (476): 1418 – 1429.

[100] Zou, H., Li, R., 2008, "One – step Sparse Estimates in Nonconcave Penalized Likelihood Models," *The Annals of Statistics*, 36 (4): 1509 – 1533.

[101] Zbon̆ákovǎ, L., Li, X., *Härdle*, W. K., 2018, "Penalized Adaptive Forecasting with Large Information Sets and Structural Changes," *SSRN*: http://dx.doi.org/10.2139/ssrn.3237444.

[102] 白晓燕、唐晶星:《汇改后人民币汇率形成机制的动态演进》,《国际金融研究》2013 年第 7 期。

[103] 蔡宗武、陈琳娜、方颖:《人民币汇率的半参数预测模型》,《系统工程理论与实践》2012 年第 4 期。

[104] 陈平、李凯:《人民币汇率与宏观基本面:来自汇改后的证据》,《世界经济》2010 年第 9 期。

[105] 陈创练、姚叔洁、郑挺国、欧璟华:《利率市场化、汇率改制与国际资本流动的关系研究》,《经济研究》2017 年第 4 期。

[106] 邓贵川、李艳丽:《汇率基本面模型对人民币汇率的预测能力》,《数量经济技术经济研究》2016 年第 9 期。

[107] 窦祥胜、杨炘:《人民币均衡汇率估计——不同方法的比较》,《数量经济技术经济研究》2004 年第 4 期。

[108] 丁志杰、谢峰:《汇率对中等收入国家经济跨越的影响研究》,《金融研究》2017 年第 2 期。

[109] 冯芸、李小平、吴冲锋:《汇率期限结构理论及实证研究》,上海交通大学出版社,2011。

[110] 金中夏、陈浩：《利率平价理论在中国的实现形式》，《金融研究》2012 年第 7 期。

[111] 李春顶、陆菁、何传添：《最优关税与全球贸易自由化的内生动力》，《世界经济》2019 年第 2 期。

[112] 李欣珏、牛霖琳：《汇率预测及其经济基本面：基于多元自适应可变窗算法的构建》，《统计研究》2019 年第 9 期。

[113] 李欣珏：《及时性自适应高维经济基本面建模与汇率预测分析》，《系统工程理论与实践》2020 年第 6 期。

[114] 刘金全、云航、郑挺国：《人民币汇率购买力平价假说的计量检验——基于 Markov 区制转移的 Engel - Granger 协整分析》，《管理世界》2006 年第 3 期。

[115] 刘啟仁、黄建忠：《人民币汇率、依市场定价与资源配置效率》，《经济研究》2016 年第 2 期。

[116] 彭红枫、肖祖沔、祝小全：《汇率市场化与资本账户开放的路径选择》，《世界经济》2018 年第 8 期。

[117] 唐琳、王云清、胡海鸥：《开放经济下中国汇率政策的选择》，《数量经济技术经济研究》2016 年第 2 期。

[118] 唐宜红、张鹏杨、梅冬州：《全球价值链嵌入与国际经济周期联动：基于增加值贸易视角》，《世界经济》2018 年第 11 期。

[119] 杨荣海、李亚波：《资本账户开放对人民币国际化“货币锚”地位的影响分析》，《经济研究》2017 年第 1 期。

[120] 郑振龙、王磊：《汇率相关性预测的比较研究》，《金融研究》2017 年第 5 期。

[121] 周定根、杨晶晶、赖明勇：《贸易政策不确定性、关税约束承诺与出口稳定性》，《世界经济》2019 年第 1 期。

图书在版编目（CIP）数据

汇率建模与汇率期限结构分析：基于适应性算法的构建与运用 / 李欣珏著. -- 北京：社会科学文献出版社，2022.11

ISBN 978-7-5228-0586-3

Ⅰ.①汇… Ⅱ.①李… Ⅲ.①汇率-研究 Ⅳ.①F830.73

中国版本图书馆 CIP 数据核字（2022）第 152606 号

汇率建模与汇率期限结构分析：基于适应性算法的构建与运用

著　　者 / 李欣珏

出 版 人 / 王利民
责任编辑 / 杜文婕　周雪林
责任印制 / 王京美

出　　版 / 社会科学文献出版社
地址：北京市北三环中路甲 29 号院华龙大厦　邮编：100029
网址：www.ssap.com.cn
发　　行 / 社会科学文献出版社（010）59367028
印　　装 / 三河市龙林印务有限公司

规　　格 / 开 本：787mm × 1092mm　1/16
印 张：14.75　字 数：195 千字
版　　次 / 2022 年 11 月第 1 版　2022 年 11 月第 1 次印刷
书　　号 / ISBN 978-7-5228-0586-3
定　　价 / 128.00 元

读者服务电话：4008918866